# 嬴氏王朝

## 從周室衰亡到西陲封君

鳥族後裔×東夷遺脈×邊陲發跡

在禮崩樂壞的烽火之年
嬴姓如何開啟封建霸國的初章？

謂自安 著

周室將崩、犬戎犯境、褒姒亂國……
烽煙之地崛起的小姓氏，在王朝的廢墟中建立千古霸業！

# 目錄

# 第一章

## 烽火背後的嬴姓源起

### 引子

中國的歷史都是從男人開始說的。

但這一次，我卻從一個美女說起。

這個美女大家都知道，就是那個大大有名的褒姒。

褒姒是周朝的人。認真算起來，還是個來歷不明的人。

不過，她在司馬遷的筆下，來歷不但明得很，而且來歷極不平凡。

根據司馬遷的八卦，褒姒還沒有出生時，就已經充滿了傳奇色彩。

這事還得從周宣王慢慢說起。

# 第一章　烽火背後的嬴姓源起

周宣王姓姬名靜，是那個著名的周厲王的兒子。這哥兒們的一生也是很不平凡的。他老爸是中國歷史上一流的暴君，最後垮臺不得不逃離王宮，偷偷從後門溜出，撒腿拚命跑路，一直跑到「彘」這個地方，成了個避難的國家元首。那時他的兒子姬靜躲在召穆公的家裡。那些「不明真相」的起事者知道後，馬上就衝了上來，舉著鋤頭，喊著口號，包圍了召公的家。要求召公把姬靜交出來——不把這個暴君的後代交出來，我們就在你家打劫，先對你家的女性下手，再用鋤頭敲死你全部的家人。

召公這哥兒們這時很有大局關，充分發揚了捨己為人的精神，硬是不交出姬靜，而是把自己的兒子交了出來，對眾人說：「這就是姬靜。你們帶去處理吧。」

這些人果然不明真相，抓了召公的兒子，大喊大叫著帶了下去，然後大刀朝他頭上砍。

他們的訴求被滿足了，然後得意地扛著鋤頭各回各的家，洗腳睡覺，以便明天情緒穩定地去耕田種地——勞動才是他們的第一職業，群眾事件只不過是偶爾表演一下。

於是，召公的兒子完蛋，姬靜成了周朝的第一把手，也就是大周王朝第十一任君主。

你想想，一個群眾事件就可以把一個國君拉下馬，再怎麼說現在是太平盛世，那肯定是假的。

周朝建立之後，採取的是分封制度，權力一開始就下放到諸侯國裡，中央只不過是諸侯們的共主——比現在的聯合國祕書長強一點，而且一來就讓某個強悍的諸侯國「得專征伐」，連槍桿子都不拿在手裡，中央的命令下發過去，諸侯們覺得有利了，就都表示堅決貫徹落實到底，要是覺得沒有什麼搞頭，那就拉倒吧！誰管什麼中央。

到了這個時候，大家就更不把周王朝當一回事了，很多諸侯都已經不到中央來述職了，說現在受金融風暴的衝擊，沒有車費去首都了，更沒有管理費上繳中央財政了。中央你就自己靠緊縮政策過自己的難關吧！

諸侯們不理中央，大不了少拿點管理費，公款吃喝時請服務生少放幾碟小菜，可周王朝周邊的那幾個少數民族就討厭了，其中最讓周朝厭惡的就是玁狁。

你不知道玁狁是什麼吧？其實就是犬戎，也是後來匈奴人的老祖宗，這時候就開始製造麻煩了，經常在周朝的邊境製造流血衝突，讓周王朝的人民很痛苦。

姬靜當上第一把手後，決定狠狠地打擊一下玁狁，一來教訓一下這幫沒受教育的人，二來也透過這個軍事行動來向那些威風的諸侯們宣告他這個共主的存在。

周宣王四年（西元前八二四年），周宣王說，我再也忍受不了了。

他把秦仲叫來，說：「現在任命你為大夫，但這個大夫不是白給的。你得幫我把玁狁搞定。」

於是，秦仲出場。

這傢伙就是秦國的祖先之一，也是這本書第一個出場的主角之一。

這時，秦還沒有像齊、楚、晉等那樣是諸侯國，可以獨立經營、掛牌上市，而只是在西部地區，做著無證無照買賣，擺擺地攤、沿街叫賣，一見警察就跑得命都不要。直到這時，才當了個大夫，算是入了行。當然，此前，秦仲的祖先也還是有正當職業的，而且還是在政府機關工作的。

說到這裡，就順便把秦家祖先的老底介紹一番。

## 第一節　鳥族血脈：嬴姓的神話開端

秦嬴的祖先跟華夏民族一樣，追本溯源，都可以跟黃帝掛上鉤，都是黃帝他老人家的後代。而且秦嬴家的祖先叫玄囂，還是黃帝的大兒子。

玄囂又叫少昊。為什麼叫少昊？據說因為他能行少昊之法。什麼是少昊之法？少昊之法，似乎就是測天之法，放到現在估計就是一個大天文家，哪天出現日食、哪天莫拉克登陸，你問他那是事事都準。據說以十個月為一年的「太陽曆」就是少昊的科學研究成果。

少昊的另一個本事，就是訓鳥——當然他的這個本事不是個個都有的。按照司馬遷的說法，他的母親是一個叫女修的美女。有一天，她正在織布，天上有一隻別有用心的鳥，在她的面前落下一顆大蛋。這個美女也跟很多美女一樣，很喜歡吃零食，一看到這麼個新鮮的蛋掉在自己的面前，揀起來就很高調地「吞之」，動作一點都不淑女。哪知，天下沒有白吃的午餐這話不是白說的，你要是真的撿到了，是真的會有麻煩。女修吃了這個蛋之後，就懷孕，然後就生了少昊。少昊是東夷人的老大，現在山東一帶就是他原來的地盤。東夷那時又叫鳥夷——這個名字在現在看來，會覺得很傻眼。可當時卻正常得很。據說，少昊當老大的那天，傳說中的鳳凰像趕集的農民一樣從四面八方飛來，擠滿了大院裡，吱吱喳喳全是吵雜的鳥語。少昊很得意，就宣布以後自己這個族就叫「鳳鳥氏」，個個要崇拜鳥——不管是什麼鳥，都一概當作老祖宗來看待，弄得全族人都成了鳥的傳人。

## 第一節　鳥族血脈：嬴姓的神話開端

少昊覺得光這麼崇拜鳥，對鳥還不夠意思，又進行了一套政治體制改革，把鳥當成管理人才，大量聘用鳥類為管理階層，實現了百鳥管人的大好局面。具體的鳥官主要有：總指揮鳳凰，相當於鳥首相，放在今天的叫法就是鳥總；燕子掌管春天，伯勞掌管夏天，鸚雀掌管秋天，錦雞掌管冬天。他又派了五種鳥來管理日常事務：鶉鴣掌管教育；鷙鳥掌管軍事；布穀鳥掌管建築——放到現在是大大的肥缺；雄鷹掌管法律；斑鳩掌管言論。另外有九種扈鳥掌管農業，天天督促大家加緊生產，努力讓畝產達到十三萬。五種野雞分別掌管木工、漆工、陶工、染工、皮工等五個工種。

這種制度應該是行政成本最低的政府了。你想想，鳥不喝名酒、不泡美女、不穿名牌，又會飛，再大的官職也不用配公車、報公帳，就連監察部門的人員也是由鳥兒們擔任，一天到晚飛來飛去，到處行使監督權力，定期向少昊彙報情況。當然，每次開會時，群鳥畢至，吱吱喳喳，吵鬧得很。不過，鳥的聲音很大，正好杜絕打小報告的行為，利於政務公開的執行。從這個方面來說，鳥官確實比人官要好多了。只是少昊永垂不朽之後，再沒有誰像他那樣，能把鳥訓練到這個地步，只得讓鳥兒們徹底「致仕」，回歸自然。

估計以前人們被鳥監督得好苦，後來鳥類一被趕下管理職位，大家就到處獵殺，直到今天還猛吃鳥肉——讓鳥類們徹底知道與腐敗為敵的後果有多嚴重。

這段時期大概是人與自然相處得最和諧的時期了。

少昊的後代就是那個皋陶。皋陶長得很恐怖，臉是青綠色，有一張鳥一樣的嘴巴——放在今天估計只能去當某部電影裡的特別角色，但在那時，這傢伙是舜的首席大法官。皋陶可能也知道讓人來當警察同樣很靠不住，就養了一隻獬豸當寵物，並讓這隻寵物幫他斷案，自己根本不花腦筋去看案卷，但一輩子沒有出現過冤假錯案。大禹對皋陶的能力很欣賞，拍著他的肩頭說：「人才難得！」之後，決定讓皋陶當他的接班人。

哪知，皋陶有能力，但卻沒有福氣。大禹的文件才蓋下公章，還沒有向全國人民印發，皋陶就死在工作職位上，讓大禹的期望落空。

不過，皋陶的兒子也很爭氣。皋陶的兒子叫伯益。伯益也是個很了不起的人，長得比他的老爸帥，智商也不比皋陶低，而且還是個預測大師，哪天該出行，哪天該起灶，哪天該把妹，他都能說得清清楚楚，說得你不得不按他的話去做。據說，他是第一個會打井取水的人，完全可以稱得上是中國的水井之父。伯益跟他的老爸在政治上保持高度一致，都是大禹的鐵桿粉絲——凡是大禹作出的決策，他們都堅決維護，凡是大禹的指示，他們都始終不渝地遵循。

而且他們不是光喊口號，扯著嗓子，喊累了，就回家洗腳睡覺，第二天再喊口號，而是很有實踐精神的。大家都知道大禹的主要功勞就是治水。而伯益就是大禹治水指揮部裡的得力幹將。傳說他一邊幫大禹治水，還一邊深入生活，努力創作，在治水成功之後，他的那本著作《山海經》也順利脫稿。

大禹完成治水這個光榮而艱鉅的任務之後，回到首都。舜舉行了個隆重的表揚大會，當那塊史無前例的功勛章授給大禹時，大禹很夠意思，沒有獨吞功勞，對舜說：「這個功勛章裡有伯益的一半功勞啊！」

舜一聽，馬上對伯益伸出V型手勢，說：「呵呵，大帥哥，你真的不錯啊！也替你掛個功勛章吧！以後你一定會做成大事業的。」他越看伯益越覺得大帥哥可愛，回到家裡就把自己的女兒嫁給了伯益，把他封到費那個地方，而且下令讓他姓嬴。

## 第一節　鳥族血脈：嬴姓的神話開端

那時並非像現在一樣，每個人都有姓，只有跟貴族沾上邊，才有這個權力。否則，你就是個幽靈人口，無名無姓，因此也只能當奴工，累死累活。

這就是嬴姓的來由。於是，我們的故事也正式開始。

伯益跟他的老爸一樣，很有能力也很會做人，大禹賞識皋陶，也很賞識伯益。在大禹晚年的時候，基本上都把公章交給伯益，然後自己去當職業旅行家，到處組團公費旅遊。

大禹十年時，正在會稽旅遊的大禹突然病重起來，他知道自己身上的零件都已經到報廢期限了，就立了個遺囑，讓伯益當繼承人。

於是伯益就當上了老大。可他也只當了三年的國家元首，就當不下去了。他當不下去的主要原因，不是他的身體不行，而是因為大禹的兒子不服氣。

大禹的兒子就是著名的夏啟。

據司馬遷的記載，這個過程如下：

大禹死時，「以天下授益」，把那個大公章全面交給伯益。伯益只當了三年君王，就讓位，赤著雙腳跑到箕山自謀職業了。太史公的解釋是，因為夏啟有學識、有能力，大家認為他是個德才兼備的人，比伯益更強，就都離開伯益，紛紛跳槽到夏啟的公司，說夏啟才是我們的好老闆。

於是，伯益的市場就徹底喪失。

不過，我估計，這個過程比司馬遷的記載要複雜得多。整個過程就是一個驚天大陰謀，而幕後推手就是我們敬愛的大禹。

大禹在晚年就推說身體不好了，眼睛花了，精神不夠用了，就宣布退居二線，讓伯益主持大局，他自己要到全國各地旅遊，到負離子高的地方，養養身體。其實，大禹老早就想把王位傳給他的兒子。只是當時執行的不是父傳子的體制，而是禪讓制度。他要是硬把這個位子傳給他的兒子，不但在面子上過不去，別人也會反感，估計他兒子當不了幾天的統治者，就得被人家拉下馬了。這事是不能硬來的。因此就決定要個陰謀。

這個陰謀就是讓伯益去處理國家大事，他自己卻一心一意去為他的兒子培養死黨，然後聚精會神地把這些心腹安置到各個重要部門。

伯益不知是計，接過權力之後，就很傻很天真地去主持政務，老老實實地日理萬機。而且伯益估計完全繼承了他老爸的執政理念，堅決執行以法治國。他老爸還當大禹的幕僚時，那是頂大禹頂到石頭裂開的地步——天天板著那張法治的臉，要求大家都要照大禹的指示辦事，誰要是不聽就懲罰誰（令民皆則禹。不如言，刑從之）。你想想，你要是喊一下以法治國的口號，大家是很高興聽的，但真的天天舉著法治大棒去對付人——而且還是對付既得利益集團，人家心裡開心嗎？

再加上大禹私底下一暗示，伯益在高層中的支持者還有多少？

直到伯益真正當政之後，他才突然發現原來「天下未洽」——大家都已經不把他當一回事了。只三年時間，連身邊的人都改變立場，高喊「吾君帝禹之子也」的口號——大禹的兒子才是我的老闆——跑到啟那裡混飯吃了，就連個祕書也找不到了——他這才知道，在官場裡玩，培養幾個打手型的心腹是多麼重要，但現在才有這個深刻的認知，還有什麼用？只得捲起包袱跑到箕山那裡當一個草根百姓，直接從國

## 第一節　鳥族血脈：嬴姓的神話開端

家元首淪為社會的弱勢群體。對這個過程，後來《戰國策》裡潘壽就赤裸裸地指出：「是禹名傳天下於益，其實令啟自取之。」

伯益以為他跑到箕山那裡過著流放生活就完了。可還沒有完。

夏啟絕對是個天才的政治家。他深深地知道他的這個權力是靠陰謀得到的，知道伯益雖然被他一舉搞定，但人民的眼睛是雪亮的，遲早會識破他的這個陰謀，又會高喊個什麼口號跑到伯益那裡。因此就偷偷地派了個殺手，跑到箕山，在一個天氣很平常的日子裡，把伯益給做掉了。

政治家一般很黑，但也是最會作秀的。

伯益歸西之後，夏啟馬上展開作秀的把戲，高規格地替伯益舉行了追悼會，號召全國人民沉痛悼念伯益，並化悲痛為力量，緊密團結，支持以夏啟為首的中央政府，將大夏事業進行到底。這哥兒們厲害吧？既徹底搞定了一個可怕的對手，還從這個事件中獲取最後的政治資本。而且，他還規定，以後要「歲善以犧牲祠之」，年年歲歲，歲歲年年，都讓伯益享受幾個牛頭的待遇，在陰間改善一下生活品質。自己從頭到尾全是好人的角色。

不過，雖然伯益死了，但他的子孫並沒有受到很多的傷害，夏啟還算厚道，仍然把作秀進行到底，仍然讓伯益的子孫們當大夏國的高級公務員，過著幸福的生活。

伯益生了兩個兒了，一個叫大廉，一個叫若木，都是夏國的貴族，他們的後代比前輩平庸了一點，在夏朝這個漫長的歷史時期，基本上沒有做出什麼可以讓司馬遷看得上的感人事蹟來。

直到夏桀當政時，若木的的玄孫費昌突然虎軀一震、三分閃人，來個漂亮轉身，做了一個有歷史意義的跳槽，跑到商湯那裡，來個再就業。

## 第二節　從馴獸者到商朝貴族

嬴家從伯益開始，就有訓獸的特長，這個特長一直被作為嬴姓的傳統保留了下來。商湯基於費昌的特長，就讓他當了自己的馬伕——也就是專職司機。

這個起點雖然不高，但大家知道，在上司眼裡，司機的分量是很重的——雖然比不過情婦，但比一般的祕書、手下有分量得多。就像現在很多高階主管高升到外地之後，老婆還沒有搬過去，但司機肯定早已跟過去了。而且當時天下亂得很，到處是舉著鋤頭討說法的群眾事件，抗爭時時都在展開，部落首領可不像現在的司令官這樣躲在掩體裡，看著沙盤、靠著現代化通訊工具指揮戰鬥，甚至還不如電影裡的連排長們那樣，舉著槍大叫「弟兄們衝啊」——戰士們都衝上去之後，他才跳出戰壕很英勇地衝在人家的屁股後面——而是在馬拉的戰車上衝鋒在前。所以，這個司機不但要駕駛技術高超，忠心耿耿，而且戰鬥力也要強悍。否則，上級會很快被你玩得光榮犧牲。

費昌當了商湯的專職司機不久，商湯就跟夏桀攤牌。雙方在鳴條那裡決戰。

## 第二節　從馴獸者到商朝貴族

費昌駕著戰車，跟商湯一起帶著部隊衝進夏桀的陣地裡，把原來的老闆打了個大敗，最後讓大夏徹底垮臺，永遠從歷史上消失。

費昌立了大功。他的族兄弟也很爭氣。他的族兄弟就是大廉的兩個玄孫，一個叫孟戲，一個叫中衍。也不知他們的老爸在工作的時候是到哪裡去摸魚了，生出的兩個兒子，實在太對不起觀眾，除了會講人話之外，其他地方都不是人的構造，而是鳥的身材——放到大街上，滿街吹牛，人家以為是誰家養的特大寵物——鸚鵡跑了出來呢！

不過，這兩個哥兒們雖然長得「鳥身人言」，但駕駛技術超好。那時用人還真的不管民眾的目光，而是看你的本事。

商朝的第九任統治者太戊經過嚴格的考核之後，馬上把哥倆任命為他的專職司機。又因為商的祖先也是鳥族出身，算起來跟嬴姓也可以說是五百年前是一家。因此，嬴姓很快就成為殷商一朝的貴族，並且成為諸侯——可以當殷商集團的分公司，一直威風了幾百年。

然而再威風也有結束的時候。

嬴氏的輝煌年代很快就結束。

因為商朝也出現了一個跟夏桀一樣的老大——商紂。

周武王也像當時的商湯一樣，扯著造反的大旗，帶著各路諸侯猛攻商紂。

這個時候，嬴姓在商朝的代表人物是蜚廉和惡來兩個。這兩個人是父子關係，蜚廉是老爸，惡來是兒子。這兩個傢伙都不是吃軟飯的，而是都有一身本事：蜚廉善走，惡來有力。也就是說，老爸是長跑健將，而惡來是個大力士，放到現在，兩個人完全可以參加奧運，一個拿競走金牌，一個搶舉重冠軍，估計一點沒有問題。可那時沒有奧運，兩人又是商紂的得力助手，缺乏政治頭腦，一點不像他們的祖先費昌那樣能認清形勢，在商紂失民心的情況下，來個漂亮轉身，轉換身分，硬是要當商紂最死忠的手下，與人民為敵，最後不但下場很難看，而且還被人家貼了個「助紂為虐」的標籤，幾千年都拿不掉。

惡來戰鬥到最後時刻被武王抓住，殺掉；

蜚廉當時正在為商紂採石料，知道兒子和老闆都成了死鬼之後，就跑到霍太山上，為商紂舉行了個簡單的追悼會之後，就自絕於人民了。

據說他在自殺的時候，還得到一個石棺，石棺上有一行字：「帝令處父不與殷亂，賜爾石棺以華氏」。這話用現代的話來說，就是以後你的子孫會很有前途。當然這個紀錄的真實性是存疑的。

## 第三節　失勢之後：邊陲的再出發

嬴家到了蜚廉這一代，又開始分出一支來。蜚廉除了惡來之外，還有個兒子叫季勝——這名字比惡來好聽多了。季勝的孫子孟增估計長得很帥很溫柔，被周成王看中，天天在一起玩耍，生活過得很幸福——有人說他是周成王的情人，但證據不很充足。孟增的孫子造父同樣是個出色的訓馬高手，當了周穆王的專職司機。造父能識好馬，一下就幫老闆找到得驥、溫驪、驊綟、騄耳四匹好馬。

## 第三節　失勢之後：邊陲的再出發

周穆王如果放在現在，肯定是飆車一族的核心份子。

他得到這四匹馬之後，就天天駕車像現在的背包客們一樣，到處瘋玩，一直跑到崑崙，居然受到西王母的親切接見，天天喝著天上的名酒，覺得天上的生活比人間生活幸福多了，天上的美女比人間的美女漂亮多了，就想賴在那裡成為天上的合法居民，然後跟天上的美女生下子女，子女們直接就拿著天上的綠卡，享受著天上的生活待遇，成為天上的永久居民，那多幸福。

可他連個天上的暫時居留證也辦不了，哪能當成天上的公民？

徐偃王看到穆王這麼久都沒有回來，估計可能跟一幫背包客一起，在什麼地方遭遇土石流，已經變成失蹤人口了，就宣布由他自己來接管政權。

周穆王知道後，馬上叫造父把車開到最快速度，狂奔趕回京城，平息這個亂子。造父立了個大功，周穆王就以「趙城封造父」，這個就是趙氏的祖先。秦趙算起來，是有點血緣關係的，可戰國後期，秦國跟趙國打得最為激烈——這是後話，以後再說。

回過頭來，惡來的後代有個叫秦非子的孫子，居住在犬丘那裡。這傢伙養馬技術很高超，是當時的養馬專家，據說是全國頭號養馬高手。

注意，犬丘是在中國的西部。而原來秦家老祖先可是東夷的後代，他們後來為什麼突然出現在西部？司馬遷沒交待清楚。我估計，秦嬴氏是商朝的心腹，周朝建立新政權後，他們就徹底淪為草民階層，生活得不幸福。依然懷念著商朝。那時周朝為了攏絡民心，在打垮商朝之後，仍然封了商王的後代當個諸侯。這個諸侯就是武庚。

武庚是個有志青年，心裡裝著復興商朝的遠大理想。後來，他成功地策劃了蔡叔和管叔的造反事件，說是要推翻周公的獨裁統治。可那時周朝的強人很多，他們根本不是周公的對手，沒幾天就被周公堅決鎮壓。當時，那些秦嬴的家族肯定做出站錯隊的傻事，堅定不移地緊跟武庚將革命進行到底。哪知革命還沒有幾天，他們就到底了。

周公很快發現，如果還讓這些人聚在一起，以後群眾事件將無窮無盡，而且規模也會越來越大，麻煩將越來越多，因此，就採取了分化的辦法，把他們分成若干個群體，然後來個異地安置，分到很多地方去，接受其他地方人民的文化思想，讓他們全部淪為弱勢群體，杜絕集中在一起的可能。秦嬴的那個村子的人，估計就被移民到西部來。從東部到西部，就是要適應環境都需要幾代人，而且人口數量又少，才幾個人，光對付村前村後那些肉食動物的騷擾，就夠你受了，哪還有什麼精力去造反？

當然，以上是我個人的猜測，歷史真相到底如何，大家就都努力挖掘一下，或許會找到。

總之，現在秦非子就是在西部冒出頭來。

那時周王朝的第一把手就是周孝王。有一天周孝王到馬廄裡視察，發現馬廄的規模雖然很大，但馬匹的數量太少，就那麼幾匹，瘦瘦的沒有一點精神，一點配不上他的豪華專用車。駕著這樣的馬車出去，實在太沒有面子了。周孝王問身邊的人，誰的養馬技術最厲害？

身邊的人說：「秦非子現在是全國頭號高手。」

「就讓他幫皇家養馬。」

## 第三節　失勢之後：邊陲的再出發

幾個人就帶著周孝王的命令跑到犬丘那裡，下令當地的領導者把秦非子找來。要是找不到秦氏子孫，你們就不用當官了。

秦非子是當時犬丘有名的養馬專家，犬丘的領導者向來也把他當成勤勞致富的榜樣，一有高層來到犬丘，都會帶他們到非子的養馬場上參觀，說他積極響應政府的號召，養馬十分專業，是犬丘人的驕傲。這時，看到周天子也重視起非子來了，當然心裡很高興，派人去馬場那裡直接把非子找來，把周天子的命令對他宣讀了，然後就說了一大段鼓勵的話，把三千匹母馬交給他，說你的任務是讓這些母馬盡量生育，養成一大群馬。

很多人一看，只有三千匹母馬，一頭公馬也沒有，那時又沒有複製技術，拿什麼去繁殖一大群馬來？難道叫老子做人工授精——就連人工授精也需要一批種馬啊！總不能讓老子去當傳說中的種馬吧？

可秦非子什麼話也不說，帶著三千匹育齡母馬回到他的養殖場。

這傢伙的腦袋確實聰明。上級沒有給他種馬，他卻有辦法引進強而有力的種馬。

秦非子居住的犬丘靠近犬戎。犬戎就是「玁狁」。這時這個民族的人數雖然不多，但很會製造麻煩。

這個民族更是個馬背民族，特別善於養馬。

秦非子得到三千母馬之後，馬上就把目光盯向了犬戎的馬群。

犬戎的邊防戰士每天都把馬趕到渭河那裡喝水和洗浴。

秦非子就看準這個空檔，每天一到這個時候，就叫手下帶著一匹母馬也來到渭河的岸上吃草。然後把一部分公馬放到河裡。

犬戎邊防戰士們果然也像往常一樣，驅趕著他們的馬來到渭河那裡洗澡。

這時，河裡秦非子的公馬們看到岸上的母馬們沒有下來跟牠們一起洗，心情馬上就煩躁起來，紛紛大叫——哥洗的不是澡，而是寂寞，然後跑到岸上。

犬戎的公馬們聽到那些馬的叫聲，也知道這些種馬們發現了美女，便也跟著橫渡渭河，要好好地泡外國美女馬。這些公馬也知道，把妹是不分國界的。

犬戎那幾個邊防戰士看到自己的馬都向對岸上奮勇前進，便都在岸上大聲叫喚，可能叫得回來嗎？最後叫累了，都坐在岸上，看著馬群上了對岸，一起加入大周國籍，天黑之後，拿著鞭子回去，向老大報告說我們的馬全中了人家的美馬計。這些年努力養馬，全都貢獻給了周朝，是典型的國際主義精神。

秦非子卻高高興興地趕著一大群馬進了渭城。

犬戎雖然養馬技術高超，但智商明顯還處於欠發達狀態，上了一次當之後，並沒有汲取教訓，還繼續很傻很天真地把第二批馬又送到渭水那裡喝水、洗澡。秦非子就不斷地故技重施，賺了好幾批的馬，只幾年時間就超額完成周孝王交給他的繁殖戰馬的任務。

秦非子趕著一萬匹馬浩浩蕩蕩地進了首都，向周孝王姬闢方交差。

秦非子以為，大王看到這群馬，心裡一定超級高興。姬闢方一高興，他就會大有好處。

周孝王看到這麼多馬，心頭果然樂不可支，當場就拍板，把秦地也就是犬丘那塊地皮劃給秦非子，讓秦非子繼承大駱的名分。

你也許還不知道大駱是什麼吧？

## 第三節　失勢之後：邊陲的再出發

大駱就是秦非子的老爸，也就是這一帶嬴姓的老大。子承父業，在當時是合法合理的，而且又為國家作出了貢獻，非子繼承大駱的遺產那是沒有話說的。

但仍然有人反對！

反對的人就是申侯。

申侯對姬闢方說：「大王啊！大駱的大老婆可是我們家的美女啊！她和大駱生的兒子嬴成才是合法的繼承人。大王比誰都知道，這塊地皮是塊很敏感的地帶啊！這些年來，犬戎們只養馬不鬧事，都是因為大駱和我們採取和親政策帶來的安定團結局面啊！大王要是不讓嬴成當這一帶的老大，犬戎和我們這裡的人都會不服氣啊！到時情況就複雜了。至於複雜到什麼地步，我不說，大王也清楚。」

申侯是嬴成的舅舅，怕秦非子因為養馬而成為老大，自己的外甥可就不幸福了，馬上抓住秦非子是後媽生的理由，向姬闢方提出反對意見，極力把他的外甥推出來。並說，如果西戎他們一不服，就會製造邊境流血衝突，到時誰也收拾不了啊！

你一看這番話，不但說了天大的理由，而且還夾帶著很大的威脅。這時的周王朝已經開始走向衰弱了。姬闢方不是菜鳥，聽到這話，哪敢否決申侯的意見？只得讓嬴成當了那裡的老大。

不過，姬闢方還算厚道，覺得無論如何也不能虧待了秦非子——人家幫你養了這麼多良種馬，又老遠趕著長長的馬隊跑到首都來，不管怎麼看，也覺得大大地壯了一下國威——現在國威沒有別的辦法壯一下，這個馬群也算是國家的面子了。於是，就又把秦地劃給非子，算是表彰一下這個全國楷模，並讓嬴成繼承老爸的遺產，繼續保衛西陲、與犬戎和平共處。

於是秦非子就成了附庸。附庸是什麼意思？根據後來孟子的說法：「天子之制，地方千里，公侯方百里，伯七十里，男五十里，不能達五十里不達於天子，附於諸侯，曰附庸。」這就是說，現在秦非子的地盤少於五十里，還得掛靠個諸侯國經營，連個法人代表的資格也沒有，相當於某個三角地帶的邊角廢料，比等級最低的諸侯國還不如。

但非子也高興。他覺得他們嬴家終於站起來了。畢竟有了一塊地盤，自己可以自主開發一下了。

秦非子遵照姬闢方的安排，從非子變成了秦嬴。

秦嬴雖然威風了一陣子，可他的兒子和孫子卻平庸得很，雖然算不上垮掉的一代，但兩代人忙乎了幾十年，並沒有做出一件引人注目的事來，一直是堅定的潛水運動員，直到死也沒個新聞效應。到了秦仲接班，嬴氏又在歷史的水面浮了一下，露了一回臉。

這個機會是周厲王給他的——當然也可以說是犬戎給他的。

## 第四節　犬戎來襲與第一次民變

前面已經說過，犬戎是個製造麻煩的群體，他們覺得周王朝已經不再強悍，沒事時可以欺負一下了，享受一下勝利的喜悅，因此，就經常在邊境製造一些流血衝突事件。

而這時，國際形勢也已經有點複雜多變了。各地諸侯已經開始威風起來，眼裡的中央政府越來越像個擺設。周厲王上臺後，也覺得自己有點像個花瓶，這個共主當得一點都不過癮，因此，就高舉改革的大旗，要重振一下大周國威和軍威。哪知，這哥兒們的能力不行，把幾個小人當成改革家，發表了一系列壟斷政策，說是讓一部分人先富裕起來。可大家一看，那幾個先有錢起來的全是改革者家的人。於是，原先那些老牌既得利益集團就覺得不高興了，到處發表言論，說姬胡的改革是行不通的。召公還寫了一首詩歌：「爾德不明，以無陪無卿……匪上帝不時，殷不用舊。雖無老成人，尚有典型。」這詩的意思是，大王的人品已出現了問題，專門用壞人執政。這個做法跟商朝的做法沒有兩樣——商朝的統治者不重用老臣，最後滅亡了。現在姬胡也不用老臣，離滅亡還遠嗎？

這話一傳出去，大家就都認為，大周王朝要亡國了。

姬胡聽到之後，當然心裡很不開心。他覺得不能再讓這些議論流傳下去了。這哥兒們在處理這事時，很沒有經驗。他找到一個叫衛巫的人，要求他到基層監督輿論，誰再這麼議論君王，就直接砍了誰的腦袋。

召公這時就勸他，說了那句很有名的話：「防民之口甚於防川。」

可胡姬卻把這話當屁話，繼續執行砍頭政策，而且衛巫在執行這個政策時，又很變態，只要覺得誰不順眼，就說你在講大王的壞話，死有餘辜。弄得大家連話也不敢講了，在半路上碰到個熟人，也不敢問一句吃飯了沒有，只是用眼睛示意一下，然後走自己的路讓別人說去吧！整個首都變成了一個失語的城市。

你想想，一天到晚連話也不能說，心裡不鬱悶才怪。最後大家鬱悶得實在不行，不讓老子動口，老子只有動手了，終於發出憤怒的吼聲，舉著鋤頭，高喊口號：「還我說話權力！」

這時，姬胡知道首都鬧了史上第一次群眾事件，還帶著大家出北門去打獵，說要打一些野味回來下酒。

人們知道之後，馬上跑到北門那裡，高喊口號。

姬胡一看，這些不明真相的人還真多，而且直接就大喊大叫要打倒他，當然很生氣。

他這麼一生氣，後果很嚴重。

他叫負責維持社會秩序的榮夷公去平息這個事件。哪知，榮夷公還沒有動手，就被那群不明真相的人解決掉了，當場丟了腦袋。

姬胡這才知道問題嚴重了，終於取消了打獵行程，夾著尾巴逃跑了。而且這一逃就再也沒有回來。

這哥兒們是中國第一位被群眾暴力事件趕下臺的國家元首，也是歷史上有名的暴君。歷史上對他的評價是想多壞就有多壞，似乎周朝就是壞在他的手裡。

不過，這傢伙的武功還是不錯的。他上臺的時候，國力就已經弱得要命，淮夷的勢力就已經逼到雒邑，他派兵過去來個自衛反擊，居然搞不定淮夷。直到幾年之後，他再派兵攻打淮夷，終於把淮夷打了個大敗。而且戰果十分輝煌，意義重大。因為當時的楚國統治者熊渠比誰都威風，覺得自己的國土面積很大，勢力已經很強悍了，只當個地方諸侯實在太不匹配了，就決定稱王。而且，他不是自己稱王，而是讓他的幾個兒子稱王，他自己威風凜凜地當起大王的老爸。後來大概看到姬胡突然發飆起來，怕自己再這麼玩下去，玩不過姬胡，趕快宣布丟掉「王」字號，回歸大周公司旗下。你想想，熊渠當初敢稱王，手中的力量一定十分雄厚，肯定不是一個紙老虎，如果姬胡沒有兩把刷子，能讓這樣的猛人老實嗎？

## 第四節　犬戎來襲與第一次民變

姬靜就生氣起來，大手一揮，大軍開過去，誰不聽就抓誰，看是你的嘴皮硬，還是老子的刀口利，看是你的原則有用還是老子的槍桿子有威力。

魯國高層看到大軍殺了過來，果然集體失語，那個小兒子順利當上了第一把手，成了魯孝公——從這個諡號看，這哥兒們還算是個不錯的人。大家看到姬靜這麼大力破壞這個規則，心裡就不服了，諸侯們又開始在心裡對姬靜產生了不滿。

姬靜對這些不滿一點都不知道，覺得自己越來越威風了，覺得一個統治者就應當說話算話，不能老聽人家那一套——什麼事都聽那幾個老頭子的話，這大王跟個傳聲筒有什麼區別？

於是姬靜徹底改變作風，誰要是敢得罪他，就殺掉對方。

到了這個時候，姬靜完全把自己變成了一個昏君。

昏君一個最大的特點，就是容易聽信某個人話，然後製造冤假錯案，殺害無辜。

當時，姬靜手下有一個帥哥叫杜伯觸。姬靜也跟很古代的君王一樣，除了有個王后，宮裡還有很多合法的情婦。這些情婦不但長得漂亮，而且個個年輕粉嫩。姬靜也跟很多男人一樣，年紀大了就力不從心。這些粉嫩的情婦一年到頭看不到姬靜一次，心裡的想法自然多起來，於是就想辦法找個帥哥過來解決一下生理需求。

有個妃子看到杜伯觸後，就找了個你知我知天知地知的機會，對杜伯觸說，帥哥，我們來個一夜情吧？

哪知，杜伯觸是個道德感很強的人，一聽這話，馬上一口回絕。

他以為自己這麼義正詞嚴，形象正面得很。哪知，那個妃子卻不是個好惹的角色，咬著牙，直接就去找姬靜，說，杜伯觸調戲了我，而且還說，大王肯定不行了，就讓我來當一下大王的替身吧！

姬靜一聽，當場就大怒，讓人把杜伯觸叫來，指著他大罵，也不審問一下，直接就判了死刑。

杜伯觸的老朋友左儒就在旁邊，馬上就對姬靜說：「大王，殺人也要個理由啊！」

姬靜一聽，這理由能說嗎？要是一說，老子不是戴上綠帽子了？只得冷冷一笑，說：「你這個傢伙，領老子的薪資，還不支持我，不站在老子的立場上，不跟中央保持一致，卻為這個人說話。」

左儒也是個花崗岩腦袋，雖然看到大王都已經發怒了，仍然大聲叫：「大王做得對了，我堅決擁護。現在杜伯觸沒什麼錯，我當然要為他說話了。」

姬靜說：「我就是要殺他。老子想殺就殺！」

左儒說：「我當然不能阻止大王。但我可以跟杜伯觸一起死！」

姬靜大笑起來：「現在我是天下的老大，老子讓誰死誰就得死。老子不讓誰死誰就不能死。現在我宣布：讓杜伯觸死；讓左儒活。哈哈！老子威風吧？」

他手一揮。幾個士兵進來，把杜伯觸拉下去砍頭，硬是讓左儒在旁邊當首席觀眾。

左儒一氣之下，跑回家裡，找來一把菜刀往自己的脖子砍過去，把自己砍死，用實際行動證明，姬靜的話同樣是屁話。

大家一看，知道姬靜已經從中興之主變成了暴君，個個都怕得要命。姬靜這麼一反常，手下以及那些諸侯們都已經跟他不同調了，但宮中卻反常地與他同一陣線，也發生了一件反常的事。

這個反常的事件是他的正室，也就是他的現任王后發現的。

## 第五節　謠言與預言：周室的警訊

這個怪事是由一首童謠引起的——中國歷史總有個相同的現象，就是君王一昏庸，那些帶有預言含義的兒歌之類的打油詩就會滿城飛。

這次這首兒歌的原來版本是：月將升，日將浸，檿弧箕服，實亡周國。

這首兒歌比後來那些童謠直接得多了，一點不含蓄，赤裸裸地說出「實亡周國」。

姬靜雖然想把暴君進行到底，但這傢伙到底也是個徹底的唯心主義者，一聽這首歌，當場也額頭冒汗起來，馬上召開一次中央高層會議，討論國事。

召公（這個召公是前面提到那位召公的接班人）先出來說：「我看這個歌詞，前面那兩句只是個鋪陳，不用去研究。重點在後兩句。檿是什麼？就是桑木的學名，是做弓箭的最好材料；箕就是箕草，是用來結箭袋的。這兩樣東西，我都在兵工廠裡見過，不信大家可以去看看。所以，我認為，國家不久就會有弓矢之禍。大王要當心兵器啊！」

姬靜一聽，覺得有道理得很，馬上就說：「這個好辦。」於是馬上掀起一場銷毀兵器的全民運動。把製造兵器的人都抓起來殺死；把所有的兵器都集中起來銷毀——反正很多兵器也差不多到報廢期了。

太史令伯陽父最後發言：「我前幾天看了看天象。這個事件不是銷毀兵器那麼簡單。以後亂天下的不是什麼兵器，而是某個美女。」

姬靜這時，頭腦已經沒有別的想法，只想著如何才能不亡國，覺得這話也很有道理。但召公的話也是不錯的。因此，就來個雙管齊下——對製造兵器的人開殺戒，對後宮也進行一次清查，看看哪個美女有亂國的跡象。

布告貼出去後，姬靜要求士兵嚴格監督市場，一旦發現出賣與兵器有關的東西，都得抓起來，全往死裡打。很多靠打造兵器生活的人馬上變成失業工人，到處去重新就業找飯碗。

那些糾察隊才接到命令沒幾天，手頭正癢著，卻找不到往死裡打的人，天下居然有我們打不到的人？找不到賣兵器的，就找跟兵器有關的人痛扁一頓。他們馬上發現一對賣簸箕的夫婦。大王不是說過，與「箕」有關的東西都不能賣嗎？簸箕跟「箕」有關得很。

幾個糾察隊員衝上去就把那對賣簸箕的夫婦抓了起來，正想一哄而上，拳打腳踢，把兩個傢伙往死裡扁。哪知，這對夫妻也是老油條了，一看到士兵滿臉橫肉把他們抓住，就努力掙脫。這幾個糾察隊員扁人雖然很專業，跑步的力氣卻沒有多少，居然被兩個傢伙逃跑了。

這對夫婦跑到一片森林裡，突然聽到一陣嬰兒的哭聲。

## 第五節　謠言與預言：周室的警訊

兩人雖然敢跟士兵對抗，但其實心地很善良，聽到嬰兒的哭聲後，就跑過去，看到路邊有個棄嬰。兩人就把這個棄嬰抱了起來，帶回去當自己的女兒。

你知道這個女孩子是誰了吧？

她就是後來大名鼎鼎的褒姒。

這對夫婦知道糾察隊很暴力，再在這裡居住是混不下去了，因此就帶著女嬰逃到褒。

現在來說說褒姒的來歷吧！

姬靜在相信召公的話的同時，也相信伯陽父的話，一邊大肆銷毀兵器，一邊在後宮裡大力清查。很快就查出一件怪事來。

原來宮中有個美女，向來低調做人，從不見她跟哪個帥哥有來往，但卻懷孕了。而且這孕一直懷了十八年之久才生下孩子。這個美女當然知道，在王宮裡突然生出個來歷不明的孩子，後果很嚴重。因此，馬上就把這個孩子丟到路邊。恰好被那對夫婦撿了去。

王后把這個美女找來，讓她把這事說清楚。

這個美女肯定是個很漂亮的人——否則能生出褒姒那樣的大美女嗎——而且也是個聰明的人。

她當場編了個很神奇的故事：

從前，有兩條神龍來到夏桀的面前。夏桀一看，是龍來了。那時估計環境保護得很好，像龍這樣的珍稀動物雖然不常碰到，但還是會偶然看到的，因此雖然覺得很稀奇，也不很當一回事。夏桀看到龍無緣無故地來到自己面前，看那神態，越看越像來申訴的——如果是一般平民，以他的性格，早就大手一揮，讓他們死得乾乾淨淨。可這是兩條龍啊，哪能說殺就殺的？他把大師叫來，說你幫老子算一算，這兩條來歷不明的龍是殺、是留，或者遣返？

他這麼一問，當然不是從生態平衡、保護世界稀有動物的角度去考慮，而是看看殺了這兩條龍，對他來說是凶還是吉。

大師一算，說，這幾個處理辦法都是「莫吉」。

夏桀一聽，那該怎麼辦才好啊？這哥兒們雖然殘暴無比，但腦袋裡的點子多得很——尤其是那些殘害他人的辦法，那是要多少有多少，絕對不會重複。他這時一拍腦袋，說：「再來一卦，放了牠們，然後把牠們的口水收藏起來，怎麼樣。」

這個大師的腦袋也靈光得很，知道要是再不得到個吉字，估計自己就不吉了，馬上掐著手指，然後大叫：「吉！」

於是，夏桀寫了一篇請求，向那兩條龍宣讀。這兩條龍還真的不是文盲龍，聽了一大段之乎者也之後，就簽了個同意，然後吐了一大堆口水讓夏桀收藏，之後人間蒸發。

這個藏品一直傳到商朝，再傳到大周朝。直到厲王末年，姬胡在某個無聊的早上，覺得這個盒子很好玩，就「發而觀之」。想不到，龍口水的防腐能力超強，幾百年下來，仍然還像原來那樣。盒子打開之後，龍口水就流到地板上。姬胡一看，有點怕了起來，馬上讓清潔人員去打掃，但卻掃不掉。姬胡這才知道這個東西果然碰不得，一碰麻煩就大了。後來，他想了個辦法，叫美女們全部脫光衣服，在那上面像球迷們那樣大叫大喊著裸奔幾圈。

哪知，美女們一裸體上場之後，更神奇的事又出現了。那堆口水被美女們一刺激，當場發生化學變化，變成了個玄黿來。玄黿這個名字有點玄，其實就是一隻黑色的蜥蜴。這個蜥蜴爬進後宮，碰到這個美女。美女馬上就懷了孕。而且這個孕懷得也實在太厲害了，十八年後才生出個小女孩來。

如果放到現在，只有腦殘人士才會這相信這個故事是真的。

但當時在場的人雖然沒一個智能不足的人，卻都是百分之百的唯心主義者，他們認為老祖先也是這麼來的——姬氏認為，他們老祖宗的正室，也就是那個姜原，有一次外出，看到一個超級大的腳印——估計那時地球上的人不多，環境不錯，宜於養生，外星人經常光顧，這個腳印應該是他們留下的——就踩了上去。這麼一踩，就懷了孕（那時的育齡婦女實在太厲害了，這麼一感應，就可以生孩子），然後就生了姬姓的祖先——棄。

連自己的祖先都相信是踩了外星人的腳印生出來，他們當然也就相信這個美女碰到玄黿而懷孕的八卦了。玄黿到底還是個動物，比那個腳印的說服力更強。因此，姬靜也就不處置這個無夫生子的美女了。美女靠一段一點不可靠的故事救了自己的命，騙了姬靜，也騙了司馬遷，讓這個太史公後來也把這個故事記載了下來。

姬靜以為，這個故事到此就該結束了。

哪知，才剛剛開頭。

姬靜被這些事玩了這麼久，覺得有點累了，就決定出去打獵，散散心，打死幾個獵物回來，開心一下。哪知，獵物還沒有見到，卻先活見鬼了。

這個鬼就是那個冤死的杜伯觸。這傢伙到了陰間之後，那腔仇恨還沒有消散，天天到這個地方埋伏。這時看到姬靜，便大喝一聲，跳到路上。一支箭射向姬靜，就結束了姬靜的生命。

姬靜的這個死法，實在有點不可靠。但史書上卻認為可靠得很。我估計是某個反對黨想搞定姬靜，就找了個殺手，裝扮成杜伯觸，對姬靜採取了這個恐怖行動。

但不管怎麼樣，被稱為中興之主的姬靜就這樣玩完。

歷史的車輪直接就進入了周幽王時代。

周幽王名字叫姬宮湦。

姬宮湦估計對他老爸後期的執政辦法很崇拜，因此，一上臺就找了幾個心狠手辣的人物來當他的鐵桿死黨。這幾個傢伙掌權，全國人民就苦了。

正好這個時期，地殼運動比較活躍，這裡剛地震結束，救災工作還沒有展開，那個地方又搖晃了起來。幾個別有用心的大臣就說，這是因為大王在重用奸臣，老天爺在嚴厲警告啊！

哪知，姬宮湦聰明得很，一點不相信這樣的鬼話：「你們說的都是沒一點科學根據的屁話。老天爺要是警告老子，為什麼不直接在老子的宮殿裡製造地震？卻跑到那麼遠的地方進行？你們這話騙小孩去吧！不要以為老子這麼容易受騙上當。」

不久，連岐山也發生地震，造成嚴重的山體下滑。這個岐山可是周王朝的老根據地啊！那個趙叔以為，現在出來勸說一下，姬宮湦會聽一聽吧！可現在姬宮湦只聽心腹的話，別的聲音通通都是屁話。趙叔說過之後，姬宮湦的死黨之一虢石父當場發言，全面否定趙叔的話，並要求大王把趙叔開除了事，免得以後某些人又借天災說事。

姬宮湦說，同意虢石父的建議！

於是，趙叔被開除所有公職，變成一個無業遊民。這個無業遊民後來跑到晉國，成了後來趙氏的祖先。

那個褒姁覺得趙叔實在太冤了，就幾句話，而且這幾句話的出發點是很好的，就丟了官，實在太不像話了，於是他出來說，大王，不能這樣就開除了個高層啊！如果幾句話就丟了飯碗，以後誰還敢講話啊！

姬宮湦一聽！老子要的就是一個不講話的效果啊！你還敢講話。老子更不客氣了。他下令把褒姁抓起來，關到牢裡，處罰得比趙叔更嚴重。

其他的人都是聰明人，再也不敢拿飯碗甚至是腦袋開玩笑了。

褒姁一被處置，家裡的人就慌了起來。

他的妻子召集大家來開了個會，商量著如何把褒姁救出來。

褒姁的大兒子褒洪德說：「聽說大王愛美女愛得要死。現在我們的地盤裡就有一個大大的美女。我們就帶這個美女去獻給大王。大王肯定會放了老爸。」

這個大美女就是褒姒。

姬宮涅一見到褒姒，當場傻了幾秒鐘，然後眼睛光芒萬丈，立刻宣布：褒家無私貢獻了這麼一個大美女，讓老子從今之後天天身體快樂，功勞是大大的有，馬上釋放褒姁。

姬宮涅得到美女之後，馬上就把把妹工作當成全年工作的重中之重，天天跟美女在一起吃喝玩樂。玩樂的結果，當然就是生了那個叫伯服的兒子。

這時，姬宮涅已經決定好了接班人。接班人是宜臼。而這宜臼的母親就是申后。這個申后就是以前那個極力為他外甥爭取犬丘之地的申侯的後代。

褒姒生了兒子之後，就說大王讓我們倆的兒子當太子吧！不要讓宜臼接班了。

姬宮涅一聽，好啊！我們的兒子比宜臼帥多了。他馬上宣布，廢掉申后和宜臼，讓褒姒當第一夫人，伯服當王位繼承人。誰反對誰就是跟中央唱反調，腦袋就得砍下去。他下這個命令時，一點阻力也沒有，乾脆得像放屁一樣。哪想到，卻為後來丟腦袋留下了伏筆。

可不久，姬宮涅又覺得有點不開心了。

原因不是突然發現美女某個地方生了個痣或者出現了性冷感之類的毛病，而是覺得這個美女實在太漂亮了，但卻總是不笑。你想想，不笑都這麼漂亮了，要是再笑起來，肯定是漂亮得要命。

誰見過要命的漂亮？

沒見過啊！

但姬宮涅就見到一次。

## 第六節　歷史最瘋狂的一次微笑

姬宮湦要求褒姒笑一次給他看。可美女卻說，我天生不愛笑。

姬宮湦說老子不信。就想辦法逗美女笑。可連喜劇相聲都放了好幾遍，他自己都笑得差點打滾起來，褒姒卻仍然沒一點笑的表情。

姬宮湦這下傻眼了，估計褒姒的笑覺神經已經被木馬侵入，自我封鎖了。

可姬宮湦仍然不想放棄。這時，他想到了一個辦法，發表了個公告，誰想出讓褒姒大笑起來的辦法，就賞給誰一千金。

他的頭號死黨虢石父最愛金光閃閃的現金，而且這類人的腦袋也活得要命，一看到這個公告，馬上就想出了一個辦法，拿著公告就去見大王。

姬宮湦一看虢石父這個神態，就知道這個汗流滿面的傢伙有辦法了，忙問：「快快說出來啊！」

虢石父說：「我們為了防備犬戎襲擊，不是在邊境上修築了很多烽火臺嗎？」

姬宮湦說：「是啊。是修了很多烽火臺。」

虢石父說：「我們就可以利用這個烽火臺來讓王后笑一笑啊！」

姬宮湦說：「那有什麼好笑的？」

虢石父說：「我們不是有個規定嗎？只要烽火臺一舉火，就表示犬戎已經大舉進犯了，周邊的諸侯們就得帶著部隊狂奔前來救援。哈哈，我們現在就帶著王后娘娘到驪山那裡，然後下令舉火。各路諸侯肯定會連夜跑來。大家來到之後，一個敵人也不見，發現自己上當了。娘娘肯定會覺得好笑。呵呵，大王就可以認真欣賞了。」

姬宮湦一聽，當場拍板，要得，這個工程就叫「微笑工程」，馬上啟動。

他回到宮裡，對褒美女說，老子帶妳去看個大戲。這齣戲所有演員都是真實演出，場面浩大。幾個人就跑到驪山的最高點，首都的一切都收在他們的眼皮底下。

姬宮湦下令點火。

只見周邊的烽火臺像路燈一樣，一個跟一個地亮了起來。

這時，雖然很多諸侯都已經不把周朝這個共主當一回事了，早已對姬宮湦非常不滿，但他們對犬戎更加忌憚，看到烽火臺上亮了起來，都帶著部隊狂奔過來。

大家大叫著「保家衛國」的口號，個個殺氣騰騰地衝過來，哪知，只看到四面八方來的兄弟部隊，連個犬戎的廚師也看不到。

所有的部隊這時都衝到驪山腳下，勝利會師，但全體指揮人員都傻了眼：敵人呢？敵人到底在哪裡啊？難道犬戎就這麼容易崩潰？這好像不是他們的風格啊！

在大家很傻很天真地發呆時，突然聽到山上有音樂傳來。所有發傻的目光都投向山上，原來是大王正在那裡喝酒，正笑得嘎嘎大響呢！

## 第六節　歷史最瘋狂的一次微笑

褒姒看到那麼多男人都傻在那裡，想不到天下男人傻得這麼步調一致，真是超級可愛，馬上就笑了起來。

姬宮湦看到美女果然笑了起來，笑得果然漂亮得要命，呵呵，微笑工程圓滿結束。他看夠了美女的超級一笑之後，派人去對那些還在發傻的諸侯部隊說：「你們的任務完成了。回去吧！」

諸侯們一聽，這才知道他們帶著部隊沒命狂奔而來，跑得腿都差點斷了，原來是被人家狠狠地玩了一道。

但被玩到這個地步，你有什麼辦法？只得在心裡發恨：下次絕對不上這個當了。

還記得那個申侯吧？他本來就是申后的老爸，看到自己的女兒和外孫被姬宮湦廢了，心裡恨不得咬了姬宮湦的肉。可自己只是西部邊陲的一個小國，想跟姬宮湦叫板，那是萬萬不行的。申侯在自私方面全面超過了他的前輩。以前，他的老爸為了一塊小小的地盤，都跑過去在姬靜面前為他的外甥爭取。這時他們的女兒被姬宮湦從第一夫人的位子上拉下來，他們的外孫被趕出權力核心地帶，當然不甘罷休。他知道直接跟姬宮湦唱反調，自己這些屁大的力量只怕不過幾個回合就會被姬宮湦玩死。因此他只是睜著那雙血紅的眼睛，等著機會。

他相信，他是有機會的。

這次他也跟其他諸侯一樣，帶兵狂奔過來。

在褒姒微笑的那一刻，在諸侯兵馬大罵著離開驪山的那一刻，申侯的臉色終於放鬆了下來，他知道，機會就在這片大罵中來到了。

他以前不敢跟姬宮湦攤牌，就是怕烽火臺一著火，那些諸侯就殺過來，集體把他一頓群毆，會把他一把打死的。現在好了，諸侯們一生氣，你就是把烽火燒到特大火災的程度，諸侯們也不會再來了。

沒有諸侯的部隊，姬宮湦就是個紙老虎！

當然，這個申侯是很狡猾的。他知道，要是他自己直接出手，即使可以一舉把姬宮湦搞定，但搞定這個暴君之後，諸侯們仍然會找他算帳的——因為，諸侯當中姬姓還是很多的，而且手裡的兵力都比他強悍，被他們一反攻，他們申家就會被打得不剩渣。這個買賣仍然不是好生意。

他對形勢進行了一次全面的評估，知道姬宮湦已經到失道寡助的地步了。於是，他在回去的路上，上了一表給姬宮湦，猛批了這個暴君一頓，罵他無緣無故廢了王后，無緣無故廢了太子，又來個烽火戲諸侯。這幾個做法加在一起，是要亡國的。

姬宮湦這時剛看到美女的微笑，心情正得意得要命，覺得自己現在是全世界最幸福的人，收到這個原岳父的信，才讀了幾句，當場就大怒起來。誰叫你的女兒不比人家漂亮？老子不光廢了你的女兒，還要把你也扁死！他馬上下令打垮申侯。

可姬宮湦的進軍方案還沒有定下來，申侯卻搶在他的前面，先向他發難了。

申侯不是單獨行動，而是派人過去找犬戎和繒部落的老大，說現在姬宮湦已經徹底沒有市場了，我們互相聯合起來，一起把他解決掉，然後瓜分那塊地皮。

犬戎自上次被秦莊公他們痛扁一頓之後，老實了很長時間，但他們的眼睛仍然盯著大周的土地，這時看到申侯居然主動過來跟他們結成同一戰線，當他們的內應，哪有不答應的道理？

## 第六節　歷史最瘋狂的一次微笑

犬戎的部隊都是騎兵，是當時行動最快的部隊。他們一拍板之後，部隊就狂奔大周的首都。

姬宮湦正在快活的時候，突然有人衝過來報告：「大王，犬戎大軍殺了過來。」

姬宮湦出來一看，犬戎的部隊已經把全城圍得密密麻麻，心裡急起來，大叫：「烽火臺！烽火臺。點火啊，點火啊！」

不一會兒，烽火臺上就冒出了大火。

這一次，褒姒沒有笑，但姬宮湦卻大笑起來，他認為，只要他再死守幾天，他的諸侯們就會帶著大軍從四面八方殺過來，把犬戎大軍打得滿世界亂跑。

可他笑了之後，卻看不到諸侯兵衝過來，這才知道，諸侯的腦袋都是會動的，上次上當之後，這次就不會再來了。這才知道，搏美女一笑的代價實在太大了，是說有多大就有多大。

他知道憑著首都的兵力是守不了多久的，只得命令他的那個頭號死黨虢石父帶兵出城，務必把犬戎那群沒有文明的部隊打敗。

虢石父一聽，忙說：「大王，這、這個任務太、太艱鉅了。我的拍馬屁技巧那是天下無敵的，可打仗是我的弱項啊！」

姬宮湦說，你不要太謙虛了。連美女都有辦法讓她笑起來，這個世界上還有什麼你辦不到的？國家都這麼信任你，人民也信任你，你還怕什麼？打仗不是靠謙虛的。你趕快過去替老子把那群流氓搞定，老子大大的有賞。

虢石父沒辦法，只得帶著部隊殺上去。

姬宮湦在他出城之後，馬上就派人過去看看，我們的虢石父打得如何了？

只一會兒，那個派過去打探的人就跑了進來。

姬宮湦一見，呵呵，虢石父還真厲害，這麼快就把敵人打敗了。你不要激動，慢慢地把經過說出來。

那人臉上全是汗珠，說：「大王，大王。虢石父被敵人殺死了。」

姬宮湦一聽，叫了起來：「你沒暈頭吧？是虢石父把敵人殺死了才對。再說一遍。」

那人說：「大王，我絕對沒有暈頭啊！我看得很清楚，虢石父被敵人砍了腦袋。現在那顆腦袋還在城門下邊。不信大王可以去驗收。還有一個重要情況我也要向大王彙報一下。」

姬宮湦說：「什麼情況？」

那人說：「報告大王。現在犬戎的部隊已經攻進城裡了，正朝大王這裡來。他們的口號就是打倒姬宮湦！不信，大王可以去驗收！」估計這個姬宮湦以前做的形象工程太多，什麼工程都得驗收一下，這個傢伙被驗收的次數也太多了，這時仍然請大王去驗收。

可姬宮湦敢去驗收嗎？

他這時已經聽到「打倒姬宮湦」的口號越來越近了。

這哥兒們當了十一年的國家元首，對人民對國家是一點責任心也沒有，但對美女卻很負責。他這時知道這個首都已經守不住了，他再不衝出去，就沒有衝出去的機會了，趕快派人去把褒姒叫來，跟老子衝出

## 第六節　歷史最瘋狂的一次微笑

去，我們到另一個地方開創幸福新生活。

不一會兒，那人報告：「王后娘娘在化妝！」

姬宮湦說：「趕快去告訴娘娘，這個時候不用化妝啊……」

哪知，人家還沒有過去，敵人已經殺了進來。姬宮湦這才知道，美女還真是誤事，再等下去，跟等死沒有什麼區別，只得帶著大家殺出去。

說殺出去是很容易的，但真的要殺出去卻困難重重。一來敵人的數量很龐大，二來姬宮湦這些年來只顧把妹，對軍隊的訓練向來不當一回事，手下的士兵軍事素養實在太低，幾乎沒有戰鬥力。現在突然面對強悍的敵人，個個一臉菜鳥地站著，連個抵抗動作也做得十分生硬，因此才跟敵人一接觸，就全部崩潰。

姬宮湦只得親自戰鬥了，拚著老命要突圍出去，最後只拚到驪山腳下就丟了老命。

姬宮湦一玩完，申侯的目的就已經達到。他帶著部隊殺進宮中，滿臉橫肉地把大美女砍死，然後宣布讓他的那個外孫當老大。

從這個結果來看，申侯和他的外孫宜臼是這次事件的最大贏家。

其實，秦襄公也在這個事件中，賺了不少。

這個秦襄公就是秦莊公的兒子。

秦莊公自從上次在大破犬戎的戰爭中得到好處，就做了個總結，他們贏家是商朝的貴族，但在大周高層的眼裡，卻完全被劃為「反對黨」，出身低微，所以，雖然多次立功，但提拔的速度卻跟蝸牛一個樣，直到現在還只是個大夫，而且領地都緊靠著犬戎——哪天一不小心，被犬戎一把搞定讓你滅族滅種是很容易的事。因此，如果想再上一層樓，讓秦嬴發達起來，只有不斷地立功。在這個地方能立的功勞就只有跟犬戎對抗並取得勝利。但以他們的力量，要守住這個地盤、保持現狀已經阿彌陀佛了，哪還敢出去惹事跟犬戎打仗？

不能跟犬戎打仗，就只有坐等機會，至於機會什麼時候到來，雖然誰也說不清，但他相信，只要有耐心，就會有機會。

可機會真的來得不容易。他等了幾十年，一直等到他死的時候，機會仍然沒有到來。

秦莊公死後，按當時的慣例，是他的大兒子世父當他的繼承人。可世父是個有志青年，並不把這個「西陲大夫」看得比天還大，而是把位子讓給他的弟弟，說：「犬戎殺了我們的爺爺，我要去報仇，這些政務你就全面負責了。」他的弟弟就是秦襄公。

雖然世父天天嚷著要為爺爺報仇，親手砍下犬戎大王的腦袋，可犬戎的實力是明擺著的，你要跟他對抗，跟雞蛋去碰石頭沒什麼差別。因此口號可以喊得天塌下來，但手是不能亂動的。而襄公看到敵人太強悍了，怕敵人乘著老爸剛永垂不朽的時候，猛殺過來，那可大大的不妙，因此，他在即位的第二年，還把他的妹妹嫁給豐王，想透過攀親的辦法，讓犬戎看在漂亮妹妹的面子上，把自己當兄弟看，不製造什麼麻煩。

哪知，這群匈奴的祖先比他們的後代無理多了——後來漢朝皇帝透過和親的辦法，還真讓匈奴人老實了一段時間。可犬戎老大就不同了，睡過美女之後，一提褲子，就大叫發兵犬丘。手下說：「他們可是我們的親家啊！大王！」

犬戎大王說：「他們肯定還有美女。可現在只給老子一個，太不大方了。只好武力解決了。」

世父只得咬著牙，帶兵過去抗擊犬戎。世父雖然英勇，可敵人太過強悍，一仗下來，不但全軍覆沒，而且連他也成為戰俘，被灰頭土臉地捆在那裡。幸虧，犬戎大王突然善良了一下，覺得美女在床上的表現不錯，這樣對待人家的大哥，有點過分了，就把世父無條件釋放。

你想想，襄公和世父能忍下這口氣嗎？

但實力壯大起來之前，什麼氣你都只能忍。

直到犬戎跟申侯勾結上後，殺進鎬京。

襄公一看，好機會啊！他知道，要是犬戎跟周朝槓上了，就等於跟諸侯們槓上了。這可是痛扁犬戎的一個大好機會，而且如果運氣好，不但可以痛扁一下這個歷來的敵人，說不定還能立下大功，從大夫提拔成諸侯——這可是他們嬴家幾代人的遠大理想啊！

在犬戎兵圍鎬京時，雖然大家都恨姬宮湦戲弄過他們，不願帶兵過來救他一把，但與此事有密切關係的人還是出兵了。如鄭、許、魯等幾個國家都狂奔了過來。當然，這幾個諸侯來的原因也很複雜。魯國是周目前最親近的諸侯，不管周王犯了什麼重大的錯誤，到了這個時候，他們都得無條件前來幫忙。至於鄭國，雖然在歷史上沒什麼名氣，從不見他們在歷史舞臺上拿過話筒搶到過發言權，但當時，還是很強的。鄭桓公也不是什麼好人，這哥兒們是周的司徒，覺得首都離自己太遠，實在不好控制，老早就想找個機會，讓大周把首都東遷到洛陽。原來，周公當政時，幾個兄弟不服，硬是組織了幾次群眾事件，公開跟周公叫板，高喊打倒周公。周公便帶兵東征，一舉把這幾個兄弟搞定。順便設了個東都。

所以，鄭桓公就老想著把首都遷到東都那裡。

這個鄭桓公又娶了申國的美女——武姜，因此跟申侯最合得來，據說申侯勾結犬戎的事，鄭桓公是同意的。哪知，犬戎實在太暴力，在驪山腳下圍攻姬宮涅時，可能是鄭桓公的暗號說得不對，在殺死姬宮涅的同時，連鄭桓公的腦袋也砍了。

於是，鄭桓公的兒子鄭莊公也帶著部隊殺了上來。

至於那個許侯，跟申侯本是兄弟關係，當然也想乘亂撈到一點好處，也帶著兵來了。

申侯是個很狡猾的傢伙，在姬宮涅歸西之後，知道他的目的達到了，馬上讓他的外甥當了大王，然後立刻跟犬戎翻臉，讓大家與犬戎抗戰到底。

秦襄公就是在這樣的背景下，對犬戎大打出手，表現得很出色。

這時，周的內部也亂了套，姬宜臼雖然在申、鄭、魯等幾個老大的擁戴下，當上了君主。可他的另一個兄弟在虢公翰的教唆下，也當上了周王。各在一邊下令，蓋的全是中央政府的大公章——直到後來，晉國把虢國解決，另一個周王才完蛋。

在這樣的形勢下，鄭侯要求主張東遷的建議就有了市場。如果老是在西部經營，天天得花很多精力去對付犬戎，中原一帶諸侯就不再聽你的話。而且，現在首都又死死地控制在犬戎的手裡，你總不能天天躲在中國的地盤裡當老大吧？

## 第六節　歷史最瘋狂的一次微笑

何況那個雒邑也不是小城鎮，而是當年周公親自拍板定調為東都的，地位跟西都鎬京沒什麼差別——以前周公就多次代表老大到東都辦公啊！現在我們把中央政府辦公室搬到那裡也不是什麼丟臉的事。

申侯雖然不高興，但有什麼辦法？你想不東遷，當然也可以，但得把犬戎趕出鎬京，讓首都重新回到周朝手裡。可這哥兒們玩點陰謀詭計，做點裡通外國的工作，那是很優秀的，但你叫他去趕跑侵略者，那是萬萬做不得的，因此也就同意這個要求。如果再拖下去，人家來個興師問罪，認真清查起來，他那個引狼入室的帽子可就戴定了。

跟很多歷史事件一樣，只要有個倒楣者，就會有幾個既得利益者。

按理說，申侯是這次事件的主要策劃人，而且最後取得了勝利，他和鄭、許等幾個策略夥伴應該是最大的贏家。可後來的事實，卻不是這個樣子。申侯當了這一次內奸，成功地打倒了姬宮湦，也成功地讓他的外甥當上了國家的第一把手。可因為首都要不回來，又迫於那麼多諸侯的壓力，只得讓首都遷到雒邑——首都一到雒邑，離申國的地盤就遠了，就意味著他老人家已遠離權力中心，自己說什麼話也不算話了，這個贏家實在是贏不了什麼東西，最後算起來，只是贏了一口氣。至於鄭侯雖然實現了首都東遷的目的，但在這場亂得不成樣子的戰爭中，不但元氣大傷，而且還丟了鄭桓公的老命，目的雖然達到，但實力已經大損，看似贏家，其實跟輸家沒什麼兩樣。要說贏，也只是贏了一口氣，跟他們的親家一個樣。

至於許侯，本來就是個小國，這次入股，想分點紅利，但兩個大股東也就這個樣子，他還能分到多少紅利？

魯國這次也從大老遠出兵，但他們是出於兄弟之情，本來就沒有什麼很大的目的，況且整個局勢都掌握在申、鄭、許這三個傢伙手裡，他們根本沒有什麼發言權，看到君主已確立，就下令撤軍，不關他們的事了。

於是，細算起來，贏家只有三個。

一個就是犬戎的老大。這個傢伙老早就想進攻鎬京，把這個全中國最大的城市占領，讓他那一群沒有文明的部屬都成為城市人口，過上幸福新生活。以前，就多次把目光對準大周首都，也多次跟周發生邊境衝突，製造了數次流血事件，但都以失敗而告終。這次終於在申侯的幫助下，取得了空前的勝利，心裡當然樂不可支。

另一個贏家就是姬宜臼。這哥兒們原來是太子，本來可以吃喝玩樂等他老爸死翹翹之後，成為國家元首。哪知，來了個褒姒，生了個弟弟，他的錦繡前程立刻完蛋，直接跌進倒楣的深淵，變成了廢太子，躲到舅舅家那裡才保住性命。原以為這輩子就這樣玩完了，哪知，他的舅舅實在是個好舅舅，發動了這麼一場事變，乾脆地解決了他的老爸，讓他直接成為大王。如果說這不是贏家，那這個天下還有什麼贏家？

還有一個贏家，就是秦襄公。

這哥兒們幾代以來，都跟犬戎有仇，而且還打來打去，損失了他的爺爺，這次參加戰鬥，一來是想藉機報個仇，二來也想從中來個混水摸魚，撈點功勞，提拔成為個諸侯，以後可以跟那些老牌諸侯一起去參加朝會，在全國人民面前亮亮相，那是很光榮的。

戰鬥的結果，雖然沒有狠狠地打倒犬戎，但卻也得到了中央的肯定，沒誰敢小看了他們。

## 第六節　歷史最瘋狂的一次微笑

而且，秦襄公的智商比他的世父大哥高多了。他大哥的思想境界雖然很高，只想報仇，不計個人得失，很值得表揚，但卻只會蠻幹，拚完蠻力，就什麼也沒有了。秦襄公卻知道，要想在這個世界混出名堂來，還得玩一點手腕，做做政治秀。否則，只有靠打仗來立功，那可是艱難得很——弄不好，功還沒有立下來，就跟他的爺爺一個樣，幾代人成了烈士，還當不了諸侯。因此，在姬宜臼東遷的時候，他就抓住機會，硬是湊上去。原來姬宜臼東遷時，很多諸侯還在當觀眾，並沒有熱情地過來配合，派兵過來迎接大王到新的首都。因此，姬宜臼準備出發時，隊伍很單薄，聲勢一點不浩大，場面很難看。還比不上以前他老爸去打獵時的陣容。

姬宜臼心裡很不高興。

秦襄公一看，呵呵，老子有機會了。他馬上帶著部隊過來，說：「大王，我來保護你。」

姬宜臼的心情一下就好了起來，一路情緒高漲。他對秦襄公也很感激。如果是在別的時候，肯定會大大地賞賜一下秦襄公。可現在他手裡什麼也沒有，算起來，自身安全都還有問題，拿什麼來感謝秦襄公？

不過，姬宜臼也不是菜鳥，拿不出什麼東西，給個虛名也可以搪塞一下。他握著秦襄公的手，親切地說：「襄公，你這次為國家立了大功。現在，我封你為諸侯。至於領地嘛，岐山以東到豐水一帶都是你的。好好幹吧！」

姬宜臼這麼一揮手，好像大片土地就劃進了秦國的地盤。其實，大家都知道，這一大片地皮，現在都掌握在犬戎的手裡。秦襄公得把犬戎趕出去，這些地盤才真正地成為他的土地。

不過，秦襄公很高興，雖然地盤很渺茫，但諸侯的名分卻到手了。

這一年，在中國歷史上是有著劃時代意義的一年——隨著平王東遷，歷史的車輪開進了東周時代，也就是開進了精采的春秋時代。

而秦國也進入了一個新的時代——成為了當時的諸侯！

雖然姬宜臼開給襄公的是一張空頭支票，大家看到秦襄公那個笑臉，都偷偷笑這傢伙跟個二百五沒什麼兩樣，被人家忽悠了還這麼高興。可秦襄公卻不管人家那一臉的鄙視，馬上就把目標鎖定那幾塊地盤。

秦襄公把這個諸侯名分看得很重，一得到那張任命書，馬上大聲宣布：「我當上了秦侯！」然後派人帶著現金和禮品到處展開外交活動，跟那些老諸侯建立外交關係，提升自己的國際形象。

這時，犬戎雖然戰鬥力不小，但因為歷來做事都讓人討厭，從來都被周邊國家當成眼中釘，一直到現在也只有申侯那個傢伙為了自己不可告人的目的，跟他們勾結了一下，別的國家都把他們當作敵人對待，因此，他們的四面都是敵人。你想想，四面都是敵人，天天得提高警惕，士兵沒能得到休息，幾百年下來，累也累得半死了。

秦襄公卻牢記自己的目標，天天睜著那雙眼睛，盯著犬戎，看到他們有點疲軟下來，馬上就決定對他們用兵。

秦襄公十二年，他一聲令下，帶著大軍向犬戎發起進攻，把犬戎打得大敗，一直打到岐山，把姬宜臼給他的那張支票全部兌現。

也許很多人不知道，這塊地皮對秦國的重要性。這塊地盤就是有名的八百里秦川，也是大周王朝的老根據地。你別看現在它是黃土高坡，到處是沙塵暴，可那時的環境卻保護得超好，不但氣候溫暖、雨量充沛，而且河流眾多，是最利於發展農業的好地方。從中國歷史來看，周、秦、漢、唐都是從這個地方起家的。而且這個又叫關中的地方，四面環山，又有黃河天天咆哮奔流，成為天然屏障，是個進可攻、退可守的好地方。

可以說，秦襄公為後來秦國的發展奠定了堅實的基礎。

# 第二章 齊桓初霸：風雲乍起的中原第一強

## 第一節 王位之爭：從兄妹情劫開始

比起很多諸侯來說，秦國掛牌上市實在是太晚了。但秦國立國時，正好趕上這個歷史的轉型期——周王朝徹底走向了衰弱的階段，各路諸侯都紛紛露出自立的跡象，大家都努力奉行擴張主義，向周邊發展，實行兼併政策，勢力越來越膨脹。秦國的幾代統治者都能抓住這個歷史機會，花了幾十年的時間，天天咬著牙，與犬戎硬碰硬，終於把自己打造成一個新興的諸侯強國，很快擠進當時的大國俱樂部。當時，諸侯中的強國主要是齊、楚、晉、秦。大家這時抬眼一看，終於對忽悠這個概念有了新的了解，秦國的君王們當初認領的那張支票，一點都不二百五，周平王的那個忽悠，把秦國忽悠成一個強大的帝國。

第一個把秦國打造成金字招牌，讓大家看得倒抽一口冷氣的就是秦穆公嬴任。

這傢伙是春秋有名的霸主之一——雖然這個霸主有點爭議。

當然，春秋的第一個霸主不是秦穆公，而是齊桓公姜小白。

不過，最先有這個創意的也不是姜小白，而是鄭莊公。

鄭國的統治者老早就想把大周第一把手遷到自己的勢力範圍內，然後牢牢地控制這個已經沒有底氣的國家元首，讓他成為自己手中的一個工具。烽火戲諸侯事件發生之後，鄭國付出了鄭桓公的腦袋，終於達到目的，把周平王姬宜臼帶到了雒邑。

平王東遷之後，鄭莊公的心情很好。周朝的公文，從此之後，都將由他簽發，姬家的第一把手，只不過相當於一個拿著天下最大公章的工作人員，公文拿到他面前，讓他一蓋章，就什麼事也沒有了。鄭莊公的想法很好，做得也很順利，看起來也很聰明，可後來的事實證明，他的這個做法，拿來炫耀一下，那是很能夠激動人心的，但實際上並沒有什麼效果。

因為，當時，諸侯們都已經不把周朝當一回事了。不說別的諸侯，就是那個跟周朝最親的魯國，在周平王與世長辭後，舉行的那個隆重的追悼會上，居然像沒事一樣，不但默哀不到三分鐘，而且連個表示沉痛哀悼的唁函也沒有發過來。你想想，連魯國都是這個樣子了，其他的國家還能把周朝這個招牌當一回事嗎？

周平王的孫子，也就是周桓王姬林剛當上君王時，認為周朝變成這個樣子，完全是鄭莊公做得太過分了，自己不能再像爺爺這樣當個窩囊的周王。一時間，腦子發熱起來，就帶幾個小國，向鄭莊公攤牌。雙方大打了一場，最後憤青大王姬林的肩頭被莊公的手下射了一箭。姬林不得不很痛地宣布自己失敗了。

這一箭之後，周朝的地位就徹底淪為一塊古老的招牌，再也生猛不起來了。

鄭莊公雖然贏了這場戰鬥，敢把那支箭射向天下共主，好像是當代最威風的人物。可因為只把精力放在控制周王上，卻沒有心思開拓自己的市場，綜合國力仍然是老樣子，就連 GDP 都還是百年不動搖的那個數字——打敗了周桓王，除了得到威風外，什麼實在的利益也沒有。而且，他還差點被姬林一頓痛扁到底，幸虧到後來，楚國願意充當他堅強的後盾，派部隊前來參戰，才讓他取得最後的勝利——這樣的實力要想當霸主，那是真正的做白日夢，沒多久，這個「挾天子以令諸侯」的宏偉計畫就自動破產。

不過，他的這個做法，很快被齊桓公來個全盤接收，終於成為春秋第一個霸主。

就說說這個齊桓公。

齊桓公的名字就是放在現在也很有意思：小白。

不過，這個小白可不是一般的小白。

齊國是當初周王封給姜太公的自留地，是諸侯中的大國，向來就不是一般的強。而且幾百年來，雖然沒做出什麼引人注目的大事業來，但也沒出現過什麼讓人跌破眼鏡的事。總體而言，一代跟著一代，都能做到穩定壓倒一切，權力也平穩過渡。

可到了這個時候，也開始亂了套。

本來，以姜小白當時的身分，跟齊國的第一把手沒多大關係。那時是他的哥哥姜諸兒當統治者。姜諸兒也就是齊襄公。

亂子就是齊襄公捅出來的。

不過，這個亂子除了一半是他自己造成的，另一半是他老爸留給他的遺產。

他老爸在位時，老早就確定姜諸兒為法定接班人，而且也從沒有在心裡萌發過廢掉他的念頭。可壞就壞在他老爸齊釐公對自己的兄弟感情很深，可他的那個兄弟偏偏又是個短命鬼，年紀輕輕就死了。於是，釐公就特別疼愛他兄弟的兒子公孫無知。

本來，友愛兄弟姐妹也是一種美德，特別關照一下沒爸的姪子，絕對沒有錯。可他關心得有點過頭了，愛得有點超出了底線，讓這個公孫無知的待遇跟他的接班人一個樣。

齊襄公一看，就覺得自己接班人的地位已經不穩了，而且公孫無知每天享受著太子的待遇，自我感覺越來越良好，也把自己當成接班人看待，也威風得沒有譜起來。於是，堂兄弟就開始上演明爭暗鬥的把戲。

估計兩人這一場爭鬥還比較含蓄，沒有轟轟烈烈地弄到釐公出面擺平的地步。釐公雖然喜歡這個姪兒，但死的時候，仍然把權力大棒交給了襄公。

襄公當老大做的第一件事，就是狠狠地處分了敢與天鬥與地鬥與他鬥的公孫無知，其實這個處分並不怎麼嚴重，只是來個「絀無知秩服」，也就是把原來的年薪降了下來，再收繳了那套跟太子一樣的禮服。

公孫無知當然不高興。可現在人家是老大，你再怎麼不服也得接受這個處分。於是公孫無知很生氣，很想報復齊襄公。

齊襄公一紙命令，就把原來與自己為敵了多年的政敵搞定，臉都給笑歪了。他以為公孫無知被他這麼一擺平之後，就再也沒有什麼市場了。

## 第六節　歷史最瘋狂的一次微笑

事實證明，他的這個認知很傻很天真！

襄公的另一個錯誤，就是在他年輕的時候，一邊與他的堂兄弟鬥來鬥去，還一邊拿出很大的精力跟他的妹妹文姜演了一齣兄妹戀。而且這個戀情一直持續了好長一段時間。

直到文姜嫁給魯桓公後，兩人仍然藕斷絲連。

魯國跟齊國長期以來是友好鄰邦，再加上魯國老大娶了這個漂亮的美女，兩國的關係真的成了兄弟關係。

魯桓公很珍惜這個來之不易的外交成果，因此決定去齊國進行一次友好訪問。

而且還帶著第一夫人前去。

齊襄公一聽，高興得臉都歪了，放下手中的其他工作，跑到老遠的地方去舉行隆重的歡迎儀式，歡迎魯桓公的友好訪問。其實，大家都知道，他對魯桓公是沒有一點興趣的，他只對他的漂亮妹妹有興趣。

這對戀人估計已經很久沒見面了，這時一見面，當場激情難抑，動作一點不隱蔽，讓魯桓公發現了。

魯桓公雖然不是什麼英明之主，但絕對不是豬頭，驀然回首，發現頭上戴了這頂鮮豔的綠帽子時，馬上就暴怒起來。可現在是在齊國境內，這個暴怒也只能在老婆面前發洩，咬著牙說回到老子的地盤後，不收拾你，老子不姓姬。

文姜一看，知道老公發的這次火實在很猛，估計回去之後，肯定沒有好果子吃。因此，就急忙告訴了她的哥哥。

齊襄公一聽，也知道大事不好。這件事要是宣揚出去，麻煩比柯林頓還要大啊——柯林頓的緋聞再怎麼大，也只是他們國內的事，跟其他國家無關，但他們的這一腿弄不好就會成為國際事件，不但漂亮妹妹會被魯桓公玩完，只怕邊界的流血衝突也沒完沒了。

這傢伙很果斷，對妹妹說：「我們先把他解決掉！」

他裝著什麼也不知道，又把妹夫魯桓公請來，設了個隆重的國宴招待他，表示哥倆不醉不休。齊襄公肯定在酒裡動了手腳，一路下來，猛喝了幾大碗。魯桓公看到老婆都被這傢伙睡了，心裡當然不服氣：「你以為老子怕你了？」兩人你一碗我一碗，最後齊襄公是一點事也沒有，魯桓公卻醉成了一條死狗，倒在那裡，這個世界是什麼樣的也弄不清了。

齊襄公要的就是這個結果，他使了下眼色。

彭生走到現場。這個彭生是齊襄公的得力手下，名字雖然像個知識分子，其實長得像頭牛，肌肉發達得要命，全身都是力氣。他把魯桓公抱了起來，放進魯桓公的豪華坐駕裡。這傢伙絕對是個職業殺手，空手殺人的技術很精通，他一邊抱著魯桓公，一邊就「拉殺」了這個酒鬼。

魯桓公回到自己地盤時，大家發現原來老大已經變成一具屍體了。大家都感到無比的憤怒，天天上街示威遊行，大罵襄公謀害了他們的君主，高喊打到齊國去，嚴懲凶手，為魯桓公報仇。

齊襄公知道後，也覺得天天被魯國全體人民這麼大喊大叫，國際形象都被損害了，心裡很不高興。可人家是在自己的地盤裡大喊大叫，連個噪音都沒有干擾到，你拿人家有什麼辦法？最後，齊襄公為了平息這個事件，挽回自己的形象，就讓彭生扛責任，叫刀斧手把彭生拉下去，砍了腦袋，說已經嚴懲了凶手。

他以為拉了這個替罪羊，事件就過去了，他就可以什麼事都沒了。

這是他犯的第二個錯誤。之後，他又犯下第三個錯誤。

這個錯誤是直接導致他丟腦袋的錯誤。

他派連稱、管至父兩人去當葵丘的第一把手。這個地方估計屬於未開發地區——一般當這種地方的父母官，沒什麼油水可撈，很多人都不願意去。這兩個傢伙接到任命書後，都兩眼發直，好好的在首都工作，天天吃喝嫖賭，生活幸福得要命。現在去那個苦地方，估計連個紅燈區都沒有，想洗個腳、按個摩，都得跑回首都才可以，那是人待的地方嗎？兩個人不願意，說：「老大，叫別人去吧！我們不願意啊！」

齊襄公說：「你們就去一段時間，增加一點資歷啊——有了這個資歷，回來再提拔可就有理由了。呵呵，現在是種瓜時間，你們看好了，這瓜今天種下去，等明年這瓜結果可以當菜了，你們就可以回來了。」

兩人一聽，只一年時間，那就去一次吧！反正那地方不管怎麼窮怎麼苦，也是齊國的領土，總得有人去治理啊！

兩人帶著行李就上任去了。轉眼過了一年，種下的瓜已經大獲豐收，兩人都連吃了幾個月的南瓜飯了，那張調令還沒有下來。開始時，兩人還都理解，也許還找不到人選，就再吃幾天南瓜吧！哪知，還是一點動靜也沒有。

兩人以為可能老大日理萬機，把這事忘記了，就請幾個老朋友到襄公那裡上書，說他們在葵丘的任期已經超過了，趕快把他們調回去當京官。哪知，襄公大筆一揮：不同意。連個解釋也沒有。

兩人接到這個消息後，才知道襄公原來把他們當豬頭對待了，站在那裡發呆之後就發怒，就把齊襄公當成目標，咬著牙要把這個傢伙搞定。

當然，他們知道，憑他們現在的力量，要搞定齊襄公，那是天真得跟白痴沒有本質的區別了。他們必須找到一個強而有力的同盟軍，結成一個戰線，共同起來打倒齊襄公。

這個同盟軍很快就找到。

他就是比他們更恨齊襄公的公孫無知。

他們做了個詳細的調查，知道公孫無知現在正在謀劃一場政變，目的就是搞定襄公。於是，他們決定跟公孫無知勾結起來，成為同一戰壕的同袍。管至父偷偷離開工作職位，跑回首都，連紅燈區也不進去一下，直接就跑去找公孫無知，說：「我們一起解決這個昏君。」

無知說：「從哪裡下手啊？」

管至父說：「我的老搭檔連稱有個妹妹，是個大大的美女。現在就在宮裡，可昏君硬是不理她。她很鬱悶。只要老大能答應起事成功之後，讓她當第一夫人，她肯定會配合，把昏君引出來。只要昏君出了宮，我們的機會就來了。」

無知一聽，好啊！不光可以搞定昏君，還可以得到一個大美女，馬上拍板，就這麼做了。

幾個人關起門來，在一個陰暗的角落裡，制定了計畫，讓連稱的妹妹想辦法把齊襄公騙出宮來，然後再收拾他。

## 第六節　歷史最瘋狂的一次微笑

齊襄公這時自我感覺正好得很，當然不知道在陰暗的角落有一批堅定的反對黨正在準備搞定他，而且連他身邊的美女也被人家收買了。

連稱的妹妹雖然沒有被齊襄公看在眼裡，上不了齊襄公的床，但還是經常見得著齊襄公的。她找了個機會，對齊襄公說：「您天天這麼為國事忙碌，都累成這個樣子了。健康是事業的本錢啊，應該找個時間去打打獵，一來鍛鍊一下身體，二來散散心。」

齊襄公一聽，呵呵，這個美女雖然長得不如老子的妹妹，可對自己很忠心啊，很為老子的身體著想。老子就聽妳的。也應該出去打打獵了，否則天天在宮裡喝酒把妹，還真的酒色過度了。

於是，齊襄公帶著大家出去打獵。

他這次大規模打獵的地點是在沛丘，時間是十二月，有冷風和大雪。

這是個很正常的冬天天氣。

齊襄公坐在車上向獵區前進，走著走著，發生了一件奇怪的事。雪地上突然出現一頭大野豬。本來，去打獵看到一隻野豬，那是最正常不過的。哪知，齊襄公問大家，那是不是野豬？

身邊的人說：「不是野豬，是彭生啊老大。彭生不是被判死刑了？怎麼又出現在這裡？」

齊襄公一聽，你們視覺神經都發生障礙了。你們看看，老子一箭把牠射死，回去不給你們吃野豬肉。他馬上向野豬射了一箭。

哪知，那隻野豬突然像人一樣站了起來，而且還像人一樣大喊大叫。

齊襄公一見，也怕了起來。他這時正站在車上，這麼一怕，就站不穩，腳底一滑，從車上跌了下來，把腳也扭傷了，最後連那雙名牌皮鞋也失蹤了。

齊襄公生氣起來，可又不知道要怪罪誰，就把那個做鞋的師傅茀打了三百鞭子，說都是你把鞋做得這麼滑，這才把老子滑到車底，你不是在謀害老子是什麼？你不知道茀是什麼吧？茀就是一個人的姓名。那時不像現在，誰都有姓有名。那時只有貴族才有姓，平民百姓是沒有姓的，只有名。這個茀是個草民，只會製鞋，卻連個姓也沒有。他本想藉著這個技術，被國君重用，封他個小官，讓他成為一個公務員，以後就會有個姓。哪知，最後卻被打了三百鞭子。

可茀仍然不生氣，仍然抱著期待從宮中出來。

這時，公孫無知他們知道齊襄公受傷之後，知道搞定齊襄公的機會來了，馬上帶著他們的心腹向王宮衝殺過來。正好碰著從宮裡出來的茀。

他們問齊襄公是不是在宮裡？

茀說：「先不要進去啊！要是現在進去，就要打草驚蛇了，他們的門一關，那就不好辦了。還是我先進去開門。」

無知的名字雖然很有腦殘的意味，其實智商高得很，哪相信茀的鬼話。

茀雖然沒有姓，可忽悠人還是有一套的，他馬上把衣服掀起來，說：「你們以為我是他的心腹？他剛才把我打成這個樣子，我現在最想殺的人就是他啊！」

幾個人一看，茀身上的傷可不是假冒的，能在宮裡這麼折磨人的也只有齊襄公這個老大了，於是就相信了茀的話，讓他先進宮去，打開所有的門，然後他們不費吹灰之力就可以殺進去。

茀進了宮，立刻把無知他們殺進來的消息告訴了齊襄公。

齊襄公一聽，馬上就傻了。

這時，他的身邊連個人也沒有，只得發呆地盯著茀，現在全靠你了啊，你連鞋都做得那麼好，一定能幫老子挺過這個難關。你要是幫了老子這個忙，老子就讓你成為貴族，明天你馬上就有個姓了，你想姓什麼儘管說吧！

茀一聽，激動得差點淚奔淚流起來。這傢伙雖然有點小機智，但卻沒有什麼大聰明，帶著襄公只躲到一個小房子裡——在這個地方，玩躲貓貓那是很隱蔽的，可現在是逃命，只要還在宮中，就是躲進夜壺裡，人家都能把你打撈出來。

那一群造反者在宮外等了很久，還不見茀出來，就怕再等下去，齊襄公從哪個地方溜了出去，組織部隊殺上來，後果就嚴重了，因此也不管宮門開不開，直接衝了進去。

那個茀這時把自己當成齊襄公的頭號心腹，藏好了老大之後，忍著疼痛組織宮中的人員，拿起武器，要跟以公孫無知為首的造反者對抗到底。

這些宮中的工作人員平時掃地、倒夜壺之類的工作，做得很熟練，但卻從沒進行過戰鬥訓練，這時雖然武器拿在手裡，卻不知道該怎麼戰鬥，後來，學著動作片的架勢去跟無知他們對抗，只幾下就知道動作片全是忽悠人的，最後都被無知他們殺死。

公孫無知最後從小房間裡揪出齊襄公，冷冷一笑，當場判處他死刑，並立即執行。然後就得意地宣布自己就任齊國的統治者。

如果公孫無知能力強一點，情節到此，這個故事基本就可以結束了。哪知，這哥兒們的人品實在要不得，朋友太少、仇家太多。他才當第一把手不到幾天，為了樹立自己的形象，頻頻出鏡，大肆到外地進行視察。有一天，他來到雍林視察，正在作秀與某農民親切握手，語重心長的話還沒有開頭，突然有恐怖分子直接衝了上來，一刀就把他砍死。這個無知到死也不知道是誰砍了他的腦袋。

那個砍死他的雍林人在任務完成之後，並沒有拚命逃跑，而是大聲說：「這個傢伙是殺害齊襄公的元凶，現在我代表國家判處他死刑。他是罪有應得。現在請各位趕快找個合適的統治者出來，領導齊國人民，而不是跟我作對。」然後就走開了。

公孫無知一死，齊國統治者的位子馬上空缺了下來。

## 第二節　諸侯無義，恩怨無常

此前，齊襄公也罷，公孫無知也罷，都還沒有指定過接班人。因此，誰是合適的接班人？有的認為，是公子糾，有的認為是公子小白。

這兩個人都是齊襄公的弟弟。

他們雖然是齊襄公的兄弟，但看到哥哥實在太令人傻眼，就知道以後會壞事，因此老早就跑到國外

## 第二節　諸侯無義，恩怨無常

去，提前避難。現在公子糾在魯國——因為他的母親是魯國人；小白在莒國。這兩個人當時雖然不怎麼樣，人氣低得要命，但他們出走的時候，各自都有個好老師。小白的老師是鮑叔牙；而公子糾的師傅就是那個後來大名鼎鼎的管仲。

按照當時的慣例，這兩人都有當接班人的資格。

於是，問題出來了：位子只有一個，但人卻有兩個。

這時，齊國的高層主要是高、國兩位大夫。這兩個傢伙一看兩個候選人的名字，認為公子糾肯定不是什麼好人，做事估計會糾纏不清，以後還有什麼特權，但這個小白，肯定是個頭腦簡單的傻小子，讓他來當老大，我們就可以說話算話了。因此，就提前偷偷地派人跑到莒那裡通知小白趕緊回來接班。

這個小白其實一點不傻，非常知道時間就是權力、時間就是生命的道理，接到通知，連個行李也不拿，直接向齊國首都狂奔。

魯國知道無知被殺了之後，覺得他們外甥公子糾的機會來了，於是也派部隊，一路浩浩蕩蕩地帶著公子糾出發，回去搶位子。

於是，一場生死爭奪戰開始了。而且，這場你死我活的爭奪戰的主角是一對兄弟，而發揮主要作用的兩個配角管仲和鮑叔牙又是一對曾經生死與共的老朋友。

他們用自己的行動，向我們徹底說明了一個道理：在利益面前，基本上情義兩個字是胡扯的。

魯國這邊做得雖然聲勢浩大，排場很引人注目，可這麼一準備，前前後後就浪費了很多時間，排場是擺了出來，可實際效果卻全往壞的方向去了。

管仲一看，馬上就知道，這樣下去是不行的。

於是，管仲正式出場。

不過，管仲的出場雖然很閃亮，但很不好看。

本來，他是有個機會提前出場的。這個機會就是那個無知給他的。

很多人對管仲很熟悉，但卻不知道那個管至父原來就是他的叔叔。

管至父跟無知他們政變成功之後，發現大家都不怎麼理他們——指示發下去，但大臣們個個一臉麻木地應對，知道再這樣下去，他們就沒有什麼市場了。管至父就勸公孫無知，憑我們這個水準，估計有點吃力，趕快找個有能力的人過來，幫我們打開局面。

無知說：「誰是人才？」

管至父說：「我的姪子管仲絕對是個好人才。」

無知一聽，馬上就派人帶著齊國的土特產和外匯跑過去，請管仲到五星級飯店，先吃飯再洗腳，然後三溫暖按摩，一系列招待做完之後，才說是奉老大的命令前來請管仲回去當執政大臣——以後齊國的事就是你說了算啊！

如果是別的人，一聽這話，估計從三溫暖房裡一出來，連家也不回就直接去新公司上班了，明天開始，老子就過上一人之下萬人之上的新生活了。可管仲不是別人，他盯著那一堆現金和土特產之後，嚥了一口隆重的唾沫，說：「這些東西，我收下了，但我不去當執政大臣。你回去吧！」

無知是什麼樣的人，管仲實在太清楚了。你想想，一個多年來老想著透過政變成為老大的人，人品能好到什麼地步？而且，搶了老大的座位後，馬上就陷於孤立的境地，連幾個死黨都沒有，雖然天天擺著老大的架勢，其實是一支垃圾股，誰投資誰完蛋。管仲是什麼人？能跟著這樣的人嗎？

沒多久，無知以及他的叔叔果然都死光光。

在他叔叔死的時候，他知道，歷史性的機會終於來了。這一次，沒誰請他喝酒，而是他自己主動帶他的學生公子糾回去。

他當公子糾的師傅，並不是覺得老師是天底下最光輝的職業，並不是想當那根燃燒自己、照亮別人的蠟燭。他是想依靠這個貴族公子爺，過上幸福新生活。那時繼承王位，雖然也遵循「立嫡以長」的規矩，但因為神經錯亂的人很多，政壇意外比現在車禍出現的次數還頻繁，因此，只要你是某位公子爺，你都有當上君王的可能。

我想，鮑叔牙和管仲在選擇當這兩個公子爺的家庭教師時，是做過充分思考的。他們開始時雖然沒什麼人氣，但絕對是個人才，對局面看得比任何人都透。他們知道，齊襄公這個傢伙這樣玩下去，遲早會玩完的，否則，他們就不會帶著兩個公子跑出來了。他們知道，齊襄公一玩完，齊國第一把手的位子就會由小白或公子糾來坐了。因此，每人就當了一個公子爺的導師——不管以後誰當老大，他們都是最大的贏家。

這時，情節完全按照他們預想的那樣發展。

於是，鮑叔牙帶著小白出發。

管仲帶著公子糾回外公家去。

管仲出發之後，就發覺有點不對頭。一來，小白居住的莒國，離齊國的首都要近得多，而他們雖然得到魯國的全力支持，聲勢雖然無比浩大，可為了造這個聲勢，已經浪費了不少時間。這可不是誰的聲勢大誰就得分，而是誰先趕到齊國誰占主動權。

管仲很快就判斷出小白那一路會比他們先趕到齊國。他對自己的判斷是很自信的，他更相信自己的能力。

他馬上對公子糾他們說，你們按計畫前進，我趕過去，先把小白處理掉，看誰還敢搶？他馬上把自己變成個職業殺手，騎著快馬趕到莒國通往齊國的路上，果然看到小白他們正加快速度狂奔著。

他來到即墨時，問人家看到小白的隊伍走過去了嗎？

人家說，他們剛在這裡吃完早餐，才剛走呢！

管仲拚命追下去，不一會兒果然追到了小白的隊伍，果然像他想的那樣，只有幾個人，跟一群逃難的災民差不了多少，一點也不像回去當國君的，正跑得連放屁的功夫都沒有。

那時，有身分的人坐的都是馬車，而不是騎馬。當時的道路又不像現在的高速公路，一路都是坑坑窪窪，馬車的輪子又是木製的，因此，不管怎麼加速，跑得也不怎麼快，而且坐在上面，看起來雖然神氣，但屁股卻飽受虐待，一點也不舒服。管仲是騎著馬的，沒幾步就趕了過來。

他來到小白的座駕前，一臉奸笑地問：「公子啊！你這麼急著要去哪裡啊？」

## 第二節　諸侯無義，恩怨無常

小白這時估計這些天坐車坐得有點頭暈了，聽到管仲的話，一點都沒有看到管仲的那一臉壞笑，馬上就說：「我要回去當老大啊！」

管仲說：「呵呵，你的目標很好。可是現在你的哥哥已經去當了。你就不用去了。為了讓你徹底死了這個心，我現在要把你解決了。」他說著，飛快地取出弓箭，向小白的胸口射去。

管仲是什麼人？是一個後來連諸葛亮都不敢超越的歷史強人，如果對自己沒有把握，他是絕對不輕易出手的，何況這一箭關係極其重大，一箭成功了，那是歷史性的成功，這一箭要是射歪了，那就徹底地完蛋了。

他對自己的箭法是自信的。

這一箭命中十環！

小白像電影鏡頭裡被箭射中的人一樣，大叫一聲，鮮血從嘴裡狂奔而出，然後很重地倒在車裡。

就連小孩子看到這個鏡頭，也知道這個帥哥肯定沒命了。

管仲哈哈大笑，老子的任務順利完成！

他也不驗收一下，馬上就跑開了，派手下回去報告：「小白已經變成一具死屍！」

公子糾他們接到報告後，馬上信心大增，大家都認為，公子糾的位子已經坐穩了，不用那麼急著狂奔了——動作太急，對形象是有影響的。

管仲這一輩子出現的失誤並不多，但這一次卻出現了重大的失誤。

他以為他那一箭已經徹底把小白搞定，哪知，這一箭雖然很準確地命中十環，可十環的位子上正好是小白的帶鉤。

小白先前雖然表現得很老實，這時看到管仲當場翻臉，立刻要他的性命，知道事情壞了，想飛快地躲開管仲的箭。可他的速度快，管仲的箭更快。一箭射來，正中胸口。他以為自己沒命了，哪知，那條帶鉤卻擋住了這支要命的箭頭。他這時一點也不老實，大叫一聲，咬破自己的舌頭，噴出一口鮮血，然後倒在車上，假裝已經死了。

這哥兒們絕對是個優秀的演員，放到今天，即使當不了國家元首，估計要當個大紅大紫的明星也沒有什麼難度。他一裝死，連管仲也被騙得一愣一愣的。

他的手下開始時，也跟管仲一樣，以為老大就這樣死了——老大一死，他們以後的生活可就跟貧民一個樣了，個個都哭著跑過來，準備哭過之後，離開這個地方再就業。

哪知，小白卻又站了起來，抹著臉上的血，說：「我的媽呀！管仲這個傢伙的箭法真的厲害。差點把我射死了。」

大家一看！老大的命就是硬。大家更不敢耽誤時間，急忙上車，拚命趕路。

齊國那高姓和國姓兩大貴族早已做好準備，看到小白一臉發白地跑來，果然搶在了公子糾的前面，連個臉都不洗，直接就叫他進了王宮，馬上向全國宣告：小白就任齊國的老大。然後命令大軍到邊境那裡，準備跟魯國軍隊對抗到底。

魯軍不服氣，他們的外甥可是大哥啊，要輪流坐莊也得先輪到大哥啊！可現在這個小白卻搶在前面，

## 第二節　諸侯無義，恩怨無常

因此還是很頑強地進軍。

魯國雖然是周公的後代，按理說應該是當時最強大的諸侯，但現在的實力還是遠遠比不過齊國的。兩軍就狠狠地打了一仗，魯軍被打了個大敗。大敗之後的動作就是撤退。可齊軍卻缺德得很，硬是派部隊趕過去，把魯軍的退路給堵住了。

魯軍退回去時，這才發現路已經被敵人堵住，造成了嚴重的交通堵塞。一時進退不得。好不容易殺了出來，可損失比想像的更嚴重——不但魯國的軍事強人曹沫差點沒命，就連汶陽也變成了齊國的領土。

魯國正在天天罵髒話，齊國的部隊卻又隆重開過來。

這時，小白仍然把他的哥哥當成頭號敵人，把管仲當成第一號仇人，因此這次發兵只有一個目的，就是把他哥哥和管仲的腦袋全部砍下來。

他的這個決心是可以理解的。可他的老師鮑叔牙卻不同意。鮑叔牙認為，殺公子糾是絕對正確的，但殺管仲將犯下歷史性的錯誤。

小白一聽，說：「不殺他才是錯誤！連個仇人都不敢殺，人家還以為我是懦夫啊！」

鮑叔牙說：「你要是堅持殺管仲，我也沒什麼意見。不過，我把我的想法說一說。如果你這輩子只想當齊國的老大，我這個能力是可以幫上忙的。但如果想在諸侯面前稱老大，那得非要用管仲不可。你現在是只想當齊國的老大，還是想當諸侯的霸主？」

他的原話是：「臣幸得從君，君竟以立。君之尊，臣無以增君。君將治齊，即高傒與叔牙足也。君且欲霸王，非管夷吾不可。夷吾所居國國重，不可失也。」

注意，齊桓公雖然是春秋第一個霸主，後來大家都把齊桓公稱霸歸功於管仲，而且幾千年來，沒誰對這個功勞表示過質疑，但這個構想卻是鮑叔牙提出來的。如果沒有鮑叔牙這番話，估計管仲早就完蛋，齊桓公也不是後來的齊桓公了。

小白剛當上幾天齊國的國君，感覺很不錯，聽到鮑叔牙說如果重用管仲，還可以當諸侯的霸主，可以在諸侯面前威風，那真是帥呆酷斃了，眼睛當場瞪得大大的，一拍大腿說：「好啊！我不殺他了。不過，他這麼個人才，魯國能放他過來嗎？」

鮑叔牙說：「這個容易，老大寫一封信過去，要求魯國把公子糾的腦袋直接砍下來。管仲射過老大，老大一定要親手砍他。」

小白一聽，馬上說：「可行！」然後寫了一封信給魯國國君。信的主要內容就是：「子糾兄弟，弗忍誅，請魯自殺之。召忽、管仲讎也，請得而甘心醢之。不然，將圍魯。」公子糾是我的兄弟，念在兄弟的情分上，不好意思動手，請你幫我殺了。至於召忽和管仲，都是公子糾的主謀，尤其是管仲曾經暗殺過我，我一定要親手砍下他的腦袋，請你趕快把這兩個傢伙捆好，用加急快遞送過來。否則，我二話不說，大軍就打過去，見誰扁誰。

魯國剛被狠狠地扁了一頓，這時已經全部疲軟了下來。魯莊公雖然氣得要命，在心底裡叫喊要報仇，但報仇是要實力的，現在他哪有這個實力？他讀著小白那封囂張的信，用沒有底氣的聲音罵了幾句之後，就決定接受小白的條件。

他馬上派人把公子糾、管仲、召忽全都捕獲歸案，先讓公子糾自殺了，然後準備把管仲和召忽送到齊

## 第二節　諸侯無義，恩怨無常

國去，讓齊國人殺死管仲。

他的頭號謀士施伯對他說：「老大，把管仲也一起殺了。」

魯莊公說：「為什麼要這樣做？」

施伯說：「老大啊，這個管仲是個人才。我看，肯定是小白想重用他，才這麼做的。如果讓齊國重用管仲，以管仲的能力，沒多久，就會讓齊國成為超級大國。他們一成為超級大國，我們可就難受了啊！」

施伯的智商確實不錯，把鮑叔牙的意圖弄得很清楚。只是這傢伙私心太重，老早就知道管仲是個可以讓一個國家變成超級大國的才人，卻硬是沒有向他的國君推薦，讓管仲出來為魯國貢獻——他比誰都清楚，如果管仲一出來，他的市場就徹底萎縮。因此，就天天在那裡裝傻，好像對管仲一點都不了解，打算徹底埋沒這個人才，直到現在才說出，管仲是個誰也比不上的人才，讓他到敵國去工作，那是我們國家的災難啊！

你想想，魯莊公還能聽他的話嗎？

魯莊公這時心裡肯定恨不得吃了施伯的肉，但表面上卻什麼也不說，揮一揮手，叫：「送人！」

召忽看到士兵上門時，知道自己的前途已經一點都不光明了，眼睛一閉，然後寶劍一抹，把自己處理了。管仲一聽是要把他送回齊國的，馬上就知道這是他老朋友的詭計——連施伯都知道了，他當然更加知道了，就讓他們把他關進囚車裡。

管仲上次吃了速度慢的大虧，深刻地領會到時間就是生命的道理。他怕魯莊公突然後悔，又派人過來把他殺死，那可就麻煩了。因此，他就想了個主意，編了一首流行歌曲，教士兵們唱，說誰把這個歌唱得好，去參加歌唱比賽都沒有問題。於是，大夥一路都賣力地跟唱。大家一邊唱著歌，一邊想著能參加歌唱比賽可以跟偶像同臺了，就全忘記了疲勞，一路不停地跑著。本來兩天的路程，他們只用一天半的時間就全部走完了。

魯莊公後來越想越覺得施伯的話不錯，越想越覺得管仲那張臉全是陰謀，真的到了齊國，以後自己的麻煩肯定會越來越大，就下了決心，叫幾個殺手過來，要他們快快過去，把管仲的腦袋砍了。

## 第三節　國君不聽話的代價

那幾個殺手拚命狂奔過去，但管仲早已離開了魯國的國境——要是再上前一步，那可就變成了國際事件，被人家一抓辮子，說是武裝入侵，那可不好玩了。幾個殺手只得帶著大刀回去，說管仲太狡猾了——他如果不狡猾，他還是管仲嗎？

管仲一到齊國，鮑叔牙就直接把他接到自己的家裡，好酒好菜接待了這個老朋友。

接著，小白又在王宮裡舉行盛大宴會，歡迎這個一箭射中他胸口的恐怖分子。兩個人一談，小白大為驚訝，覺得這個管仲的能力比他的老師鮑叔牙果然高了不只一等，當場下令，讓管仲當了齊國的第二把手——相國，以後齊國的軍政大事都由管仲說了算，老子只負責當管仲的堅強後盾。他原先的那幾個心腹鮑叔牙、隰朋、高傒通通成為管仲的助手。而且為了表達他的敬意，宣布從此之後，他不叫管仲的名字，而是叫仲父。把管仲提升到老爸的地位。

## 第三節　國君不聽話的代價

在小白成為齊國第一把手的過程中，鮑叔牙的功勞是最大的，現在連鮑叔牙都服了管仲，其他人還有什麼話說？意見再大也只能留在肚子裡，現實生活中仍然得看著管仲的臉色行事。

魯莊公這時很注意這方面的資訊，得到的消息果然是齊國讓管仲當了相國，心頭當然極端不悅——本來一個好好的人才，現在好了，雙手送給了敵人。如果是當著禮品送過去，那還得個好名聲，可現在卻被小白大大地忽悠了一通，真是豈有此理！

覺得豈有此理的魯莊公越想越覺得在這件事上，自己的智商被小白狠狠地侮辱了一次——人家的名字雖然叫小白，可真正的傻子卻是自己。他最後大怒起來，決心報報這個大仇。

不過，魯莊公雖然喊著報仇喊得天差點塌下來，可頭腦並沒有發熱到讓神經短路的地步，他知道報仇是需要軍隊的，現在他們的實力還不是齊國的對手，因此還得來個先軍政治，把部隊訓練好，才能狠狠地打擊一下齊國。

小白對魯國也很關注，聽說魯國現在正加大練兵力度，馬上就大肆渲染魯國威脅論，決定先出兵把這個魯國狠狠地修理一頓，讓全世界的人都知道跟他作對的後果是嚴重的。

管仲卻堅決反對，理由是，小白剛剛當上國君，新團隊才剛剛建立，大家的工作還沒有完全熟悉，什麼業務都還沒有走上正軌，自己在國內的腳根還沒有站穩是不宜打仗的。

可小白不聽，老子的哥哥死了，老子的腳跟就站穩了。別的話老子聽你的，可這一次老子作主，不用你負責。

於是，一場歷史有名的大戰爆發！

齊魯的長勺之戰。

長勺之戰的結果大家都已經知道，勢力占優勢的齊桓公被魯國新銳軍事強人曹劌打了個大敗。

這場大戰雖然不很激烈，但卻為我們貢獻了幾個典故：一個是肉食者鄙；一個是那個「一鼓作氣、再而衰三而竭」的成語。

小白很鬱悶，自己帶著這麼多的部隊過來，居然打不過弱小的魯國，簡直是太沒有面子了。他咬著牙，決心把教訓魯國的事業進行到底。但部隊卻沒有多少了。這哥兒們想了個辦法，派人跑過去跟宋國借兵，幫他搞定魯國。

宋國的國君也是很爽快的，一聽說要借兵，二話不說，派出宋國的首席大將南宮長萬帶著部隊去幫齊國。

這個南宮長萬是個歷史上有名的猛男，肌肉極端發達，力氣無窮無盡，可頭腦卻簡單得要命，帶著部隊，一來就蠻幹。你想一想，一個蠻幹的猛男，在那個渾身是陰謀詭計的曹劌面前，能討到什麼好處？雙方一接觸，宋國「援齊打魯志願軍」就被打了個徹底的失敗，連資深猛男南宮長萬都成了戰俘。

這一次，齊桓公小白真正傻眼了。

再盤點一下，這場戰爭的贏家。第一個贏家似乎是魯莊公——這哥兒們雖然此前高喊報仇兩個字，可當齊國的大軍殺過來時，嚇得大小便同時失禁，張著嘴坐在那裡，完全做好了失敗的心理準備。

後來，那個曹劌硬是在關鍵時刻出來，幫他打贏了這一仗，為他挽救了國家，讓他繼續把這個老大當下去，說是最大的贏家一點不過分。

## 第三節　國君不聽話的代價

另一個贏家就是曹劌。這傢伙原來只是一個失業青年——如果他的老爸老媽是有錢人，他找不到工作，還可以當個啃老族，一天到晚沒事做，還可以喝名酒、穿名牌，以把妹打發日子，可這傢伙的父母是農民，解決溫飽都還有問題，哪能啃到什麼老？他很想去當個公務員，可大家知道，沒有個強硬的後臺或者堅實的經濟基礎，你的能力再強，也是當不了公務員的。他沒有辦法，只得天天在家嚥著青菜、喝著稀粥，等著機會。他知道，這個世界將越來越亂，這個世界一亂，他的機會就來了，他就可以告別青菜、稀粥的生活，成為「肉食者」。當齊國大軍殺進來的時候，在魯國人個個都怕得要命的時候，他挺身而出。於是他成功了，成為這場戰鬥的另一個贏家。

其實，除了這兩個贏家之外，還有一個大贏家。

這個贏家就是管仲。

本來，他是堅決反對打這個仗的，但小白一定要打，最後打了個大敗仗，一臉灰白地跑了回來。鐵的事實告訴小白，不聽管仲的話還真不行。從此，他把所有的事都交給管仲經手，自己專心在後宮喝酒把妹。

管仲制定出一套改革開放的政策，大力發展工商業，發表了一系列富國強兵的措施，各行各業都得到了迅速的發展，國家的綜合實力明顯增強，GDP 躍居各國之首。手頭一有資本，說話的底氣就開始足了。他派人去跟魯國講和，說從今之後，做個友好鄰邦，不要動不動就在邊界發生流血衝突，老是用士兵們的生命來製造新聞，吸引目光，實在不像話。

魯國前幾次雖然打了兩個勝仗，但也付出了代價，這時元氣還沒有恢復，正擔心齊國軍隊又咬牙切齒地打過來，想不到齊國竟然主動修好，自己面子大大的有，哪有不答應的道理？

齊國請魯國也不要跟宋國計較了，釋放南宮長萬。魯國當然也很爽快地答應了——反正那個南宮長萬也不會投降，天天關在那裡，食量又大得要命，白白地幫人家養一個猛男，一點也不划算，現在放了他，不但免了這個負擔，還得了個好名聲。

齊桓公看到連魯國和宋國都這麼聽話了，野心就開始膨脹起來，對管仲說：「我們就再把這個外交工作開展下去，乾脆把其他幾個諸侯都通知過來，開一次諸侯峰會，推選一個霸主。他們肯定會推選我們了。誰不服就打誰。」這哥兒們現在手裡有部隊有了錢，口氣威風得很。

管仲說：「現在我們是有條件開個諸侯峰會了。不過，得找個理由——連個村民大會都得有個理由，何況諸侯峰會。」

齊桓公說：「還要找理由？這槍桿子就是理由。」

管仲說：「只靠槍桿子是無法得民心的。老大也知道，人們對侵略者是很痛恨的。因此，槍桿子只能當作威懾手段，不能天天掛在嘴邊，動不動就拿來扁人。亂打人是不對的，這是連小孩也知道的道理。當然，如果老大只想當一次峰會的召集人，作作東，請大家來喝喝酒，集體公款旅遊一次，也不用花什麼心思了，一個通知就完全可以辦到。但要是真的想成為諸侯中的老大，讓那些諸侯都得在老大面前低頭，夾著尾巴聽老大的話，就得把這事做得有理，不光有絕對的軍事優勢，還得有讓他們無話可說的理由。」

齊桓公一聽，有這麼複雜？只得一臉菜鳥地問：「現在還有什麼讓那幾個諸侯無話可說的理由？反正這個理由我是找不到的。我只覺得，對那一群諸侯，只有大刀能讓他們聽話。」

## 第三節　國君不聽話的代價

管仲卻有辦法，這傢伙就是為了幫助齊桓公當上霸主而來的。他雖然嘴巴上說，直接動用槍桿子不行，其實他現在所走的路就是侵略主義。在他的主政下，目前齊國的軍事能力已經是諸侯中最強的了。可他比所有的人都知道，要想讓齊國成為霸主，光靠槍桿子還是不行的，還得講政治，也就是說做一下政治秀。齊桓公找不到理由，他卻很輕易地找到了理由。他說：「可以讓周天子蓋個章，委託我們幫他處理諸侯事務。有了這個命令，真理就在我們的手中。」

周王朝東遷之後，不但地盤比以前更少，而且連那個象徵性的發言權都被鄭侯搶走——鄭國那時在諸侯裡的實力只能算個屁，屬於中小型企業，卻也把周朝欺負得不剩渣——兩者本來是中央和地方的關係，是典型的上下級之間的關係，可後來居然發展到互換人質的地步，而且周王居然讓自己的太子到鄭國去當抵押品——面子已經丟到腳底了。後來，周桓王氣不過，想武力解決鄭國，哪知，卻被人家一箭射中肩頭，大敗而回。後來，周王覺得鄭國不好欺負，又跟齊襄王鬧了個矛盾，帶著幾個小諸侯國來跟齊國比賽，結果又被齊襄公打回老家，從此把尾巴夾得緊緊的，老老實實地過著緊縮的日子，這些年來，大家已經基本上聽不到周朝的聲音了。

這個諸侯共主已經完全淪為弱勢群體，下發的命令早已被人家當成廢紙。

可管仲卻硬是能從這個弱勢君王身上發現其無可替代的價值，來個廢物利用。他認為，現在周王雖然已變成廢物一個，但他到底是天下共主，這誰也得承認，人家把周王當作廢材，那是因為周家的勢力實在太薄弱。如果讓周王的公章與齊國的槍桿子配套，誰還敢不聽話？如果只有周王的公章，你就只能當個鄭莊公了。如果只有槍桿子，到處侵略別人，你也只能威風那麼一陣子，最後一定會被人家圍毆，直到被扁得沒有渣——這樣的事例，歷史為管仲提供了很多例證。

齊桓公雖然開始時有點菜，這時聽到管仲這麼一解釋，馬上大叫：「難怪鮑叔牙這麼信任你。你這麼老謀深算，老子不服還真不行。你就看著辦吧。我現在的任務就是做好當諸侯霸主的心理準備。」

管仲在經過五年的內政改革之後，終於伸出他的手，玩起了他的霸權主義。

## 第四節　第一次諸侯大會：霸權初試

在周朝這個共主已經沒有市場，大家的遊戲沒有規則的年代，要抓住個機會，對於管仲這樣的歷史猛人來說，簡直是太容易了。他很快就抓住一個機會，派人跑到周天子那裡，請周王寫了一張委託書給齊國。

這個機會是宋國和周王同時創造出來的。

先說說周王創造的機會。

去年那個倒楣的周桓王剛死去，現在是他的兒子周僖王在位，算起來是周僖王元年，即西元前六八一年。以前周朝換屆時，諸侯們都會一起帶著現金、帶著各國的土特產過去隆重祝賀，可現在卻不是以前了。周僖王即位，公文下發之後，大家都來個選擇性失憶，個個都在那裡裝傻，沒一個來到登基儀式現場。周僖王現在聲望又弱、財政又吃緊，只得走了個法定程序，宣布節儉換屆，弄得場面冷清得要命。

# 第四節　第一次諸侯大會：霸權初試

管仲抓住這個機會，派人帶著一筆可觀的現金，以及一大批禮品跑過去祝賀。雖然之前，周僖王的老爸被齊桓公的老爸打了個遍地找牙、滿世界亂跑，算起來是仇人一個，可現在既沒有能力算這個帳，而且就是數大半天，也數不出一個朋友來，還記什麼仇。現在人家主動上門來，替你製造一點節日氛圍，這個面子是說有多大就有多大，你還有什麼理由記那個仇？周僖王高興得兩眼亮晶晶的，偷偷地抹著激動的淚水，接待了齊國的使者。

管仲就這樣輕易地搞定了周僖王。

再說說宋國製造的機會。

宋國本來的麻煩完全是由於宋國第一把手的那個烏鴉嘴弄出來的。

還記得那個南宮長萬吧？這個猛男以前當「援齊打魯志願軍」的總指揮，威風凛凛地帶著軍隊去打魯國，哪知一仗下來，倒被人家來個全殲，最後還成了俘虜。直到前些年管仲才讓魯國把他釋放回來。

他當時是天下第一猛男，本來被人家在戰場上抓住，那張臉就已經丟得一點不剩了。可他的上級宋閔公卻一點不管，有事沒事就拿他來嘲弄，讓南宮長萬更沒面子了。本來，這樣的猛男就受不得人家的嘲笑——如果是張飛，估計宋閔公的那顆腦袋早就被扭了下來，這個南宮長萬被嘲弄了這麼久還沒有做出什麼過分的舉動，算是有雅量了。

正好周桓王歸西，宋國要派人去參加追悼會。

南宮長萬雖然是宋國軍界強人，勝仗敗仗都打過，但從沒到過首都，這時就很想當宋國弔唁代表團的團長，去參加這個追悼會，順便逛逛京城，看看首都的紅燈區跟宋國的紅燈區有什麼不同，開闊一下視野，長一下見識。

按道理說，他是完全有資格當這個團長的。

哪知，宋閔公卻哈哈大笑，說：「笑死老子了。我們宋國的人難道死光了？派個俘虜歸來的人去當團長？」

南宮長萬一聽，現在說俘虜不能當團長，估計下一步就會說，俘虜不能當公務員了，俘虜只能當民工，那時老子可就慘了，馬上大叫道：「可惡，今天老子讓你知道，俘虜也能殺人！」

宋閔公一聽，嘎嘎大笑起來：「俘虜還想殺我？看是誰殺誰？」說著，操起旁邊的一把戟，向南宮長萬刺去。這哥兒們這時只記得南宮長萬是個俘虜，居然忘記了這傢伙是當時第一猛男，殺人是他最精通的，還以為像其他俘虜一樣，自己一戟過去，什麼問題都解決了。

南宮長萬本來就喝了幾盅，神經正處於亢奮狀態，老早就想找個人來殺殺，減緩一下心中的那口氣，眼見宋閔公一戟刺來，而且目標部位完全是要命的，哪還顧得了什麼？大喝一聲，抓起身邊的棋盤，動作快得像風，向宋閔公的頭砸去。

結果是棋盤沒事，宋閔公的腦袋卻被打得粉碎，那團一點也不聰明的腦汁噴了一地。

旁邊人一看，我的媽呀，弄成流血事件了。他們看到南宮長萬連老大的腦袋都敢砸爛，而且還在那裡滿臉橫肉地狂叫著，都知道自己腦袋的硬度並不比老大的高，因此都四處亂逃，抱著頭逃離現場。

南宮長萬丟了棋盤，拿著一支長戟衝了出來。

那個宋閔公雖然腦袋不靈光，嘴巴又是屬烏鴉的，該做的事不做，硬是去跟個有殺人愛好的人過不去，最後死得很慘，但他也有個心腹。

這個心腹就是仇牧。仇牧也曾多次勸宋閔公不要老是嘲弄南宮長萬。可宋閔公不聽。

這時，仇牧正有事跑過來要向老大彙報，看到大家都大叫著四處亂竄，趕緊衝了進來，一來就碰著南宮長萬。

他雖然早就料到南宮長萬遲早要搞定老大，但卻沒有想到才一下就搞定了，還傻乎乎地問：「出了什麼事？老大在哪裡啊？」

南宮長萬大叫：「早被老子殺了。現在屍體就擺在那裡，你可以去驗屍。」

仇牧一聽，你居然敢殺老大？老大就算愛嘲笑你，認真算起來，也不是死罪啊，你就殺了他。你這個殺人犯，老子殺了你。他抓起一把凶器，就去殺南宮長萬。

結果沒有一點懸念。

南宮長萬剛殺了人，血氣正旺盛得很，正想再殺下去，看到有送死的過來，就順手一戟過去，仇牧當場死亡。太宰華督看到這個場面，就知道局勢不能控制了，馬上就想著去搬兵來，只有大軍進來，對這個猛男進行人海戰術才會取得勝利。

這傢伙的想法絕對正確，可動作卻慢了一拍，他好不容易叫來一架車，正要爬上去，南宮長萬就趕了過來，一戟要了他的命。

南宮長萬這幾戟就把宋國高層殺怕了，個個都躲得遠遠的，不敢再出來說什麼。

南宮長萬突然發現，現在宋國可以自己說了算。這傢伙在戰場上腦袋一點都不會轉彎，可這時卻轉了一個彎——乾脆自己把個老大扶持上來，然後大權在握，那不是太過癮了？

猛男做事的特點就是，只要有想法，馬上就有行動。南宮長萬腦袋一冒出這個想法，馬上就跑到宋閔公的堂弟公子游家裡，大叫：「老子殺了老大。」

公子游看到他一身血氣地來到，當場嚇得臉色發白，這傢伙連老大的腦袋都敢砸爛，還有什麼事做不出？

南宮長萬接著嘎嘎大笑，說：「老子已經決定，讓你當老大。」

公子游一聽！居然有這樣的好事？老子這就成了老大了？你說的不是假話吧？

南宮長萬說：「馬上去宣誓就職。」

公子游也是個菜鳥，如果是別人過來擁護他，讓他當上老大，估計這個老大還可以多做幾天，可這個南宮長萬是什麼人？一個頂著豬腦袋的猛男，除了會殺人之外，沒有其他特長，在全國人民的眼裡，是個不折不扣的屠夫，得不到一點人心，跟著他能有什麼好結果？

而這時，宋閔公的弟弟御說已經跑了出去，向國際社會尋求幫助，請各國老大幫他討個說法。這哥兒們跑了幾個地方，可一來出來的時候，跟裸奔沒有區別，一點現金都沒帶——在這個社會，沒錢你能開展什麼工作？二來當時很多諸侯都自顧不暇，哪有什麼閒功夫去操心別人的事，對他的求助只是一臉乾笑地說：「呵呵，這是宋國的內政。不是說，內政不得干涉嗎？我們沒有辦法啊！」

御說沒有辦法，只得回到國內。

這時，國內的老百姓都對南宮長萬很不滿，看到御說回來了，便都把他當成領導核心，大喊大叫著要堅定不移地跟著御說，要打倒以南宮長萬為首的叛亂分子。

南宮長萬和公子游接到各地群眾事件不斷湧現的消息後，決定派部隊前去鎮壓。哪知，命令簽發之後，卻不知到要把這個命令發給誰——因為，軍方這時也完全支持御說，成為打倒南宮長萬的主力軍。

最後，只有南宮長萬一個人在奮鬥了。

南宮長萬雖然猛，殺了很多人，但最後也被很多人殺死。

於是，御說成為宋國新的老大。

本來，照理說，宋國已經走上正軌，什麼事都沒有了。可管仲卻認為，還可以把文章做下去——當然，這個文章是為齊國而做的。

管仲說：「現在御說雖然當了宋國的第一把手，可還沒有履行手續。」原來，諸侯換屆時，周天子雖然不能內定候選人——但換屆之後，得把換屆結果上報周天子，由中央備案發文承認後，你才合法，你才當得理直氣壯。這些年來，諸侯們早就不把周天子放在眼裡了，換屆工作從頭到尾都由自己完成，根本不再浪費時間去辦這個無聊的手續。因此，管仲就抓了這個把柄，請周王委託齊王帶著幾個二流諸侯國到宋國去，履行這個手續。這樣，齊國就有了通知大家開會的權力了。

你一看這個辦法，好像是恢復周天子的權威，其實周國卻沒有一個人參與，全是由齊桓公出來說了算。可周王朝幾代以來，就一直越來越弱地在雒邑那塊小地方上過日子，跟個村級地主的地位沒有什麼差別，無論如何也不會從他們身上找到一個國家元首的感覺。到了這個周僖王，就更沒有什麼話說了。這時得了齊國的一點好處，早就滿足得樂翻天，不管齊國什麼公文交上來，內容看都不看，直接就在尾頁空白處簽上「同意」兩個字。

齊桓公得到這個最高指示後，馬上著手選址，布置會場。然後發出通知。

不過，雖然做得很熱鬧，但管仲的底氣並不足，發通知時是做過一番嚴密的分析的——現在的幾個大國都很強，你要是通知他們，估計他們根本不理你，而且說不定還會暗中踢你一腳，叫原來跟他們走得很近的小國也不要來，事情就徹底搞砸了。所以，他就只向宋、魯、陳、蔡、衛、鄭、曹、邾這八個國家發了個通知。

因為這次會議的地點在北杏，所以史上又叫「北杏之會」。

應該說，管仲的擔心是沒有錯的。八張通知書發出之後，帶著代表團前來參加九國高峰會談的只有齊、宋、陳、蔡、邾五個國家，魯、衛、鄭、曹四國不但不來參加會議，就是連個理由也懶得說明一下。

九國會談就成了五國會談。

齊桓公一看，這成什麼話？人員太稀少，會議的規模不夠大，一點也不過癮，他就想不開這個會了，想改個日期，等那四個國家代表團都到齊了，再開個名符其實的大會。

管仲不同意。管仲認為，隨便改變時間，是不講誠信的一種表現。不講誠信的後果是什麼？就是周幽王的那個後果。現在九個到五個，已經超過應到會人數的百分之五十，符合法定程序，可以開會。如果不開，下次估計連這幾個小國都不來了，只有齊國一個人在那裡開個氣憤的大會了。

齊桓公這輩子最大的能力，就是能夠全盤聽從管仲的話，一切行動都順從他的安排。這時聽管仲這麼一說，馬上就把脾氣收了起來，一拍大腿說：「開會！」

這個會雖然表面上宣傳是個隆重的大會，其實議程很簡單，過程很簡潔，只是在會場裡擺了一張周王的椅子（周王是絕對不能出面的，要是周王一出面，齊國就徹底沒戲了），然後，由齊桓公代表周王宣布御說就任宋國的第一把手，御說從此可以合法地行使宋公的權力，誰要是再不服，大家就出來群毆他，一直扁到他心服口服為止。

誰都看得出，前面這個儀式，其實都是齊國的藉口，下一個主題才是齊國真正的目的。

把宋國內政搞定之後，齊桓公對大家說：「現在國際形勢很不穩定。而周天子的權威都已經等於零了，誰都不把中央當一回事。這樣的後果是很嚴重的——有的諸侯發生了內亂，誰也管不著，誰也不願出面管；有的諸侯強了起來，就到處欺負弱勢小國，四處擴張，而且現在四周的少數民族又不斷地強大，天天盯著我們的土地。要是再這樣下去，遲早會全部玩完的。因此，我認為，從今天起，我們訂個條約，幾個諸侯團結起來，結成同一陣線，推舉出一個帶頭大哥，帶領我們堅決擁護周朝，在政治上與周天子保持高度一致，與那些想占領我們領土的戎、狄、蠻、夷硬碰硬到底。平民陳情都得有個帶頭人，這事就更需要有個老大。現在我們就採取民主推薦的辦法，選出個老大來。怎麼樣？」

另外那幾個諸侯都不是豬頭，一聽姜小白的這個論調，雖然嘴裡民主來民主去，可你看他那個臉色，就知道這個民主全是為他服務的民主，可不是讓你當候選人的民主。這幾個諸侯接著一想，反正自己就那麼個屁大一點的地方，手頭就那幾個兵，在地盤內催債、充當一下黑社會保護傘，那是沒有問題的，但哪比得齊國那樣強悍得沒有譜，想打誰就打誰。你要是想從他那裡搶這個民主，估計不過幾天，他又來宣布一項周王的命令，你立刻就得轉換身分，從一國的老大變成失業人士。這幾個諸侯倒也很乖，馬上就舉起手，說：「我看，這個老大不用選了。就讓齊國直接當老大了。反正如果要投票，我這一票也是投給你的。」

管仲一聽，覺得聲音還不夠齊全，馬上抬頭一看，原來只有三個諸侯在那裡大喊大叫，那個剛當上合法宋國統治者的御說嘴卻閉得很緊，什麼話也不說。

管仲馬上就知道，御說心裡很不平衡。

當然，御說的不平衡還是有他的道理的。因為，他享受的級別比齊桓公要高一個等級。

大家知道，當初周朝封建的時候，把諸侯分成五個級別。這五個級別就是公、侯、伯、子、男。宋國是商國的後代，周朝為了統一天下，就讓宋國的爵位為公，而齊國呢，到現在也只是個侯爵，排名是跟在宋國的屁股後面的。此前，御說的位子還沒有合法，讓齊國代理一下老大，那是沒有話說的，可現在既有合法的宋公在這裡，你一個齊侯卻仍然把老大進行到底。這種行為跟奪權還有多少差別？

可現在人家的實力強，你有什麼辦法？現在不是誰級別大誰說了算，而是誰的實力強悍誰說了算。

御說沒有辦法。

沒有辦法的御說，就只好緊閉著嘴，來個棄權，好像這個表決跟他無關似的。

齊桓公卻一點不管御說的心情，當場驗收投票結果，除了御說用腳投票外，其他幾個諸侯老大通通用手投出神聖莊嚴的一票，而且都把這一票投給了姜小白。

於是，春秋第一位霸主就這樣產生。

當然，程序還是要走一下的。齊桓公先是像很多人一樣，看到自己差不多全票當選後，就假裝謙虛一下，說自己能力啊、資格啊，一樣都不夠，怕這個擔子挑不起啊，會辜負大家的重託。在座的都是官場老手，別的能力雖然很菜，但這方面的人情世故卻很精通，馬上齊聲說：「齊國國君不當這個老大，即使我們答應了，但人民會答應嗎？」

齊桓公要的就是這個回答。於是，他帶著大夥向周王的座位行禮，表示向中央進行了彙報，然後就向大家發表了北杏大會宣言：某年某月某日，齊小白、宋御說、陳杵臼、蔡獻舞、邾克，以天子命，會於北杏，共獎王室，濟弱扶傾。有敗約者，列國共征之。

這個宣言很簡潔，才幾句話，記憶力再差的人只要多讀幾下，也能把它很快地背下來，比今天一些大會的宣言還簡短得多，可作用卻大得要命。大家這麼一簽字同意，馬上就意識到全成了齊國的下層機構——以後大家都得在齊國的領導下，去「共獎王室，濟弱扶傾」，如果誰不聽話，就「列國共征之」——也就是說，哪個敢不召之即來，大家就集體去扁死他，扁死之後，連個同情心也沒有得到。

可到了現在你還能說什麼？只有硬著頭皮走下去了。

果然不過一會兒，管仲就對大家說：「魯、衛、曹、鄭等幾個諸侯居然不把中央放在眼裡，不來開會。這種人該不該教訓一下？」

在場的人當然只能說該教訓啊，這種人不教訓，誰該教訓？難道去教訓遵守紀律的？這幾個諸侯在說這話的時候，心裡都想，反正老子手裡那幾個兵，維持自己國內的軍事防禦都還有點吃不消，這點戰鬥力，齊國估計看都不會看一下，哪會讓他們跟著去教訓人家？因此，個個都把胸脯拍得很響。

哪知，齊桓公並沒有他們想像的那麼高尚，當場就說：「好啊！現在齊國的力量有點弱，而且這是大家的事，需要大家一起來努力，共同維護社會秩序。大家都發揚國際主義精神，組成多國部隊，一起出兵！」

大家一聽，這才知道，自己被狡猾的管仲綁上了賊船，上了這個賊船，你不當賊，那是不可能的。你要是不支持，那個「列國共征之」這一條款估計馬上就發揮作用了。到了這個時候，那幾個諸侯終於發現自己是全世界最大的豬頭了，但也只好把豬頭進行到底，都說：「我們都聽老大的。」

當然，宋桓公御說仍然保持棄權的態度。

在齊桓公宣布北杏之會勝利閉幕的當天夜裡，御說帶著宋國代表團率先開溜——反正老子的位子已經定好了，其他的關老子屁事。

姜小白很生氣，馬上就脹紅著臉，要發兵去追回來——老子才當霸主第一天，你就跟老子過不去，不把你暴扁一頓，老子就不叫小白了。

管仲卻堅決反對。

齊桓公問為什麼？這不正好拿這個御說來開刀，殺給人家看看，顯顯一下霸主的威風。否則，只在這次大會上當了個老大，然後得意個幾天，這個霸主只能算個屁。當了霸主，就得做出霸主的樣子來，就得拿出霸主的霸氣。

管仲當然想出一下霸主的風頭，但他在選擇對象上，卻比姜小白聰明多了。他認為，宋國固然應當教訓，可魯國更應該教訓，而且教訓魯國的成本要比教訓宋國的成本低得多。宋國那麼遠，要跑多少天才到達？魯國就在隔壁，一伸手就可以猛扁他一頓。理由也比去扁宋國的理由更充分——宋國只是在投票時棄權，到底還是來參加了會議，而魯國根本連會場邊都沒來一下。

北杏之會是奉周朝命令召開的會議，魯國是大周在東方最親近的諸侯，理應最緊密地支援中央，哪知現在居然不理會周朝的通知，對中央的各項方針政策採取抵制的態度，這是徹頭徹尾的分裂行徑，是應該全民共誅之的。

這個理由一擺出，魯國就成了一個無賴國家。

打擊無賴國家是不需要理由的，不打擊無賴國家則是沒有道理的。

# 第三章 齊桓中興：從北戎到霸權巔峰

## 第一節　刺客崛起：歷史第一位俠客

於是，齊桓公宣布向無賴國家魯國進軍！這次進軍是代表周天子出兵的，是正義之師、威武之師，一定要讓大家知道，誰不跟中央保持高度一致，誰就只有死路一條。

魯國不理齊國，是覺得自己堂堂周公之後，以前命令都是由周公發出的，現在姜小白這小子居然把這個工作搶過去，心裡不服，我就是不參加，你能怎麼樣——大不了說我曠職一天，發文警告、記大過一次，現在誰還在乎這種處分？你警告，你記大過吧，老子不理！

可管仲是什麼人？他能做這種傻事嗎？他直接就下令部隊出發，把魯國滅了再說。而且把口號喊得比天都大，利用周王的旗幟，一下就把魯國全面的孤立起來。

魯莊公看到齊國的大軍真的浩浩蕩蕩開來，這才知道問題嚴重了。

魯莊公趕緊開了個會，會議主題是如何對付齊軍的入侵。

施伯首先發言：「管仲不會打沒有準備的仗。這次他敢高調出兵，肯定是做好準備的。按我們目前的實力，肯定打不過他們。因此，我的意見是和平解決，而不是武力對抗。」

而這時文姜也派人過來，送給魯莊公一個小紙條，說不要跟齊國打仗啊！

這兩個人都說不打才是最好的選擇，那最好的選擇肯定是「不打」了。再加上其他人都緊閉嘴巴，只在那裡站著當觀眾，魯莊公也沒有話說了，就派人過去對齊桓公說：「老大，我服你了！」當然，也不是空洞的表態，而是帶上一張地圖，把遂邑一帶的那塊地皮也劃過去，從此成為齊國的領土——這個誠意應該夠了吧？最後，還要求親自帶著魯國代表團把會盟的手續補辦完畢，請齊國老大哥一定要答應啊！

齊桓公問管仲：「仲父。答應他們嗎？」

管仲說：「當然答應他們。」管仲是後世很多著名政治家的好榜樣，雖然知道槍桿子的作用，但更知道政治手段的分量，只要能在和平對話的方式上解決問題，最好不要輕易把槍桿子亮出來。而且，現在他們只是想當一下諸侯的老大，並不像後來的秦國那樣要統一全國，因此，嘴裡可以叫囂扁誰滅誰，其實也只是嚇嚇人而已。何況，魯國是周的兄弟國，你要是滅了它，那侵略者的帽子就戴定，以後，所有諸侯都會把你當成野心家，都會團結起來抵抗你，以齊國現有實力，估計不用多久就會玩完。再加上現在霸主大業才剛剛啟動，萬里長征的第一步，一定要做得嚴謹一點，見好就收，以後才是你好我好大家好。

齊桓公現在的主要工作就是聽管仲的話，照管仲的意思去做，因此馬上就在魯國的報告上簽了「同意」兩個字。

魯國是第一個承認齊國霸主地位的大國，齊桓公心裡很得意，他覺得要好好地讓魯莊公體會一下齊國的強悍，因此老早就布置好會場，場邊全是軍容整齊的部隊。

齊桓公這時的感覺十分良好。

魯莊公老遠跑了過來，一下馬，走在齊國軍隊的中間，心頭充滿了危機意識，身上全是汗。魯國代表團的副團長是那個曹沫，這時也跟在魯莊公的屁股後面，走進會場。

齊桓公的準備工作做得很好，會議的程序也很簡潔，雙方只各說了幾句話，管仲就叫人拿出那個裝著牛血的銅盤請兩位國君「歃血為盟」。你一聽到「歃血為盟」這四個字，覺得很血腥，其實過程卻很簡單：參加盟誓的人伸著手指從盤裡沾點牛血，然後抹在嘴皮上，然後就對天發誓，讓老天爺見證一下，整個儀式就結束，以後大家就得遵守這個規定，誰要是違抗，老天爺就不放過你。也就是說，大家一把那血抹到了嘴皮，就等於這個盟約產生了法律效力。

在魯莊公就要伸著手指去沾血時，那個讓歷史永遠記住的一幕出現了。

魯國代表團副團長、第一軍事強人曹沫突然衝上前去，一把抓住齊桓公。

齊桓公罵道：「你也太不沒禮貌了，沒看到我在工作？等下有你跟老子握手的機會。」這哥兒們還以為曹沫是他的粉絲，想過來跟他握手呢！

哪知，曹沫的眼睛圓睜起來，大叫：「老子就是不講禮貌。」

齊桓公這才發現，這傢伙一手抓著他，另一隻手早就握著一把寶劍，正滿臉橫肉地盯著他。

管仲也發覺問題嚴重了起來，這傢伙雖然智商很高，大事小事都在他的意料之內，可碰到這個突發事件，一時也有點慌了手腳，搶上前去，想用身體擋住他的老闆——這傢伙對他的上司確實很忠心——一邊說：「你想做什麼？」

曹沫冷冷一笑，說：「你們齊國多次欺負我們魯國。動不動就拿我們來開刀，不斷地發動戰爭，搞得魯國都處於亡國的邊緣了。這是一個負責任的大國應該做的嗎？你們憑著軍隊強大，老是欺負我們，我們打不過你們，也就只好採取這個辦法來對付你們了，你就罵老子卑鄙吧，老子就是卑鄙！」

管仲一聽這話，知道這個傢伙的動作雖然嚇人，但只是為魯國討個說法而已，並不是真的要搞定老闆的腦袋，再看看那個臉色，雖然布滿橫肉，但也不像個胡來的人，就鬆了口氣，說：「有什麼要求，請說出來。」

曹沫說：「把你們侵占的魯國土地全部歸還。」

管仲一聽，這個條件比預期的還要好多了。反正這些地盤原來也是魯國的，現在還給他們也不是什麼巨大的損失，馬上回過頭去對齊桓公說：「老大，答應他！」

你想想，面對曹沫那把殺人的寶劍，管仲就是不說話，姜小白也會毫不猶豫地答應這個條件，當下馬上就說：「好。照你說的辦。」

曹沫雖然打仗不行，打一仗敗一次，但這時卻聰明得很，並沒有得到齊桓公的口頭表態後就退了下去，而是接過那個銅盤，直接對兩國國君說：「光是口頭承諾效力不夠。還是請兩位國君歃血為盟。」

齊桓公一看，真想當場罵出髒話來，本來這些道具都是準備用來簽訂一個讓魯國喪權辱國的條約的，哪知，現在卻完全顛倒了過來，喪權辱國的不是魯國，而是剛當上霸主的齊國。齊桓公氣得當場想死，可現在他還能怎麼樣？只能一臉怒氣地按照曹沫的指示，跟魯莊公完成這道手續。

曹沫這時心眼特別多，在兩國國君歃血之後，還覺得不放心。他知道，雖然姜小白是齊國國君，但這個國家元首的兩隻耳朵全是用來聽管仲的話，國家大事小事全由管仲來決定，管仲才是這個國家的實際最高統治者，因此就跑過去對管仲說：「我仍然不放心，還得弄個儀式。」

齊桓公一看，就說：「不用了。我一定會把汶陽那塊地還給你的。連這點都做不到，老子還當什麼老大？」

曹沫這才收起兵器，退回到他原來的位子，向齊桓公行了禮。

可齊桓公心裡的氣卻一點沒有消停，才散會就對管仲說：「今天實在太氣人了。現在這幾個傢伙都在我們的地盤上，不如把他們搞定算了。」

管仲卻不答應。

管仲就是管仲，不管做什麼事，都把長遠利益放在第一位——現在殺了魯莊公和曹沫，那是一點難度也沒有的，想用什麼辦法就用什麼辦法，想在什麼時間就在什麼時間，可殺了這兩個人之後，除了發洩一口氣外，齊國有什麼利益？那是一點利益都沒有的。在這個世界混，長遠利益永遠是第一位，其他都是次要的，因此他對齊桓公說：「我堅決反對老大的做法。老大這麼做，完全是黑社會老大的作風，而不是一個諸侯霸主的氣度。我們想把這個霸主做得長遠一點，就得講誠信。現在我們是丟了那塊侵略得來的地盤，如果一定要反悔，那我們就會丟掉霸主的地位。老大算一算，丟掉哪個更划算一點？」

齊桓公才當上霸主幾天，這時正當得有感覺，當然覺得這個霸主比那塊地盤強多了，一聽管仲的話，便什麼話也不說了。

齊桓公雖然目光比管仲短淺得多，但他最大的優點就是知道自己遠遠比不上管仲，因此，不管自己在什麼狀態下，都無條件地聽管仲的話。這時當然也不例外，聽了仲父的比較之後，臉上馬上就掛上了笑容，繼續好吃好喝地招待魯莊公，並提高辦事效率，簡化一切手續，馬上把那塊土地交接清楚，把政治戲做足，讓天下人都看到一個有大國領袖風範的姜小白。

魯莊公來的時候，怕得精神差點崩潰，想不到現在居然享受到這個待遇，不光天天大塊吃肉、大碗喝酒，而且還勝利收回了失地，對齊桓公不得不服。魯莊公這段時間以來雖然有點窩囊，但絕對不是豬頭，他知道，要是齊國耍起狠來，要殺他滅他，那是容易得像放屁一樣，現在人家都這麼對待他了，他要是還那麼囂張下去，連自己都覺得太不像話了，因此就表示以後堅定不移地跟著姜小白，高舉大周的偉大旗幟，對周朝忠心到底。

## 第二節　義戰再起，重掌霸權

衛國和曹國當時不響應齊國的號召，不把齊國的話當一回事，後來看到齊國的部隊浩浩蕩蕩地開過去要懲罰魯國，也同時慌了起來，這時看到齊魯兩國和平解決了問題，齊國的表現還真的不錯，便都抓住最後的機會，派人前來跟齊國補辦加盟手續，拍著胸口說以後不犯錯了。

## 第二節　義戰再起，重掌霸權

不來開會的都擺平了，現在終於騰出手來，收拾那個中途離席的宋國。如果不收拾一下這種態度不堅定的國家，只怕沒有多久，其他國家也會愛理不理，愛來不來，有好事時，大家伸手來搶，誰也不落後，有什麼責任要分擔時，個個都選擇性地失聰失明，退到一邊當觀眾，什麼事都關我屁事，這個霸主還有什麼當頭？因此，對這樣的國家必須狠狠地打擊。

這次，齊桓公的排場擺得更大。他此前征魯時，只帶著齊國軍隊，這一次卻請周王也派幾個兵來，對外說是以中央軍為首的多國部隊——雖然中央軍的實力，現在估計連個交通大隊都不如，但牌子卻響亮得很。齊桓公現在需要的是大周的招牌，而不是大周的實力——要是中央的實力那麼雄厚，他們齊國還能出什麼風頭、還能當什麼霸主？

這是史上第一次真正意義上的多國部隊，打擊的目標是宋國。

齊桓公在處理魯國的事上，採取和平的方式，使得他的人氣指數不斷飆升，幾乎天天漲停，讓他享受到了和平解決國際事務的甜頭，因此在把矛頭指向宋國時，他又聽從了甯戚的建議，派甯戚跑到宋國去，對宋桓公御說連哄帶嚇，最後御說不得不向現實低頭，帶著那副可憐的老實相，跑到齊桓公面前認錯。齊桓公當然很寬宏大量，說了一堆大道理，人非聖賢，孰能無過？誰沒走過彎路？只要能意識到錯誤，能改正就好。

之後，雙方重新訂了協議。

於是，九國就只剩下那個鄭國了。

本來，鄭國是最先有霸主這個創意的，而且曾經大力實踐過，因為實踐得太猛，最後與周王還打了一架，還很威風地射傷了周王一回，可因為實力太單薄，除了能欺負一下比他們更單薄的周王，對別的國家卻一點不能怎麼樣，人家也從不把他們當一回事。於是聲勢就逐步弱了下來，最後徹底墮落，連一點聲音也發不出了。不過，他們仍然認為自己是條瘦死的駱駝，仍然想耍一下大牌，對齊國的通知絲毫不理會——他們以為齊國還不是在走他們的老路，還不是像他們當初那樣，發發通知，誰去誰上當。哪知，齊國不是鄭國，人家通知書的含金量足得很，誰敢不來就直接把部隊開過去打誰。更要命的是，管仲認為，要把這個霸主當下去，別的國家可以放過，但鄭國這個曾經有過霸主思想的諸侯是絕不能放過的，一定得找個理由把這個曾經的老牌霸主搞定。

這樣的理由實在太容易找了。

鄭國原先也有個大夫叫祭仲，角色也跟管仲差不多，一直掌握著鄭國的大權——只是這傢伙雖然狠，但能力比管仲差多了。鄭莊公的其他能力算不上傑出，但生育能力很強，前後一共生了十個兒子。不過，這十個兒子雖然身體健康，但智商一般，所以，鄭莊公在選擇接班人時，也就按著老規矩，讓大兒子子忽當太子。可到他病重時，頭腦又亢奮了一回，對祭仲說：「我看還是讓子突接班吧！他比哥哥有能力。」

祭仲反對。

鄭莊公說：「要是子忽當了老大。子突不服，打起來，恐怕子忽打不過啊！」

祭仲說：「現在就把子突派到國外去，他就不會來爭了。」

鄭莊公想了一想，覺得這也是個辦法，就把子突送到宋國去。然後鄭莊公就按照他的計畫掛掉了。

## 第二節　義戰再起，重掌霸權

子忽就按鄭莊公的既定方針，當上了鄭國第一把手，就是鄭昭公。

按諸侯慣例，新君宣誓就職後，也跟現在很多國家元首一樣，首先得展開一場外交活動，向國際展現一下自己的光輝形象。

當時，幾個國家都有插手鄭國內政的想法。一個是齊國——當時還是齊襄公在位，他覺得子忽很帥，想把女兒嫁給他。哪知，子忽卻在人家面前擺酷耍大牌，說我不要齊國的美女。弄得齊國很無奈。另一個就是宋國。現在那個被他老爸視為野心家的子突就在宋國那裡過著流浪生活。宋國很想幫他一把，讓他當上鄭國的統治者，這樣鄭國以後就會什麼都聽宋國的。

祭仲和子忽都把子突和宋國當成潛在的敵人，但又不好公開，正常的外交往來還是要進行下去的。因此選派到宋國去的人選就有點不好找了。最後，祭仲說，乾脆我過去一趟。

這傢伙以為自己去一趟，就保證不會出事，而且還可以看一看子突和宋國的態度到底如何。

哪知，宋國這時很流氓，一看到是鄭國實權人物來了，馬上就使出流氓的招數。當時，宋國的國君是宋莊公。宋莊公才一跟祭仲見面，連個手都沒有握，就大手一揮：「來人，把他給綁了。」

祭仲一聽，還以為是宋國在處理他們自己人呢！覺得這個宋莊公也太沒有禮貌了，外國特使才到就做這種事——雖然是自己內部事務，可也要給人家一個面子啊！他想看看到底是哪個倒楣的傢伙要被綁下去。如果是朋友，就順便幫他求個情。哪知，他這個慈善的念頭還沒有消失，只見幾個武士卻朝他奔了過來，動作很熟練地把他抓起來。

他大叫：「你們看綁錯了人吧？我可是外國貴賓啊！」

宋莊公說：「老子綁的就是你這個外賓！」

祭仲這才知道，自己這回是找死來了，只得在那裡老老實實地讓人家綁好。

宋莊公並不是真的要殺祭仲，而是把祭仲拘留起來，說你不簽訂個喪權辱國的條約，就讓你把牢底坐穿。祭仲在鄭國雖然威風，可到了這裡卻成了個在押犯人，關在牢裡，蚊子多得可以把他壓死，於是也堅持不下去了，馬上答應當子突的手下，然後和子突一起跟宋國簽訂了一個《宋鄭條約》。

條約的內容：

一、子突當了宋國第一把手後，把大權都交給祭仲；

二、把鄭國的三座城池免費送給宋國；

三、再送宋國一百對玉璧、一萬兩黃金；

四、以後每年都得給宋國兩萬石穀子。

條約簽訂之後，祭仲就帶著子突回國，讓子突祕密住在自己家裡，然後想了個陰謀詭計，讓子忽下臺。祭仲在宋國當特使時很窩囊，但回到鄭國後，卻神氣得很，沒花什麼功夫就把子忽勸退，並讓子忽跑到衛國去，然後安排子突當了國君。

子突才當了沒幾天，宋國就派人過來，要求兌現條約。子突這才覺得這個代價真的太高了，一個小小的鄭國哪能兌現得了？而且就這麼割讓三座城池，自己跟賣國賊有什麼區別？如何向全國人民交待？就反悔起來，要求宋莊公打個三四折吧，這麼要價，實在受不了啦！就是我答應，鄭國人民也不答應啊！

宋莊公可不管。老子是跟你簽訂的條約，又不是跟鄭國人民簽訂的條約，他們不答應關老子屁事。子突看到宋莊公強硬的態度一點沒有軟化，便去求魯桓公幫他求個情。魯桓公也是個頭腦簡單的傢伙，一聽人家過來求情，就覺得自己的面子很大，馬上得意地答應了。一見到宋莊公，馬上開始求情，說鄭國就那麼點資產，你這麼全要過去了，人家還要吃飯生活啊！宋莊公不答應。魯桓公就繼續磨，好像在為自己討價還價一樣。

宋莊公就生氣起來，這是老子跟鄭國的事，你插什麼手？你不插手，說不定還好談一點。現在你一定要插手，老子就堅持到底了。

魯桓公一看！老子的面子真的丟完了。也生氣起來，當場拍起桌子，跟宋莊公翻臉，然後直接就到鄭國，對子突說：「我們乾脆聯合起來，教訓一下這個流氓！」

魯桓公做調解人很失敗，但做教唆犯很成功。

子突一聽，好啊！有魯國出面幫他打仗，他要是不答應，那不是太豬頭了嗎？

宋莊公做夢也想不到，這事居然釀成國際事件，魯鄭聯軍說來就來，也嚇了一跳，趕緊開了個會議。御說認為還是跟他們妥協好了。反正宋國也沒什麼損失。如果打敗了，那可就不好說了。可南宮長萬卻堅決反對：「還沒有開戰，就說要打敗了？我們宋國就這麼軟弱？」

幾個手下接著也贊同南宮長萬的意見。御說的意見就成了少數。按照少數服從多數的原則，宋莊公採納了南宮長萬的意見，既然魯鄭要打，那就來個硬碰硬，這個世界誰怕誰。

哪知，南宮長萬話說得很有力量，可打仗的本事很菜，才一接觸，就被兩國聯軍打了個滿地找牙。

宋莊公吃了一個大敗仗，心裡就更加憤怒了，你們能組織個兩個聯軍，老子就不能夠了？他馬上派人去找齊國，嚷著一起去扁魯國和鄭國。

中國的這一時期，已經開始亂了起來，諸侯們的神經特別活躍，很容易就被挑動。

當時齊國的第一把手是齊桓公的老爸齊僖公。齊僖公到接到宋國的請求，連個會議也不召開，當場就拍板，同意合作。而且還拉了幾個幫手，把戰爭規模越鬧越大，從四國大戰，變成了六國大戰。

最後，祭仲採取堅守的策略，齊國和宋國在城下玩了一陣子，也沒有辦法，最後就在郊區展開一場打劫，拿了一點利益，就拍拍屁股走了。

本來，多國部隊一撤軍，鄭國的好日子應該開始了。可那個子突天天看著大權都牢牢控制在祭仲這個老傢伙手裡，自己跟個招牌沒差別，就決定跟祭仲徹底攤牌。

這哥兒們的想法是不錯，可在實行時卻走了步臭棋。

他知道，祭仲是個實力人物，而且智商比他高多了，要搞定他，得找個同盟軍，組成一個反祭聯盟，否則只有自己玩完。他馬上找了雍糾當他的心腹，許下的諾言就是，把祭仲搞定之後，祭仲現在的位子就是你雍糾的。

雍糾也不是什麼好人，一聽子突這話，馬上就高興得要命。這傢伙是子突最堅定的反對黨，同時又是祭仲的女婿。這時，他死守利益面前無親情的原則，決定把岳父大人搞定。

身為一個小人，出現這個心態，也是正常的。可這傢伙又不是個純粹的小人，回到家後，經不住老婆的反覆盤問，居然把他和子突的計畫全都背給她聽。然後說服妻子「嫁雞隨雞嫁狗隨狗」。祭美女立刻覺

## 第二節　義戰再起，重掌霸權

悟，當下也拍拍胸口保證跟老公一條心到地老天荒，並說，為了保證讓老爸上當，她回家去勸說讓老爸進入圈套。

雍糾的豬頭腦袋馬上表現得很到位，立刻同意了。

祭美女回家之後，就開始矛盾起來了，覺得老公是自己的親人，但爸爸也是自己的親人啊！幫了老公，老爸就得死；幫了老爸，老公就是個死鬼。她從來沒有想到過，現在這兩個人的命運居然牢牢掌握在自己的手中。

她矛盾了整整一夜之後，仍然不知道怎麼解決，就像很多人一樣，外事不決問網路、內事不決問老媽。老爸和老公到底誰更親？

她母親倒乾脆得很，說：「老爸只有一個，要是死了，妳就永遠沒有父親了；老公呢？死了再嫁，妳仍然有老公。老爸屬於不可再生資源，老公是可持續發展的，是可再生的。」

她立即覺得母親的話很有道理，當場就向老爸揭露了雍糾和子突的陰謀。

你想想，這個陰謀一被揭露，那兩個傢伙還能鬥得過祭仲嗎？

祭仲馬上採取斷然措施，先把現任女婿搞定，然後派兵去抓子突。這個子突逃跑的本事倒不錯，一下就狂奔而出，逃得遠遠的。

祭仲又把子忽叫回來，讓他繼承王位。

鄭國鬧了這麼多場內亂加外亂，不管內政還是外交，都已經一塌糊塗——子突請了幾個小國當外援，不斷地過來猛打鄭國。鄭國沒有辦法，最後只得又找了齊國這個重量級人物當依靠。這次特使仍是祭仲。可祭仲才一離開，高渠就發動政變，殺了子忽，讓子亹當了老大。齊襄公氣得當場就要發動侵鄭戰爭。可後來他的那個美女妹妹回來，就放過了鄭國。不過後來，齊襄公仍然帶兵過去，殺了奪權的子亹。本來，齊襄公想讓子突回來當老大，哪知，祭仲的動作快，先立了子儀。

這時，鄭國的老大是子儀，而且鄭國的實力派人物祭仲已經去世。子儀正處於孤立的狀態。

所以，管仲建議趁著這個時機把鄭國搞定。

齊桓公當然聽管仲的話，派部隊一路殺過去，鄭國的部隊連個抵抗的準備都沒有做好，就被打了個大敗。那個子儀連逃跑的路線都還沒有選好，人家就殺了進來，一刀過去，他就直接走完了人生最後一步。

這時，鄭莊公前面的幾個稍微強一點的兒子都死了，齊桓公就讓子突繼續當上鄭國的第一把手。子突又像以前他跟宋國簽訂合約一樣，跟齊國簽訂了一個條約。

雖然都是條約，但這個條約是不同的。

鄭宋條約完全是鄭國喪權辱國的條約，條約中除了子突能當上國君之外，其他的全是向宋國割地賠錢的條款，最後，弄成一個國際大戰。這一次，條約還算是比較平等的，只是鄭國從此加入齊國軸心圈，跟另外那幾個諸侯一樣，緊跟齊國的屁股，高舉大周的偉大旗幟。

齊國經過這麼多年的部署，又是軍隊亮劍、又是嚴格講究誠信努力樹立大國形象，終於把東邊的諸侯都拉到自己的陣線上來，圍著自己的指揮棒轉。春秋第一霸主終於大見成效。

不過，仍然有諸侯不服。

現在秦國仍然只是在一邊站著，當冷眼觀眾，好像這一切與他們無關，他們只專心繼續加強自己的內政。

不過，秦在西邊，又是新興諸侯，向來不跟其他諸侯有什麼往來，只顧自己在西邊開心發大財，似乎對別的諸侯沒有什麼威脅，因此很多諸侯這時還不把秦當一回事。

另一個諸侯就讓中原諸侯很頭痛。

## 第三節　山戎北伐：齊軍遠征記

連管仲也覺得頭痛。

因為這個諸侯不但幅員遼闊，而且向來奉行侵略主義，是第一個敢向周朝挑戰的諸侯，最出名的特點就是蠻橫。

這個諸侯就是楚國。

現在楚國有多大？

長江以南除了吳越之外，就全部是他們的國土了。

楚國雖然很強悍，但當時封的卻是子爵，是諸侯中級別最低的。開始時，楚國的高層還是很自卑的，可後來他們很快就發現，他們的級別雖然不高，但實力卻是最強的，心裡馬上神氣起來，也不再向中央繳納管理費了。那時周朝還是比較強盛的，周昭王就生氣起來，帶著部隊要去猛扁一頓楚國。哪知，最後反被人家痛扁一頓，周昭王自己也被搞定。周朝又愛面子，對周昭王南征而光榮犧牲的事一直不好意思明說，只是在大事記裡寫上「南巡不復」之類的字。從此之後，周就不敢再惹楚國。

楚國吃了那次甜頭之後，就更威風了。後來那個熊渠乾脆就把自己提高了若干個級別，封自己的三個兒子為「王」，完全讓兒子跟周王處於同個級別，至於他本人，則是王的老爸，比周王的級別還更上一層樓，實在是已經囂張得沒有譜了。不過，他也不是胡來，而是有自己的理論基礎的——熊渠到處大喊大叫：「老子是邊疆少數民族，為什麼一定要聽你們的話？」

可不久，周夷王一死去，周厲王當政，周朝突然強盛起來，把周邊幾個長期不把中央放在眼裡的諸侯好好地修理了一頓，熊渠一看，覺得再胡攪下去，自己可就要吃虧了。這傢伙靈活得很，馬上陪著笑臉，說以前是自己頭腦發熱，不知天高地厚，以為這個王字筆劃簡單，又好看，很符合自己的審美標準，就自稱王了。經過這麼多年的深刻反省，現在已經意識到這麼做是不對的，罪該萬死，不過，我相信中央是寬宏大量的，不會因此處置一個菜鳥。現在我誠懇地認錯道歉。

周厲王雖然很強，而且也是個敢殺人的暴君，但他絕對不是個豬頭，他也知道，要真的去跟楚國打仗，也是不容易的。現在熊渠給了面子，那是最好不過的，因此也不再追究下去。

大家知道，周厲王不久也被人家搞定，周朝從此全面垮了下來，不過幾年，就只剩下一個空殼。

現在楚國的最高統治者就是熊渠的兒子熊通。這傢伙又繼承了他老爸的威風氣魄，讓自己當了王，也就是楚武王。

## 第三節　山戎北伐：齊軍遠征記

自從熊渠不當王的老爸後，並沒有夾著尾巴老老實實地做人，而是繼續加大擴張力度，不斷地收編周邊的小國，因此，頭銜雖然比以前小了，級別比以前降低了好幾等，但那塊楚國的蛋糕卻越做越大，國土面積天天在膨脹。

不過，當時奉行侵略政策的不止是楚國。據統計，本來，周朝旗下大大小小分公司有一百七十個，但在檔案裡只找到一百三十九家的確切地址。司馬遷大概覺得諸侯太多，記起來太煩人了，而且那些小公司跟個街頭地攤也差不多，對歷史有個屁影響，就不記在歷史檔案裡了——他只記下了十二個比較強的諸侯。那些被司馬遷劃出歷史舞臺的諸侯們，早就因為經營不善，被這幾個很強的大國收編，現在已經不知道消散到什麼地方了。

據統計，幾個大國收編小諸侯的成績如下：

一、楚併國四十二；

二、晉併國十八；

三、齊併國十；

四、魯併國九；

五、宋併國六。

你一看這個成績單，就知道楚國現在的實力是多麼多麼地強了。

楚國既然敢公開稱王，敢公然叫嚷「我蠻夷也。不與中國之號謚」，敢公開與中原劃清界限，手中的實力肯定強悍，對周邊國家的手段肯定很惡劣，因此跟楚國為鄰的諸侯不怕他才是怪事。

鄭國的邊界就是跟楚相連的。

所以，楚國一咳嗽，鄭國就發抖。

何況以前，鄭楚兩國的關係一直是和睦相處的，而且有時還是互相幫助的兄弟關係——鄭國勝周王的那一仗，靠的就是楚國當他們的堅強後盾，因此那一箭的功勞裡也有楚國的一半。

這時，楚國看到子突跟齊國簽訂了這個條約，鄭國的外交採取的是一邊倒的政策，完全不管原來與自己的兄弟情，心裡就生氣起來，突然高調向鄭國宣戰，直接派兵狂殺進鄭國境內。

你想想，本來鄭國就不大，人口數量本來就沒有多少，再加上這些年的折騰，連老大之死都不斷地刷新歷史紀錄，平民百姓就更不用活了。這時還能抵抗得住楚國嗎？連求救的聲音還沒有來得及叫幾下，就被扁得遍地找牙。

子突沒有辦法，只得又採取老辦法，對楚成王說：「老大，求求你停停火。我知道錯了。我現在宣布重新回到楚國的懷抱。」

於是，鄭國又跟楚國站在一起——他不跟楚國站在一起還能怎麼樣？你想想，鄭國處於的地理位置，完全是個挨打受氣的位置，不管站在哪邊，都是個站錯隊的角色。你倒向齊國，楚國的大刀馬上就砍過來；你靠向楚國，齊國同樣不放過你。

管仲和齊桓公很生氣。他們當然生氣。條約上的墨水還沒有乾，鄭國就全面撕毀，他們這個霸主的話不成放屁狗、狗放屁、放狗屁了？不過，兩人也知道，鄭國之所以混到這個地步，全是因為那個楚國。如果不把楚國搞定，他們這個霸主以後的話仍然是狗屁。因此，兩人決定發動一場對楚戰爭，帶著多國部隊去狠狠地暴扁一下這個南方威風凜凜的大國。

如果能把楚國狠狠地教訓一頓，那這個意義是說有多大就有多大。

在兩人準備跟楚國大打一場時，北邊的燕國卻派了個使者狂奔而來，說：「老大啊，現在山戎正進行大規模的軍事行動。我們快支持不住了。你們不是說，要聯合起來共同抵抗外族嗎？趕快去幫我們啊！要是晚了，燕國就會徹底玩完了。」

齊桓公一聽，以前要去扁個不順眼的諸侯，還得到處找理由，現在生意卻自己送上門來。這哥兒們現在很想跟那個威風的楚國較量一下，徹底鞏固齊國的霸主地位。至於那個山戎，是個北方少數民族，算個屁，回頭收拾也不晚。

管仲不同意。

管仲當然知道，要是徹底把楚國打倒，那是很刺激的，是可以讓心情史無前例地高興一場，可楚國那麼好搞定嗎？要是真正開戰，說不定要打個持久戰，那時燕國已挺不住了。山戎們要是搞定了燕國，後果就嚴重了——山戎占領了燕國，從國土面積到人口數量立刻壯大了無數倍，而且山戎人又是有名的好戰分子，現在就這麼點力量，都敢騎馬跑過來囂張，猛扁燕國，要是實力突然大漲之後，不威風地南下耍威風才怪。他們一南下，馬上就一腳打進齊國的領土。那時，齊國正在跟楚國咬牙硬碰硬，誰死誰活都還說不清，突然後方被山戎猛踢一腳，再不亡國，那是沒有道理的。因此，必須先搞定山戎。

而且，搞定山戎還有兩個大大的好處，一個就是從此之後燕國也成為齊國的粉絲，加入大齊軸心國，另一個就是還得了一個國際主義精神的高帽子，讓人家覺得齊國真是他們最信得過的保護傘——這個年代，是個到處兼併的時代，有個強硬的保護傘，比什麼都好。

霸主既是大家的老大，更是大家的保護傘。只有這樣的霸主才是長久的霸主。

齊桓公一聽，仲父就是仲父，想的就是比平常人遠。

魯國這時成了齊國最死忠的盟友，一聽說齊國要去進攻山戎，馬上就跑來，請齊國老大哥讓他也帶著一支部隊去打先鋒——即使不能打先鋒，去當戰場清潔工打掃一下戰場也行。

可齊桓公這時卻有自己的想法。他知道山戎雖然把燕國打得睜不開眼，但實力也不比鄭國大多少，要搞定山戎那是太小意思了，沒有必要讓魯國去沾光。這個功勞要全面記在齊國的帳上。

他笑著對魯莊公說：「呵呵，從這裡去打山戎，要走好遠的路。你就不用去了吧！如果到時需要幫助，我第一個向你打招呼。」

魯莊公只得回去了。

山戎的戰鬥力果然不怎麼強悍，被齊國一陣痛扁，立刻大敗，向北狂逃，一直逃到孤竹國——現在的遼寧省朝陽縣與河北省盧龍縣之間的地帶。

齊桓公說：「逃到孤竹國也照打！」

老大說打，當然就得打。

大軍向孤竹國開過去。

## 第三節　山戎北伐：齊軍遠征記

孤竹國派他們的大將黃花跟山戎的老大密盧出來迎敵，結果被齊軍打了個大敗。

孤竹國的老大和黃花這才知道，齊國的部隊真是不能硬碰硬。這兩個傢伙的智商還不錯，連夜想出了一個計策，弄得管仲也上了大當。

齊軍打贏了第一戰，覺得孤竹國也就是這個樣子了，估計明天再加把勁，就可以把山戎和孤竹國全部打趴在地，再踏上一隻腳，讓他們永世不得翻身，從此燕也就像魯國那樣成為他們最死忠的粉絲。這個意義也是大得很啊！要知道，燕國的第一代統治者就是召公，其歷史地位僅次於魯國第一代統治者周公啊！以前周召兩公都是大周的實際最高統治者，是全國說話最算話的人啊！現在，他們的後代全都成了自己的粉絲，其他國家還有什麼話說？

齊桓公到了這時，覺得生意真是越做越大，越做越過癮，恨不得天馬上就亮起來，他馬上就吹起衝鋒號，把孤竹國一把搞定。

哪知，天才一亮，有人報告說：「老大，黃花來了。」

齊桓公說：「來得好啊！免得老子還得去找他來打。」

「報告老大。就他一個人來。他說，他是來投降的。」

齊桓公叫人把他帶進來。黃花進來時，一臉的笑容，手裡提著一顆人頭，說：「我來投降了。老大不會不歡迎我棄暗投明吧？」

齊桓公說：「你手裡拿的是哪個人頭？是不是在城裡成了殺人犯，被你們老大通緝了才跑出來？告訴你，老子不歡迎通緝犯。」

黃花說：「這是山戎老大的頭。確實是我砍下來的。我為什麼要砍他？我早就勸孤竹國國王不要跟山戎那幫流氓混在一起跟你作對，他就是不聽。昨天打了敗仗，還決定跑到沙漠那裡請救兵，我勸他，他仍然不聽，半夜裡已帶著全城的人出去了。我沒有辦法，就砍了山戎老大密盧的頭前來投降。以後我就當老大的手下。」

齊桓公和管仲一看，這個頭還真像昨天他們看到的那個密盧。但管仲有點不信，又叫來幾個山戎的俘虜，指著那顆難看的頭，問是誰的？都說是他們老大的。

管仲沒有辦法不相信。

於是跟著黃花進城，城是空的，證明黃花說的一點沒有錯。

齊桓公一看，跑了這麼多路，這戰爭就結束了？一點不刺激。可山戎被滅了，你還想做什麼？他拍腦袋說：「孤竹國的老大也是個噁心人物，我們還得把他搞定才算結束任務。」於是叫燕國守住這個空城，他和管仲帶著大隊人馬繼續去追孤竹國的老大荅里阿。

如果不是那個意外事件，齊桓公和管仲恐怕跑得腳斷了還在瘋狂地追。

這個意外事件就是那個老馬識途的典故。

很多人都知道這個故事，但絕對不知道這個故事的導演是誰。

告訴你，就是黃花。管仲大腦雖然發達，智商雖然很高，眼光雖然不錯，但也不知道荅里阿出逃的方向，因此就叫黃花做嚮導在前面帶路。

黃花要的就是這個結果，帶著大軍直接就進入了一個叫「迷谷」的地方，全軍馬上就亂了套，分不出東南西北了。管仲馬上叫人把黃花找來。可那個傢伙早就閃人了。管仲不用經過大腦就知道上了這傢伙的大當。

齊桓公一看！在這個望不到邊的沙漠裡，估計不用幾天，大家都得被渴死，然後通通變成木乃伊。原來以為仲父的智商很高，什麼當也不會上，哪知卻也跟老子一樣，上了這個大當。看來這次死路難逃了。他望著沙漠，臉上呈現出一副要哭的神態。

管仲卻一言不發，他知道，如果現在他也跟齊桓公一樣，慌了手腳，他們這一群浩浩蕩蕩人馬集體當木乃伊是當定了。所以，他必須冷靜，就是死也得冷靜地死去，當個冷靜的木乃伊。

齊桓公看到仲父站在那裡，面對滾滾風沙，一臉的蒼涼和肅穆，只覺得問題更加嚴重了，說：「仲父啊，你千萬要想辦法出去啊！你是齊國的大救星啊！」

管仲睜著眼睛，四處找出路，可四周的景象都一樣，好像哪裡都是出路，但好像哪裡也不是出路。風越來越大，也越來越冷。

所有人的目光都投向了他們敬愛的管仲。

管仲站在那裡，第一次感到自己的智商受著嚴峻的考驗！

連馬兒都已經受不住了，在風中發出長長的嘶叫聲。

管仲看到馬兒，腦裡突然靈光一閃，我們沒有人到過這個地方，找不到嚮導，但這些馬有很多是這一帶的戰利品。這些馬肯定到過這一帶。連黃花那傢伙都能認識路，這些馬為什麼不能？

他馬上下令，找來幾匹老馬，讓牠們在前面走著，牠們往哪裡走，我們就往哪裡走。我就不信走不出這個地方。

這個辦法果然大見成效，不過半天功夫，大家就回到了原路。

整個齊國大軍集體跟著他們的老大鬆了一口氣，釋放出的二氧化碳，足以讓大氣層的臭氧層擴大了一圈。

黃花做夢也想不到齊國的部隊會一個不少地活著殺了回來。這傢伙和他的老大吃了敗仗之後，就知道，再玩下去，一定會被齊國玩死。於是，他們花了幾分鐘密謀，馬上就達成共識：不能硬碰硬，就玩個陰謀。於是就殺了那個山戎老大，讓黃花拿著那顆山戎老大的腦袋去詐降，騙取齊國的信任，然後就帶他們進沙漠，讓他們在沙漠那裡全部死光光——他們可以打敗我們，可他們能打敗沙漠嗎？

他們看到管仲和齊桓公雙雙上當，都以為大功告成了。呵呵，不是說管仲的智商天下第一嗎？哈哈，連老子這個小兒科的陰謀詭計也看不出，也這麼愉快地上當，然後愉快地向死路奮勇前進。

黃花回來之後，馬上重整人馬，又向孤竹國的燕兵進攻，把燕兵打得大敗，拚命地逃回去了。

管仲和齊桓公帶著部隊回來時，看到很多老百姓都在逃難似的到處亂跑，就派人過去問情況。那些老百姓把燕兵被打敗了的消息告訴了他們。

管仲馬上叫來一些士兵，讓他們化裝成難民，然後混進城裡去，等大軍攻城時，打開城門。

這時，黃花和他的老大答里阿以為齊國全軍早已死光光，正得意地打算再休息幾天，放過長假去沙漠裡驗收一下這次計策的成果，哪想到人家已經殺了進來。

管仲的進攻命令是在半夜裡下達的，大家從四面八方向孤竹國的首都發起了猛烈的進攻。

答里阿和黃花急忙起來，大喊大叫關好城門，堅持到底。

他們一點不知道，管仲早已派人混進城裡。這時，那些臥底士兵看到城外大軍攻打進來，馬上按原定計畫行事。有的人一邊到處當縱火犯，身上全是易燃易爆物品，見到能燒的東西，就一把火放過去，弄得城內的消防隊員都忙不過來；另外一批人卻直接衝到城門那裡，見人就殺。

那些守衛一時還沒有清醒過來，看到人家大刀砍上來，都急得大叫：「你們發瘋了？怎麼砍自己人啊？」

哪知，人家也不答話，大刀照舊猛砍，然後打開城門。門外的大軍就一窩蜂地衝了進來。

答里阿和黃花這才知道，智商低的人永遠玩不過智商高的人。他們想拚命逃跑。可最後是把命拚掉了，卻逃不出去。

於是，孤竹國從歷史舞臺徹底消失。

這次北伐，仗雖然打得一點不艱苦，但卻因為上了一個小兒科的大當，差點讓齊國大軍集體成為烈士。教訓是深刻的。

不過，成果是很大的，不但滅了山戎，解除了北方的麻煩，而且也讓燕國成為齊國的又一死黨，霸主的底氣越來越雄厚。

當然，燕國受益最多。齊桓公繼續發揚國際主義精神，把孤竹國和山戎的地盤通通送給燕國，把燕國的統治者笑得牙齒都發酸，一路送齊桓公，一直送下去，一路說著溜鬚拍馬的話，把姜小白拍得很享受，一路意氣風發。

後來，齊桓公覺得這傢伙馬屁已經拍到頂，走了一大段路，再也沒有什麼拍馬屁的創意了，就說你也該回去了，你還得回去當你的老大，不能陪老子說話一輩子。

燕侯這才說：「呵呵，要不是老大提醒，我還要繼續送呢！跟老大在一起，時間過得真快，一下就走到了大齊的境內了。齊國老大哥的江山真壯麗啊！」

齊桓公一看，真的進入齊國境內五十里了。這哥兒們一路被燕侯拍著馬屁，舒服得要命，覺得燕侯真是個好盟友，心頭一高興，又發揚一次國際主義精神，很大方地對燕侯說：「按照國際慣例，諸侯送諸侯不能過自己的國界。現在都是因為我不記得提醒你，讓你犯了這個錯。這個責任應該讓我來承擔。來人，把這五十里地送給燕國。」

燕侯一聽！拍馬屁還真有用。就這麼來來去去地幾句拍馬屁的話，就得了五十里土地。真賺！

當然，齊桓公的這一著，也是一種政治秀，是做給各國看的，讓大家看到大國領袖的風度。

這樣一來，大家不得不服他，覺得他的盟主當得很出色——當了你的保護傘，除了出兵幫你討回公道、保護你的利益之外，不但不收你的保護費，還讓你得到這麼多土地，這個保護傘有多少人能做到？所以，大家對齊桓公當老大就沒話說了，有什麼事都到他那裡投訴。這哥兒們有管仲幫他處理，諸侯們的投訴基本都能公正客觀地解決。

當然，齊桓公並沒有真正高尚到不收保護費的地步。後來他的霸主地位鞏固了，可以強得誰都不怕了，就提出了收費項目，把大量的負擔轉移到那些弱勢諸侯身上。

霸主工作經過幾十年的努力，終於走上了正常軌道。

齊桓公覺得很得意。但有的人就不高興了。

## 第四節　楚國被責問：霸主地位確立

楚國就有點不開心了。這時，仍然是楚成王當老大。

本來，以前齊桓公曾經想教訓過楚國，把這個霸主當成一個真正的巨無霸，成為一個唯一的超級大國。哪知，這些年來，諸侯們對這個霸主太過相信，什麼事都找齊國老大來表個態，業務太過繁忙，一下處理魯國的慶父事件，一下又要處理衛國的的內亂……一時忙不過來，最後是輪到楚國沒有耐心了，要跳出來挑戰齊國的超級大國地位。

當然，楚國和齊國沒有接壤，中間還隔著那個倒楣的鄭國，要直接跟齊國唱反調，得先把鄭國變成自己的地盤。

這時，那個被推翻來推翻去的子突已經死翹翹，現在是他的兒子鄭文公當老大。

時間是西元前六五六年。

這年是齊桓公三十年，也是秦穆公四年。

楚成王也是個辦事講效率的傢伙，才做決定，馬上就帶著軍隊隆重地向鄭國跑步前進。

鄭文公哪抵抗得住楚國的大兵，急忙向齊國老大求救。

你是知道的，齊桓公十多年前就曾經決定過要發動一場齊楚之戰，只是後來因為事多，騰不出手來，這才讓兩個超級大國這麼多年沒有接觸，現在楚國居然主動向齊國叫板，他當然不用客氣了。十多年前，他想出兵去搞定楚國，那時的理由還有點不足，而且力量也沒有現在強大。現在的理由卻充足得很，可以大聲向全世界宣布：楚國不顧國際社會的反對，悍然入侵鄭國，我們應該聯合起來，共同對抗楚國。

不過，齊桓公也知道楚國不是山戎，不是魯國，而是一個超級強國，不但國土面積大，而且戰鬥力很強，只有發動突襲，突然猛扁他一頓，才能取得勝利。

按齊桓公的意思是，大軍快速跑到鄭國，突然出現在楚軍面前，先把楚軍嚇得腦袋進水，然後打擊。可管仲認為不行。他認為，直接去救鄭國，不如直接去進攻楚國。當然，憑我們的力量要是獨自出兵，還是打不過楚國的——即使打贏，也累得要死了。因此，得聯合諸侯組成多國部隊，對楚國來個群毆。

齊桓公說：「這樣一來，聲勢太大，楚國就會有準備啊！你沒事聯合諸侯做什麼？楚國不用腦子想就知道我們要跟他對戰了。」

管仲說：「我們對外宣傳是去教訓一下蔡國。蔡國現在只是小菜一碟，我們大軍過去，只眨眼功夫就可以把它徹底端掉，實力沒受一點影響，然後直接把戰火燒到楚國境內。楚國肯定會打敗仗。」

## 第四節　楚國被責問：霸主地位確立

齊桓公一聽，這個方案更可行。而且還可以教訓一下那個蔡侯。

原來齊桓公的三姨太就是蔡侯的妹妹——這個時期的諸侯都很亂，但有一個規矩卻沒有亂，就是諸侯之間都是你娶我的妹妹做老婆，我討你的女兒當情婦，總之認真算起來，大家都是親家。但這些親家卻一點不親，不是你打我，就是我打你，總之是一邊收對方的美女，一邊舉著大刀砍對方的腦袋。

這就是當時的明規則。

蔡侯的這個妹妹很漂亮，也很會玩樂，所以齊桓公很喜歡，天天跟她泡在一起，喝喝小酒，附庸風雅。有一天，兩人駕著私家船到蓮花池裡採蓮花。

蔡美女採花採得高興，動作一大，船就晃得厲害。

齊桓公雖然不怕楚國，不怕山戎，但卻怕水，船一晃就怕得大叫起來，而且叫得似乎天馬上就要塌下來一樣。蔡美女一見，覺得很好玩，乾脆不採花了，岔開兩條美腿，把船搖得更晃，搖得齊桓公的叫聲更尖銳，她覺得更加刺激。

她覺得很快樂，可齊桓公卻很生氣，上岸之後，當場就辦理離婚手續，妳愛玩搖船，回蔡國搖去，老子需要的是美女，不是船伕。

蔡美女被退回去後，蔡侯卻生氣了。老子妹妹這麼漂亮，就犯了個小錯，你就退貨回來？你以為你不要，就沒有人要了？當場作主，把妹妹嫁給楚成王。

楚成王一看，這個美女還真的漂亮，不就是愛玩點水啊？老子水性好得很，從來不暈船。馬上就接收了過來。

齊桓公知道後，又生氣起來，老子堂堂諸侯霸主，老子的女人，你居然還敢送給楚國的老大？因此老早就想過去教訓一下蔡國。這時，管仲一提出這個方案，只一次出兵就把兩個對手都狠扁一頓，齊桓公當然笑了。

齊桓公馬上發出號召，帶著齊、魯、宋、陳、衛、曹、鄭、許八國部隊向蔡國浩浩蕩蕩開去。

你想想，蔡國一丁點大的地方，能擋住多國部隊的猛攻嗎？蔡國的國名雖然叫蔡，但蔡侯卻一點不菜。他聽說多國部隊沒頭沒腦地打了過來，就知道自己遠遠不夠人家打，便急忙派人到楚國去，而且還編了個謊話，說齊國是來打楚國的，並不是要來打蔡國的。現在老子把情況跟你講清楚，信不信由你。

這雖然是個謊話，但這個謊話卻是個歪打正著的謊話。但楚成王仍然有點不信，齊來打我？為什麼不直接殺過來，一定要走你的地盤？但他又不敢不信，就先派人去看看情況，到底多國部隊的打擊目標是誰。

如果事情照這個方向發展下去，管仲的計畫就會順利成功。

可這時，另一個人出現了。

這個人叫屈完，跟後來那個屈原一樣，都是楚國的貴族。這時，屈完正在蔡楚邊境上執行任務。

本來，管仲已下令多國部隊越過蔡國直接向楚國發動突然軍事行動，想一舉把楚國搞定。多國部隊已按照計畫，全力進攻。哪知喊殺聲還沒有響起，那個屈完卻進來，對齊桓公說：「我奉我們老大之命在這裡等你們呢！」

齊桓公一聽，馬上就呆了。他對管仲說：「仲父啊，這是怎麼回事啊？」

## 第四節　楚國被責問：霸主地位確立

管仲說：「肯定是有人洩密了。估計他們已經有了準備，我們的計畫看來泡湯了。既然他們的特使都在這裡會見我們了，我們也只能跟他們講道理了。」

其實管仲一點都不知道，楚成王這時還在猶豫，只是派人過來摸他們的底，打聽情報，並沒有做什麼準備，是這個屈完太狡猾了。

當然，管仲在這個時候採取不進攻的策略還是正確的。跟楚國唱反調，要是不能瞬間將他們秒殺，一讓他們有喘息的機會，你就很難在短時間內脫身。現在雖然是多國部隊，但那幾個國家向來是湊熱鬧的，要是真的開戰，打得久了，他們肯定受不住，到時多國部隊反成了多重麻煩，結果如何，真不好收場了，倒不如先跟屈完談談。如果楚國真的想打，就跟他硬碰硬，那也是沒辦法的。如果楚國還有別的意思，只要爭個臉面回來就足夠了——反正現在爭的就是一個面子，當了這麼多年的霸主，其實只是得了個面子而已，其他實惠的東西，算起來倒真的不多。

於是，管仲跟屈完代表雙方舉行了雙邊會談。

屈完繼續忽悠管仲，見面的第一句話就說：「我們大王早就知道你們會從這個地方來，所以先派我在這裡等你們，大王想向你們請教，楚國在南方，你們在北方，從來沒有什麼瓜葛，為什麼你們要突然來打我們？」

管仲一聽，更認為楚國有了準備，心裡就有了不想打下去的想法，馬上就說：「我們兩國本來都是大周王朝的諸侯，這你們是知道的吧？你肯定還知道，以前我們齊國剛被任命代表周朝的時候，中央還有個正式命令，說，以後哪個諸侯不聽中央調遣，跟中央唱反調的，就由齊國當帶頭大哥去處理他。你們長期以來都不向中央交管理費，進貢你們的包茅，使得中央在祭祀祖先時可以過濾酒，讓祖先們喝的酒更加純一點。所以，近來周朝老追究齊國為什麼不催楚國進貢？齊國向來對中央十分配合，哪能不帶兵前來？另外，當年，周昭王到楚國來度假時，你們卻在船上做了手腳，讓他坐在破船上，最後讓天子成為水鬼。所以，現在連帶這個事一起，向你們討個說法。」

注意，管仲在這裡列出的兩大罪狀，絕對是經過大腦反覆思考的。第一個罪狀其實就是幾捆草，在南方到處都有，是濾酒專用。這個罪名的彈性很大，要是認真追究起來，是可以滅國的——因為中央少了這個東西，祖宗在另外一個地方，就吃不香喝不辣，就會在陰間罵髒話，那個後果是說有多大就有多大的。而且雖然根據唯心主義人士無數次的證明，祖先們雖然是自己的祖先，但一到陰間就很變態，是一幫經常生氣的傢伙，而且一生起氣來，並不像我們這樣，只是摔幾件家具了事，過後仍然一團和氣，該吃飯的吃飯，該洗腳的洗腳，該睡覺的睡覺。他們卻專門找你的麻煩。而且不去找別的活人，而是專門惡搞自己的子孫，因此得罪了祖先，在當時看來是最嚴重的後果，這罪是說有多大就有多大。當然，如果不當一回事，就會呵呵一笑，不就是一捆草？那是牛吃的速食，算什麼。反正有酒給祖先喝就行了，為什麼一定要過濾？說不定祖先就喜歡稠稠的口感，喝起來比酒水有營養多了。

第二個罪名的彈性就更大了。這個罪名是翻歷史舊帳，把以前的周昭王之死擺到臺面上，說是楚國以前的統治者害死了周昭王。這事說來就更不可靠。你想想，連周朝自己多年來，都沒有追究這個責任，你到現在還來糾纏什麼？周朝自己都在紀錄裡模糊帶過，這能怪楚國嗎？

管仲把這兩條罪名列出來，空間是很大的，是打是退，都替自己留下了主動權。

## 第四節　楚國被責問：霸主地位確立

屈完也是個外交老手，一聽管仲的話，馬上就回答，他的回答，也只有兩點。第一點，很爽快地承認了不貢包茅的事，表示以後一定超額完成任務——反正就是幾捆草，動員幾個農民加班用半個工作日就可以搞定，完全可以堵住這個罪名。第二點，就是堅決否定昭王之死跟楚國有關。那跟誰有關呢？他對管仲說，你想知道原因，「君其問諸水濱」，去問滔滔江水吧！

說是江水知道，其實就是跟鬼知道差不多。

管仲知道碰上對手了，回來對齊桓公說：「楚國現在的態度還是很強硬的，看來得施加一點壓力。讓大軍繼續向前壓過去。」

於是，多國部隊一直開到漢水岸邊，每天在岸上猛敲戰鼓，把聲勢做大做強。

這時，楚國也已經做好了準備，派鬬子文帶著大軍在漢水對岸列陣，與多國部隊隔著漢水面對面。

到了這時，你就知道，這仗是打不起來的。

以當時的水戰設備，誰都不敢渡江過去硬拚。

鬬子文也是個老油條，一看多國部隊只擂鼓不渡河，就知道管仲並不想真的打仗，就對楚成王說：「老大。管仲聰明得很，到現在還只是光叫不練，一個兵都不派下來。我估計和平的希望還是有的。不如再派個人到那邊去跟他們洽談一下，看看他們的意思。順便打探一下他們的實力，如果他們的戰鬥力不強，我們就衝過去搞定他們。如果他們真的強悍，我們就爭取和平解決。」

楚成王問：「派誰去好呢？」

鬭子文說：「還是讓屈完過去。他跟管仲打過交道。」

屈完說：「我去是沒有問題的。只是我已經當面向管仲認過錯。如果老大想和平解決問題，叫我過去，絕對沒有選錯人；如果想繼續打，還是另派人過去吧！」

楚成王當場拍板說：「就是你去了。現在老子授權給你，不管是和是戰，都由你在那邊決定了。我們在這邊做好準備，就等你回來。」

其實，管仲早就想和平解決。這時看到又是屈完過來，知道事情成了，馬上以高規格來接待屈完。屈完一看這個排場，當場就決定和平算了，免得打來打去，那才麻煩得多。

於是，雙方經過友好協商，最終達成兩點共識：一、楚國承認不貢包茅的事實，以後每年按時向中央運去幾車草包；二、多國部隊後退三十公里，楚國當場兌現一車草包。

這個協議，對雙方而言，可以說是雙贏的，楚國承認了錯誤，但免了一場多國部隊的進攻，然後損失了一車草，仍然是划算的；齊國帶著多國部隊雄糾糾氣昂昂而來，總算討了個說法回去，雖然沒什麼實質性的勝利，但面子卻已經賺夠了——連楚國都在自己面前認錯，把幾年來一直不貢的包茅全部兌現，這可是一項偉大的勝利啊——沒有能力、沒有實力你能辦得到嗎？

屈完回去向楚成王彙報這個會談的成果後，楚成王的腦子突然又進水了，覺得這麼在齊國面承認多年都不承認的錯誤，面子丟得有點大了。何況齊國就這麼退兵回去，肯定不是為了要幾車草，而是因為實力不行，怕了他們才退兵的。他這麼一想，馬上就反悔起來，叫停送草車：「不用開過去了。」

屈完和鬭子文堅決反對，說老大要是開這個國際玩笑，就太無恥了。

## 第四節　楚國被責問：霸主地位確立

楚成王一聽，兩個人都罵自己無恥，那自己是真的無恥了，因此只得陪著笑臉說不做無恥的老大。派人把包草送過去，另外各送了一份楚國的土特產和現金給八國，讓大家的臉都笑歪了。

齊楚之戰之前，聲勢大得要命，所有的軍事評論家都以為，史上規模最大的戰爭就要爆發，諸侯之間馬上就血流成河，一大批優秀的軍事家就要產生，哪知最後卻大事化小小事化無，多國部隊只是組成了一個陣容可觀的旅遊團到漢水北岸一遊，看到漢江的水還是很清澈的，絕對沒受汙染，然後還拿了楚國這麼多禮物，就又回去了。

當然，回去之前，照例又開了個諸侯大會。楚國派屈完前來跟八國諸侯簽訂了召陵宣言，承認齊國的老大地位。不過，齊楚兩國還就鄭蔡兩國問題達成了共識：即齊國不再為難蔡國，楚國也要放過鄭國。算起來，誰也不吃誰的虧。

當然，對於齊國來說，這次跟楚國的交鋒，使齊國的霸主事業更上一層樓，達到了歷史新高。

當然，主導這次外交事務的仍然是管仲。

後來，鮑叔牙偷偷地問他的老朋友：「楚國現在已經稱王，這可是個大罪名啊，你為什麼忽略不計，卻糾纏那幾車茅草？」

管仲笑著說：「那個稱王的罪名實太大了，要是提及，他肯定不會認錯。他一不認錯，這仗就得打下去。你也看到楚國的實力了吧？要是打下去，這仗估計要打得沒完沒了，到最後就算勝利了，我們的綜合實力也玩得差不多了。到時還拿什麼資本去當霸主？所以，得了面子就已經勝利了。為什麼一定要去打個你死我活？」

鮑叔牙一聽，管仲的水準，自己是無論如何也趕不上了。

讓楚國認錯，取得面子上的勝利，是齊國霸主事業的一個高峰。

## 第五節　威震諸侯：霸業的最高點

齊國霸主的另一個高峰就是直接干涉了周王下一代統治者的確立。

按照管仲的霸主口號就是「尊王攘夷」，這話說白了，就是打著中央的旗號，藉著打擊外族侵略的機會，把其他諸侯全部綁架，然後到處干涉別國內政，說是執行中央的任命，充當國際警察，誰不聽自己的話，就修理誰。

除了楚國和秦國的內政齊國沒有插上一腿之外，其他國家到處都有齊國那隻看不見的手。這時，他們覺得干涉諸侯的內政好像也不刺激了，就把手伸向周王的內政。

能把中央的接班人定下來，這個霸主就真的威風了！

管仲的做事風格是，不管做什麼事，都得有個理由，沒有理由就創造一個理由出來。不過，這時周王朝確實有了一個大大的藉口。

齊國自從當上諸侯的霸主後，不管是合理還是粗暴地干涉了人家的內政之後，總是很有禮貌地派人跑到雒邑那裡，向周王進行彙報，說是完成了中央交代的任務——其實，連周朝也不知道這個任務是什

# 第五節　威震諸侯：霸業的最高點

麼——表示自己做的完全是合理合法的。

而且這次跟楚國的交鋒，更是為中央討說法，因此就更需要向中央彙報情況了。這次齊國派去向中央彙報的人是隰朋。

這個隰朋也是個老油條，在首都沒幾天，就發現周惠王的家裡也有了麻煩。本來，周惠王聽說齊國為他們家討到這個公道，心裡高興得要命，叫後勤部門集體動員，要隆重招待這個霸主的特使。

隰朋聽說周惠王現在對太子的態度有點變化，就要求見一見太子。

周惠王有點不高興，但他不是豬頭，知道自己雖然是大王，是全國第一把手，但霸主的分量卻比自己重多了，因此也不敢得罪這個特使。

周王的太子叫姬鄭，是原王后的兒子。後來，王后死去，周惠王又任命了新的第一夫人，新的第一夫人叫惠后，人很漂亮可愛，周惠王很喜歡她，於是就想免去姬鄭的太子之位，讓惠后的兒子姬帶當太子。這時，他把姬鄭叫來的同時，也讓姬帶一起出鏡。

隰朋一看，就什麼都明白了。這傢伙估計跟姬鄭個人交情很不錯，回到齊國就對齊桓公說：「老大，看來太子有點不妙了。老大現在是諸侯的霸主，是大家心目中的大救星，為什麼不想辦法救一救太子？否則，中央亂了套，霸主也有責任啊！」

齊桓公有什麼辦法。但他實在想插手一下周朝這個事務，讓自己的霸主事業更上一層樓。他沒有辦法，但他知道管仲有辦法。他把管仲叫來，說：「仲父啊，你得想個辦法保住姬鄭當上下一任天子啊！要不周朝一亂，我們也好不到哪裡去。」

管仲說：「這個好辦得很。馬上召開一個大會，列個出席大會的名單，叫姬鄭代表周朝到會指導。只要姬鄭出席了大會，讓大家全面認可了他的接班人地位，大王以後還有什麼話說？」

於是，馬上通知各諸侯，到衛國的首止開會。

會議時間是在西元前六五五年五月。

來的仍然是那八國小諸侯。這八國的領土不大，人口數量也有限，但不管怎麼小，他們也是諸侯，而且占了諸侯的大多數，因此會議仍然是一個隆重而熱烈的會議。這種會議，一般都是吃吃喝喝，順便集體玩樂幾天，然後拎著會議的紀念品笑呵呵地回去。以往齊國大會諸侯時，一般很少叫周朝派員參加，都是設了個座位，表示對中央的尊重，可這時，卻讓姬鄭出席，而且是代表周天子出席的。

在大會上，齊桓公帶著大家一齊向姬鄭行禮，並當著姬鄭的面，號召大家以後就像現在擁護周惠王一樣支持姬鄭。他這麼一號召，大家誰敢不響應？誰敢不堅決擁護？

齊桓公為了讓姬鄭跟各路諸侯混熟，讓人氣猛漲幾個百分點，因此就叫姬鄭繼續留在首止，與大家玩一玩——反正回去也是玩。

周惠王這時很生氣。覺得這個齊桓公實在太不像話了，管閒事居然管到自己頭上來了，現在是管太子的事，估計沒多久就會管現任大王的事了。真是豈有此理。

豈有此理的周惠王雖然生氣，但他不是豬頭，也知道，不管自己如何生氣，齊國是不會把自己當一回事的。可他又實在嚥不下這口氣，最後，他經過很多天的思考，把事情從頭到尾想了一遍，覺得自己沒有實力，為什麼不借用人家的實力？

# 第五節　威震諸侯：霸業的最高點

現在能有實力跟齊國比拚一下的只有楚這個流氓國家了。就叫楚國跟齊國打一場，不管誰死誰活，自己都是賺！

這哥兒們的想法很不錯，應該是周王朝數年以來，最有創意的想法了。

他覺得自己的想法實在太高明了，不好好地實行，實在太對不起自己的智商了。

他很得意地把自己的想法跟他的頭號助手宰孔說了，認為這個方案的可行性太強了：齊國帶著大軍去打楚國，可連個箭都沒有射出去就回來了，說明齊國其實也是個紙老虎，可以讓楚國收拾一下這個霸道的強國。而且是師出有名的——現在齊國扣留太子，就是個很好的藉口。

宰孔反對。但周惠王不聽，他派人偷偷拿了一封雞毛信跑到首止，交給鄭文公，要鄭文公迅速跟楚國取得聯繫，叫鄭楚聯合起來，把齊國搞定。

這個鄭文公也是個超級菜鳥，也不想想自己的江湖地位只能算個屁，以前夾在兩強中間，被打得滿世界亂跑，差點死掉的次數絕對不止一次，好不容易讓兩強達成和解，鄭國才過了幾天安和平的日子，從此以後應該更加小心一點，努力夾著尾巴做人，盡量不要涉入是非才對。可現在一見周王這封信，就什麼教訓都掃出自己的記憶了，馬上就高興起來，以為自己出頭的日子馬上就要到了。這哥兒們實在太激動，收到信的當天就偷偷地開溜。

齊桓公知道後，氣得連罵數句，然後就要發兵過去，要武力解決這個鄭文公。

管仲說：「這估計不止是鄭文公的問題了。我猜有幕後推手，而且這個幕後推手就是周王啊！所以還是聽其言、觀其行，不要急著表態。大會要繼續開，讓大家都簽了盟約再說。」

這次盟約的主題是大家從此以後都當太子的死黨，誰背叛，雷就劈死誰。然後叫大家各出一部隊兵車，護送太子回首都，表示從此以後大家都願意跟隨姬鄭——誰都看得出，這是在向周惠王示威。

這時，那個鄭文公還在執行著周惠王交代的任務，叫來傳統盟友申侯，要申侯出面帶著禮物去送楚國，請楚國過來收拾齊國。

你想想，齊國知道這事之後能放過這個鄭文公嗎？

於是，鄭文公的好日子開始了。

先是齊國猛打鄭國，楚國過來救；然後鄭文公表示不跟齊國為敵了——現在跟齊國為敵就是與人民為敵。可楚國又不放過鄭國，派兵過來猛揍一頓，當然，齊國又來救。弄得鄭國那片土地，成了齊楚打架的好戰場，最後只苦了廣大鄭國人民。當然，鄭文公也苦，可他苦得沒人同情。

他這才知道，有些事是不能亂來的。

鄭文公被打了很多次，也被打得聰明起來了，最後把所有的罪名都推到那個老搭檔申侯的頭上，說都是申侯教唆他的，那時自己頭腦糊塗，上了申侯的當，現在經過教訓，知道自己錯了，終於認清了申侯的嘴臉。於是大聲宣布跟申侯徹底劃清界限——為了表示界限劃得清，乾脆砍了申侯的腦袋，說，以後誰再亂來教唆老子，就是這個下場。這些戲做足之後，派他的兒子公子華帶著鄭國代表團去跟齊國簽訂盟約。

鄭文公雖然近來思想活躍，活躍得差點把鄭國玩完，按他的說法是，他的所作所為，其實都是為了鄭國的長遠利益，只是後來走錯了一步才弄成這個樣子，可是誰不會犯錯？這說法好像也不錯。其實這哥兒們的眼光是一點都不遠的，視野比老鼠強不了多少——到了現在還不指定個接班人。他不指定接班人，所有的兒子就都覺得自己有當接班人的資格。

公子華覺得自己最有資格，因為他是大兒子，按照論資排輩的原則，老爸一掛，就輪到他接過權力大棒了。可現在他的老爸很喜歡他的弟弟公子蘭。他怕哪天老爸喜歡弟弟喜歡過了頭，就突然宣布讓弟弟當了太子，那樣一來，他這個大兒子只賺了年紀，沒有別的好處了。因此，他曾經透過鄭國的三位元老孔叔、叔詹、師叔，請他們幫忙。哪知，這三個人都是正直的人，聽了他的話之後，反而大義凜然地勸他現在最應該做的是聽老爸的話，當老爸的好兒子，而不是有其他想法。

公子華本來想叫他們幫自己的忙，哪知，話題才開了個頭，自己馬上就變成個犯錯的小學生一樣，被三個老傢伙一頓猛批，教訓完了之後，還說這是語重心長的教導，是為了挽救自己，希望自己懸崖勒馬回頭是岸。他決定好好地收拾這三個傢伙。

當然，現在他老爸很看重這三個人，因此，他要是直接向這三個人下手，那是萬萬不能的，估計自己的手還沒下，老爸的大刀就已經先砍下來了。他想了一個辦法，要借齊桓公的手把這三個傢伙搞定——齊桓公要殺什麼人，他老爸能管得著嗎？

他見了齊桓公之後，馬上就對齊桓公說：「你知道是誰叫我父親跟你唱反調的嗎？」

齊桓公說：「不是那個申侯嗎？」

公子華說：「我父親會聽申侯那個豬頭的話嗎？是孔叔、叔詹、師叔三個傢伙啊！這三個傢伙天天在父親面前遊說，父親最後受不了，這才決定背叛老大的。後來，也是他們又一起叫我父親殺了申侯當替罪羊的。我父親向來耳根子軟，總是聽那三個傢伙的話。如果還留那三個傢伙在他身邊，說不定哪天鄭國又會跳槽到楚國那一邊去呢！」

齊桓公的智商本來就不怎麼突出，一聽這話，覺得很有道理。

如果就只有齊桓公一個人，公子華的這個陰謀很容易成功。

可還有管仲在那裡。齊桓公雖然全盤相信了公子華的話，但他不管做什麼事，尤其是關於國內國際的大事，都要去問問管仲，最後拍板權全在管仲那裡。

這件事，他當然也去問管仲。

管仲是什麼人？能上公子華的這個當嗎？他一聽老闆的話，連腦子都不用運轉一圈就知道這全是公子華的把戲：「老大，我對那三個人了解得很，他們人品很不錯，工作認真，根本不會做出這些事來。你要是相信了公子華的話，你就上了他的大當。」

齊桓公一聽，居然耍圈套讓老子上你的當，老子不把你搞定，你不知道這個天下是誰的天下。於是馬上叫管仲負責處理這件事。

管仲處理得很簡潔，只是派人把這事告訴了鄭文公，說你兒子的人品出現了大問題，你不想亂下去，就得趕緊採取措施，你想讓鄭國從此進入大亂時代，就讓他繼續活下去。

本來鄭文公心裡就對這個大兒子沒有多大的好感了，這時接到管仲的警告，馬上下了決定，當場派人過去，砍了公子華的腦袋——那時，殺子殺父殺哥殺弟在官場中是很正常的，是權力鬥爭的常態。然後再派孔叔擔任鄭國的特使去跟齊國簽訂盟約。

沒多久，也就是西元前六五二年，周惠王死去。這哥兒們原來想傳位給另一個兒子，可因為太子姬鄭在齊國強大的支持下，他的這個想法就一直只留在心裡，一直到死，也實現不了。齊桓公怕姬鄭頂不住，立刻又召開了個諸侯大會，共同大聲宣布擁護姬鄭當天子，以後緊密團結支持姬鄭，徹底堵死了惠后的野心之路。

## 第六節　暮年餘暉：強人最終的孤獨

到了這時，齊桓公和管仲都已經老了，頭髮都白了一大半，牙齒也掉得差不多光了，每天只能用滿是缺牙的嘴向諸侯們發出最高指示了。管仲就對齊桓公說：「老大，我們的年紀已不小了，這些年老去干涉人家的內政，干涉得也有點累了。現在也該關心一下內政。好好想想，讓哪位公子當接班人。要是現在不定下來，哪天，我們兩個一起死翹翹了，國內可就亂得不成樣子了。」

齊桓公其實也曾在半夜裡思考過這個問題，可是他覺得兒子們都很可愛，不知道把權力交給哪一個才好，現在那顆腦袋裡正充滿了矛盾。這傢伙最大的愛好就是泡美女，曾經大聲一臉得意地宣布，我有病，我的病就是好色！這麼標榜自己好色，泡的美女肯定不少，生兒育女絕對賣力，這傢伙一生共立了六位夫人，每個夫人替他生一個兒子。這六個兒子沒有一個是正室生的。因此，算起來，六個兒子的機會是平等的，現在只看他的態度了。他想個個都給，可位子只有一個，他又不可能把齊國真的像切蛋糕一樣，分成六大塊，讓六個兒子個個有份。

他最後只得把這個煩惱交給管仲：「現在只有兩個標準了，一個是按照慣例，誰年紀大誰當儲君；另一個標準是誰能力強誰當老大。現在是無虧的年紀大，但姜昭的能力強。你說讓誰來當才好？」

管仲說：「我認為，還是讓有能力的人來接班。如果讓沒有能力的人當權，我們的霸主事業馬上就畫上句號了。」

齊桓公雖然到處宣稱自己的愛好是泡妞，其實這個霸主才是他最看重的，他當然希望他開創的事業，他的兒子、孫子都能繼承下去，讓偉大的齊國永遠當諸侯的霸主，因此聽到管仲這話，馬上就精神了起來，當場決定讓姜昭當接班人。可興奮之後，又鬱悶起來，怕無虧不服，雙方動起手來，後果可就嚴重了，到時不但霸主做不成，而且還有滅國的危險。他又不能像鄭文公那樣，事先把無虧的頭砍下，免得以後麻煩。

管仲還是有辦法的，他建議：「從諸侯中選一個人品好、有能力的人當姜昭的監護人。」

齊桓公覺得這也是個好辦法。

這好像是個好辦法。

好像是個好辦法，根本就不是個好辦法。

從管仲的這個辦法看來，我們就知道，齊國的霸主事業已經開始走下坡了。因為你讓其他諸侯來當這個監護人，不等於把霸主的權力交到人家的手中了嗎？這個辦法雖然保住了姜昭在齊國的權力和地位，但卻完全丟掉了齊國的霸主地位。

齊桓公這輩子最大的成功就是得到了管仲，他做得最正確的事就是把全部權力都交給管仲。而管仲這輩子最大的成功也是遇到了齊桓公，讓他能夠全力在這個歷史的舞臺上放開手腳地表演，使他成為後世很多政治家的榜樣——就連諸葛亮也把他當成自己的偶像。好像他什麼錯也沒有發生過。但我們慢慢看一看，就會發現，他這輩子同樣犯了一個巨大的錯。這個錯誤就跟諸葛亮的錯誤一樣，在大權在握的時候，並沒有為齊國找到幾個有用的人才，他很輕鬆地為齊桓公定下接班人的人選，但卻沒有替自己找到一個合適的接班人，讓那個人像他一樣，帶領齊國繼續在霸主的道路上高歌猛進。

他還有一個錯誤也是不可原諒的。這個錯誤說起來，也跟諸葛亮的錯誤一樣——沒有在死前利用職務之便，把齊桓公身邊的幾個小人徹底搞定，最終讓一代霸主姜小白死得很慘。

當然，你可以說，管仲是偉人，再怎麼犯錯也是偉人的錯誤。而歷史已經多次有力地證明，偉人的錯誤，其危害程度往往跟他的偉大成正比。

可以說，齊國的霸主事業雖然天天大聲說，應該歸功於人民、歸功於齊桓公，其實是應該歸功於管仲的。

在齊桓公問管仲該把這個後事託付給誰時，管仲又來了一個敗筆。這傢伙有個特點，看人時，只看人品，卻忽略了對方的能力，以為人品好了，什麼都好。哪知，在這個你死我活，六親不認的社會上混，光有人品，沒有能力是混不開的。他替齊桓公找的託孤之人，就是那個後來著名的宋襄公。

宋襄公就是御說的兒子。這哥兒們別的能力不怎麼樣，但在人品方面卻算稀有動物。本來他老爸老早就讓他當了接班人，在他老爸死後，他居然把位子讓給他的另一個兄弟目夷。目夷是個先人後己的好人，堅決不接受哥哥的退讓。最後，宋襄公只得當上了宋國的老大。

管仲就看到這點，覺得宋襄公是天下最好的人，覺得把齊國的後事交給他託管一下，他會做得很好，等姜昭的權力穩固之後，就會把霸主的大印還給齊國。

管仲的這個想法很天真，天真到傻的地步。

但齊桓公絕對不認為這個方案是很天真很傻的方案，他全面地接受了這個方案。在葵丘大會上，就直接把宋襄公叫來，把自己的意思跟他說了。宋襄公當然連忙把「能力有限、怕辜負重託」之類的話說了一大堆。

最後齊桓公說這是齊國對他的信任、是人民的信任，你就放心的接受，他這才接受了。

管仲最大的榮耀大概是在齊桓公三十八年的平周之亂。原來周襄王的弟弟姬帶，不服哥哥當大王，又跑過去跟犬戎和翟部落聯合起來，向雒邑進軍，要把他的哥哥搞定，然後自己當天子。

周襄王只得拚命向齊國大叫救命。管仲帶著部隊過去打了一仗，就把那幫反叛者全部消滅。周襄王覺得管仲真是太有才了，就叫他從齊國跳槽過來，要馬上任命他為周王朝的上卿，也就是說，讓管仲成為大周的實際最高統治者，從此帶領大周人民走向康莊大道。可管仲卻沒有答應，帶著部隊又回到齊國。這傢伙除了因為小時候窮，愛點金錢之外，後來當了大官，在錢財方面有點貪心，其他方面的人品很不錯，對齊桓公從來就是忠心耿耿，因此你再給他多大的官職，他也不心動。

三年過後，管仲終於病倒了。

齊桓公也知道，仲父這次肯定要永垂不朽了，急忙問他誰可以接他的班啊，並羅列了一批名單，通通被管仲否決。可管仲否決之後，到死也推薦不出一個合格的接班人來。到了這時，不知管仲的內心世界到底充滿了什麼樣的想法？但遺憾肯定是會有的。

於是，管仲帶著遺憾死去，留下一個遺憾的齊桓公。

齊桓公遺憾了一段時間後，就重用了幾個管仲曾經猛批過的小人——而且他也知道那幾個是小人，但這哥兒們的晚年很鬱悶，覺得只有小人才能讓他的心情好一點，因此就硬著頭皮重用他們。最後，那幾個小人在他頭腦混沌的時候，掌握大權，到處表演，直至齊桓公一個人像個乞丐一樣死在角落，也沒有人看他一眼。他有很多老婆和兒女，也有大批的手下，但最後的日子跟個鄉下無親無故的孤寡老人沒什麼兩樣——死了差不多七十天，身上已經全部腐爛完畢，才被放進棺材，為歷史表演了一次生動的重用小人的大戲。

從此，強大的齊國就直線衰弱下去，齊桓公的幾個兒子，拿起大刀，都朝兄弟的頭上砍去，亂成一鍋粥，幾個兒子都成了烈士。

但另外幾個國家又強大起來，接過霸主的大棒繼續當老大。

# 第四章 秦晉聯姻：表面盟約下的風暴

## 第一節 搶人搶才：秦國的人才戰略（上）

再來說說秦國。

在東方諸侯進行軍事競賽，搞得熱火朝天時，有幾個大國一直沒有參與。一個是晉國，另一個就是秦國。這兩個諸侯都是西方諸侯，對東方事務向來不在意。至於首任霸主，雖然很威風，看誰不順眼就把多國部隊開過去，暴打一頓，完了還說是奉中央的命令，打你扁你是理直氣壯的，是有法可以依，你捱打是應該的，你不捱打是豈有此理。其實大家都知道，現在周朝連個預備役連都指揮不了，哪能叫得動以齊為首的多國部隊？

但大家都知道，齊國教訓的國家都是沒有什麼實力的小國，對大國歷來只是採取恐嚇威懾的手段，從不敢真正動槍桿子。所以，秦晉兩國雖然不理齊國，從來不參加齊國召開的諸侯大會，但齊國也從來跟他們沒衝突。

而這時，秦國是秦穆公當第一把手。

秦國此前的策略就是把目光放在西邊。天天睜著眼睛，緊盯著那幾個小國，只要抓到一絲機會，就猛然出手，全面收購，讓地盤逐步擴大，屬於悶聲發大財的行為。因此，秦國雖然是諸侯中立國最晚的國家，比任何一個諸侯都粉嫩，但規模卻一點不小。到了秦穆公時，秦國就與齊、楚、晉、燕幾個強國處於同一個級別的大國了。

秦國前幾任老大經過幾代的經營，知道要真正讓秦國更加強大起來，光搞定西邊幾個小國，還是不行的。因此，他們也調整了擴張策略，做好東進的準備。

在穆公之前的幾個老大，主要做的是遷都。

第一次遷都的總指揮是秦文公。這哥兒們覺得老在犬丘那裡，地理位置太偏了，公文都發了幾個月，還傳不到東邊，工作效率低得像蝸牛。當時，他們已經把原西周的地盤全部劃進自己的名下——這塊地盤比原來他們的地皮要大得多，而且，他們原來的地方還是屬於發展中地區，還有待開發，哪比得上原西周的三秦之地？那裡曾經是全國首都，也曾經是全國最發達的地方。因此，秦文公決定把統治的重心向東轉移。

也許，秦文公的這一次遷都並沒有什麼遠大理想，可能只是覺得首都應該建立在一個發達繁榮的地方，但他的這一舉動，卻奠定了秦國東進的基礎。他騎著馬，帶著個風水專家，向東邊一邊散步一邊考察。最後，專家說，渭水旁的這塊地不錯，肯定能讓秦國發達起來。

秦文公就把秦國的首都定在這裡。

## 第六節　暮年餘暉：強人最終的孤獨

之後，到寧公的時候，秦國又進行一次遷都，把首都遷到了平陽。但還沒有完，秦德公又遷到雍；獻公時，再進行一次搬家，把首都定到了櫟陽。到了秦孝公，終於把首都遷到了著名的咸陽。

當時，國家組織沒有現在這麼複雜和龐大，估計每個機關也就一兩個公務員，要想在週末打個牌，恐怕都還湊不齊人數。因此，遷都的工作量並不大，大家拿著幾件家具上了馬車，到了目的，亂蓋幾間草房，第二天就可以正常上班了。

當秦國統治者站在咸陽的地皮上時，他們的目光終於徹底地從西方轉向了東方。他們看到，東方熱鬧得多，那麼多的諸侯，天天喊打喊殺，搞得很刺激。

秦國真正讓東方諸侯大吃一驚的第一位統治者就是秦穆公。

秦穆公從老爸接過班時，正是齊桓公霸業的鼎盛時期。他看到姜小白一無聊就召開諸侯大會，在大會上發表重要談話，威風得要命。我不知道當時秦穆公的心情如何，但我想，這哥兒們心裡對齊桓公肯定羨慕得要命，肯定在心裡想著，哪一天也能像姜小白那樣，發個通知，那些諸侯國的老大都得帶著代表團，跑過去會盟，聽自己發表的談話——當然，那些談話一點都不重要，你要是個小老百姓，那些話只能算是屁話，但你要是霸主，就是放個屁也是重要的屁、也是個語重心長的屁、也是個關係到國計民生的屁。

不過，嬴任並不是個亂來的人，他羨慕姜小白，並不是馬上就制定個五年追趕計畫，要在某個五年計畫趕楚超齊，而是知道，這個霸業是要有一個累積過程的。表面上看，齊國就是姜小白和管仲兩個人的努力，只一個五年計畫，就可以突然發飆，到處威風，其實，他們是有著堅實基礎的。這個基礎細算起來，可以一桿子打到他們的老祖宗姜太公那裡。姜太公受封的時候，還得了個最高指示：「五侯九伯，汝實征之」。也就是說，以後諸侯中出現了哪個不聽話的，你就有權代表中央去打他，不要怕把他們打死、打殘。中央給齊國這個特權的同時，也劃給他們一塊面積很大的地盤，讓他們的綜合實力遠遠超過其他諸侯——否則，如果只跟那些小國一樣大，只怕自保還來不及，哪能去對付「五侯九伯」？之後的齊國歷代統治者智商雖然不及他們的老祖宗，但也還過得去，至少沒有出現過敗家子，把齊國安全地交到了姜小白和管仲的手中。所以，齊國成為首任霸主，是有其歷史根源的，是有一定的必然性在裡面。否則，你讓姜小白和管仲去管個鄭、隨之類的小國，他們能威風得起來嗎？

秦穆公肯定對齊國的權力結構進行了詳細的分析，知道想成為霸主，想天天在諸侯們面前威風，光靠幅員遼闊，還是不行的——楚國的幅員算遼闊了吧？可楚國這麼多年來，打來打去，雖然取得很多輝煌的成就，但卻得到了個「蠻幹」的光榮稱號，他們的綜合國力並不比齊國差，但就是當不成霸主。這主要是楚國雖然有實力，但缺乏人才！

只有人才和實力全面配套，你才有資格神氣，才有資格在諸侯面前說話算話，才有資格當國際警察——試想，如果姜小白當初為了那一箭，一刀把管仲的腦袋砍下，他能當霸主嗎？而且後來的事實證明，管仲永垂不朽之後，齊國的霸業氣數就開始逐步蒸發，聲量開始萎縮，國力一路下跌，很快見底。

所以秦穆公認為，現在秦國的基礎硬體建設已經打造得不錯了，但人才還相當缺乏。

從這一點上看，秦穆公嬴任的眼光確實不是一般諸侯老大的眼光。當時，各路諸侯雖然互相到處找人來練練，打得團團亂轉，可還沒有意識到人才的重要性，更沒有開展人才大戰。雖然齊桓公即位時，聽從鮑叔牙的意見，費了不少的腦筋，把管仲接了過來，但並沒有定下百年不動搖的人才引進政策，而是找到一個管仲，就什麼也不管了，弄得管仲一歸西，齊國直接就進入人才荒的地步。

秦穆公肯定意識到這一點，因此，在齊國的霸業開始時，他就下決心大力引進人才。第一個被他引進的就是著名的百里奚。

百里奚雖然很出名，但真的有點來歷不明，有的說他是楚國宛人，又有人說是虞國的人，而且連出生年月也一概沒有交待。如果放在現在，要報名參加公務員考試，光填表這一步就過不了關，更不用說去筆試面試了。可當時並不用填表，也不管你是什麼民族，只要你有才，人氣高，就把你請過來，讓你過上幸福的生活。

這個百里奚開始時，是個貧窮的農民，生活苦得要命，一直苦到中年，生了個兒子，連個工作也沒有找到。但他對自己的能力很自信，一邊嚥著野菜一邊把各國諸侯的老大、綜合實力都進行了一次全面的分析，立刻就知道齊國是強勢股，去那裡混個高級公務員，前途肯定大大的光明。

他就一身破衣服地跑到齊國去，信心滿滿意地想直接面見齊襄公。哪知，齊襄公不是他想見就能見到的。他想找人幫他引見一下——只要能見到齊襄公，他就有辦法了，可齊國的人很多，但他一個都不認識，能求誰帶他去見老大？

不久，他還得了一場病，把他害得很慘。很慘之後，他就開始了乞丐生涯，天天討飯，成了真正的無業遊民，最後流落到了宋國。這傢伙在宋國還認識了那個蹇叔。這個蹇叔也是個人才，也跟他一樣，對自己的能力自信得要命。不過，蹇叔很清高，沒有像百里奚那樣到處去找工作，想當個大官過上好生活，而是躲在某個角落，把隱士當成第一職業，天天跟人家閒談，悠閒得很。這樣的人有個特點，就是不管你是大官還是要飯的，只要你有能力，能跟他聊天、陪他議論時事，他就會跟你和平共處，請你喝茶。

蹇叔當隱士開論壇很多年了，還沒有碰到像百里奚這樣的高手，兩人見面一聊開，馬上就跟酒鬼碰上酒鬼一樣，一個離不開一個了。

蹇叔是個隱士，家裡也沒有什麼錢，養活自己已經不錯了，哪還能養活百里奚這個飯量很大的朋友？於是，百里奚就在那裡找了份臨時工，每天幫人家放牛。

後來，他們覺得天天這麼聊來聊去，聊不出什麼新鮮話題來，就決定出去再就業。兩人雖然一窮二白，身上除了汗臭，一點值錢的東西也找不出，但仍然清高得要命，一定要找個有能力的老闆。

兩人在外面跑了一段時間，走了很多路，跑爛了幾雙鞋，卻跑不出什麼名堂來。後來，覺得累了，不知往哪裡去了。蹇叔說：「我在虞國有個朋友叫宮之奇，現在是虞國的大夫。我們就去找他，改善一下生活吧！」

宮之奇果然很夠義氣，一看到老朋友來了，就馬上表示要替他們介紹工作，先把飯碗搞定。可蹇叔卻認為，現在虞國的老大太不像樣，像個女人一樣貪小便宜，不是做大事的料，跟這樣的老闆混，不會有什麼好前途，留下了聯繫地址給兩個朋友後就回去了。

百里奚沒有那麼清高。他出來混這麼多年，想當公務員想得要死，就是讓他當個村長他都願意，何況一下就可以當上虞國的中階主管，他不高興才怪呢！

那時，宮之奇在虞國說話很有分量，不久，百里奚也被提拔為大夫，生活直接從免強溫飽狂飆到小康水準。

百里奚的生活小康了，命運改變了，可他的老闆命運卻倒楣了起來。

虞侯的性格跟蹇叔說的一樣，一見到便宜就想占，一點沒有大局意識。

你想想，連天天在宋國過著貧窮生活的蹇叔都知道他的弱點，別人怎麼可能不知道？

蹇叔知道了，大不了鄙視他，不跟他合作，對他沒有什麼損失。可另一個人知道他有這個毛病，他的後果就嚴重了。

這個人就是晉獻公。

當時的國際秩序非常混亂，很多諸侯國已經不按常規出牌，一個用武力兼併的時代已經拉開序幕。

當然，進行兼併的都是有實力的大國，像虞國這樣的小國從來不敢有這種偉大理想。那幾個大諸侯每天早上起來，就睜著他們的眼睛尋找兼併別國的機會。而且他們的目標很明確，就是找實力弱的下手，而且在兼併過程中，一定要注意成本，盡量做低成本高效益的生意。否則，你跟人家打了多年才拿下來，雖然讓國土面積又遼闊了幾十里，但綜合實力已經消耗得差不多歸零了。那時，你的慶功酒還沒有喝完，人家就來收拾你了。因此，這個社會雖然很亂，那些大諸侯雖然很暴力，但只要你能小心謹慎，時刻準備著，還是可以在大國的夾縫中生存的，還是可以照樣保持原來的生活水準，每天吃喝賭嫖沒有問題。

這時，虞國的鄰居就是晉國。晉國當時的第一把手是晉獻公。

晉獻公老早就想把虞國的這塊地盤變成晉國美麗富饒的土地。

可是當時，虞國和虢國是兄弟關係，向來有個傳統，就是不管誰碰到困難，另一個國家就得拚命相救。晉國如果要拿下一個國家，那是沒有問題的，可以閃電出兵，不用多少時間就可以結束軍事行動。可要是兩個國家團結起來，共同對付晉國，晉國就不能快速地解決問題了。這仗一打久，什麼後果都有可能出現。

## 第二節　誰得誰失：秦國的人才戰略（下）

晉獻公很鬱悶。

這時，晉獻公手下也有個人才叫荀息。這傢伙的智商很高，很快就想到了一條詭計，說可以把這兩個小國搞定。

晉獻公一聽，當場就興奮得不得了，說：「趕快說出來。」

荀息跟蹇叔一樣，知道虞公那個貪便宜的的性格，認為可以從這方面下手，具體方案就是：叫晉獻公馬上把晉國最寶貴的東西拿出來，很大方地送給虞侯。那兩件寶貴的東西就是一匹千里馬，另外一件寶貝是一塊玉。據說這匹馬是百年一遇的寶馬，本來是名馬的後代，又專門用宜於千里馬飲用的屈泉餵養，是當時最豪華的座駕，相當於現在美國空軍一號；至於那塊玉，據說是當時垂棘之地產的，也是大大名貴的東西。晉獻公得了這兩件東西後，天天像小孩子剛得壓歲錢那樣高興，把這兩件東西看得比後宮中的那幾個美女還要重——美女總是會老的，這個美女老了，下一個美女又會出現。可這兩件寶貝沒有了就再也找不到了。

晉獻公聽說要把這兩件寶貝拿去給虞侯，他能答應嗎？沒有這兩樣寶貝，他就吃不下飯，睡不了覺，泡不了妞。你荀息什麼辦法不想，硬是盯上這兩件東西？老子寧願把大老婆送過去——反正老子現在也用不著她了。

荀息卻一臉壞笑地說：「老大，不要發這麼大的火啊！如果現在把這兩件東西送給虞侯，其實只不過是暫時存放在那裡一段時間而已。等過了一段時間，我們又可以拿回來的。」

晉獻公罵道：「虞侯是有名的小氣鬼，他拿到手後，能再還給我們嗎？」

荀息說：「他不給？我們就打！現在送給他這兩樣東西，就是要收買他，讓他不再跟虢國聯合。這樣，我們去進攻虢國時，他就不會出兵幫忙了。虢國一完，我們要占領虞國還不是一件容易的事？滅了虞國，這兩件寶貝還不是又回到老大的手裡了？這生意可以做吧老大？」

晉獻公一聽，你比老子陰險好幾倍啊！老子聽你的，你去辦吧！

荀息就帶著晉國友好外交代表團出訪虞國，說是要恢復晉虞的外交關係，我們都是姬姓，五百年前是一家，一定要和睦相處啊！

虞侯本來還有點警惕性，可一見那兩件寶貝，那點警惕性立刻被踢出腦袋，說晉獻公真是太偉大了，就為了跟我們經營關係，連這樣的禮都送得出來。呵呵，要是老子，那是打死也不答應的。於是，兩國就簽訂了和平友好條約，釋出外交宣言，高調宣布兩國是兄弟關係。

荀息回去向晉獻公彙報，說根據觀察，虞侯已經百分之百地上了大當，現在天天恨不得抱著寶玉跑到馬廄裡跟那匹馬睡覺呢！可以展開下一步行動了。

第二步就是，不斷地在晉國與虢國的邊界上製造流血衝突，而且事件越鬧越大，最後晉國宣布要對虢國進行自衛還擊戰。

荀息又跑到虞國，對虞侯說：「虢國實在太囂張了，老製造邊境衝突，我們已經忍無可忍，要對他們進行軍事攻擊。我們現在想跟貴國借一條路，讓我們的軍隊通過，直接打到虢國的境內。我們兩國是兄弟國家，老大肯定會百分之百地支持我們。」

虞侯一聽，又不是什麼大不了的事。不過是借個路走走。又不是借錢，要是借錢，你就是打死老子也不答應。當場爽快地答應了。

宮之奇一聽，就知道事情壞了。晉國跟虢國也有邊界相連，為什麼一定要借虞國的道？這肯定是個陰謀，一定不能答應他們。因此，他立刻去找虞侯，說不能讓晉國借路啊！我們可以借給他們任何東西，但一定不能借路。要是讓他們大軍進來，我們肯定沒有活路了……

虞侯一聽，這個宮之奇怎麼這麼煩人？比那個唐僧更讓人忍受不了，叫道：「打住！你如果沒有別的話，就別說了。人家都把千里馬和玉都給了老子。你說說啊，這值多少錢？那段路我們就是設關卡收費一百年都收不到這麼多啊！就讓他們走一回又怎麼樣？那條路坑坑窪窪的，難走得很，現在正沒錢修路，就讓晉國的士兵幫忙踩平。」

宮之奇又說：「老大啊，虞國這麼小，為什麼這麼多年來，沒誰敢滅掉我們？就是因為我們跟虢國互相幫助啊！我們跟虢國的關係可是唇齒之間的關係啊！嘴唇沒有了，牙齒還有好日子過嗎？老大你一定要清醒啊！」

虞侯又擺擺手，說：「你的思想太不與時俱進了，是標準的守舊派人士。也不看看現在是什麼年代了。連美女都找小開了，呵呵，我們也得找個大國做後盾啊！老是跟窮國小國當兄弟，這有什麼前途可言？能幫虞國發展得更好嗎？好不容易跟晉國成了友好國家，得珍惜這個機會啊！你回去吧，不要再說了。」

碰上這樣的老大，宮之奇的智商再高，也是沒一點用處——他這麼婆婆媽媽大半天，除了替我們貢獻了一個「唇亡齒寒」的成語外，對虞國沒有一點幫助。

晉國得到這個承諾，馬上派大將里克帶著大軍通過虞國，直接向虢國狂奔。晉國的部隊一路遵守紀律得很，一點不冒犯虞國的百姓。虢國並不知道晉國會從這個地方打過來，一點都沒有提防，讓晉國直接就攻占了首都，當天宣布虢國從歷史上消失。

晉軍還在賣乖，把虢國收編之後，大將里克帶著大軍撤回來，經過虞國首都時，突然宣布他得了豬流感，暫時無法帶兵回去了，就把部隊暫時留在虞國首都的郊外，還派人帶了大量從虢國繳獲來的戰利品，說這次戰爭的輝煌勝利，有晉國的功勞，也有虞國的功勞，功勛章裡有你的一半也有我的一半，因此把這些戰利品也分成兩半，讓虞國也拿了一半，把虞侯高興得要當場跳起舞來。呵呵，老子的外交政策沒有錯吧？傍上大國就不一樣，只讓人家大軍通過一次，就拿了這麼多戰利品。呵呵，看來以後得多投資修幾條路，讓晉國老大哥多借幾次，比招商引進資本好得多了。只要晉國老大哥再借幾次路，虞國就飛黃騰達了。

這哥兒們這時眼裡只有一大堆的戰利品，根本無視京城郊外的那支武裝力量，連個防範動作也沒有——當然，這時再防範也救不了他。

在虞侯樂不可支地驗收戰利品時，晉獻公開始了他的下一步行動。

他親自跑到虞國來，盛情邀請虞侯一起去打獵，鞏固一下雙邊的外交關係。

虞侯當然高興得要命，覺得晉獻公真是個好兄弟，對他這樣的小國，一點都沒架子。

可他的高興還沒有告一段落，就有人報告：「老大，京城裡發生了火災啊！」

他回頭一看，這麼大的火，到底是誰放的？老子不是早就叫全國人民要防範火災啊！牆上每年都寫著大量的防火標語，居然還會發生火災。他馬上帶著人馬跑回去，要親自動員人員救火。

可來到城門外時，卻進不了城。

原來這火是里克放的，里克在虞侯離開首都時，帶著軍隊進了城，宣布接收了虞國的全部權力，從此虞國成為晉國的領土。

虞侯這才知道自己真的太傻太天真了，這才知道，貪小便宜真的要不得，真的會亡國。

但到了現在才知道，對他來說還有什麼意義？

於是，虞侯和百里奚以及那個宮之奇一起成了晉國的俘虜。

虞侯看到兩個手下也跟自己一樣很可憐地關在一起，心裡充滿了後悔。虞國的滅亡，全是他一手造成的，可到了這個時候，他卻不願承擔這個歷史責任，還對百里奚說：「我的智商不高，還有貪小便宜的毛病，可你們都是高智商人士啊，都有大局觀，為什麼看到我一步步地上當，卻不提醒一下？」

百里奚說：「宮之奇說的，你連一個字也聽不進去，你能聽我的話嗎？」

虞侯這才低著腦袋，緊閉嘴巴，後悔莫及。

晉獻公覺得百里奚還是個有用的人才，說你就當我們的公務員吧！可百里奚卻不答應，寧可當俘虜也不向敵人投降。

按當時的習慣，被俘後不投降的，以後就是奴隸。因此，不願當晉國公務員的百里奚就成了晉國的奴隸。

如果沒有什麼意外，百里奚這個奴隸只有當到死的那一天了。

可這是個經常發生意外的時代。

這個意外來自秦國的外交策略。

秦穆公知道，要想到中原跟諸侯們玩，不光玩槍桿子，還要玩玩外交手段，在必要的時候，要有幾個朋友，否則，全是敵人，你的本事就是有天大，仍然會被扁得沒有渣。在這個想法上，他跟那個虞侯差不多，要跟一個實力強悍的諸侯結成友好鄰邦。這個對象就是晉國。

晉國跟他們是鄰居，打交道很容易。

秦穆公為了把這個外交關係一步到位，就決定向晉國求婚，從此變成晉獻公的女婿。西元前六五五年，也就是秦穆公五年，嬴任派公子縶帶著一批貴重的禮物去見晉獻公，求他老人家把大女兒嫁給他。

晉獻公本來看到秦國近年來不斷向東擴張，心裡已經有點擔心，但又能對秦國怎麼樣。秦國可不是虞國之類的小國，你想靠那點小詭計玩他們是不靈的，因此正在拍著腦袋想個什麼辦法來對付這個雖然新嫩但實力強大的鄰國。這時，看到秦國主動過來求婚，心裡當然高興。馬上就答應了秦穆公的要求，把他的大女兒嫁給了秦穆公。

這樁婚姻是赤裸裸的政治婚姻。但這個婚姻對後來歷史的發展產生很大的作用。

不過，最先受到影響的是百里奚。

晉國按照當時的習慣，把公主嫁出去時，不但有其他嫁妝，還送幾個奴隸當陪嫁品。

百里奚被榮幸地選了進去，成了穆姬的陪嫁人員。

百里奚做夢也想不到自己這麼有能力，最後居然成為一個陪嫁的奴隸。他實在不願當這個奴隸了。因此跟著隊伍到半路時，就找了個機會偷偷地逃了出來，一口氣跑到楚國。

他以為他逃了出來，自己就可以脫離苦海。哪知，如果他不逃，他的好運會提前來到，就因為這麼一逃，又讓他過了一段貧苦生活。

他跑到楚國後，又被楚兵當作奸細抓起來審問了一番，問他是什麼人。這傢伙這時倒很老實，把情況從頭到尾都說了一遍。那幾個士兵也很講人道主義，看到他人品不錯，而且年紀已經這麼大了，一頭的白髮，餓得差點崩潰，世界上哪會有這樣的奸細。就又問他有什麼特長。他說，放牛。

於是，人家就讓他繼續發揮這個特長去放牛。

再說公子縶帶著新娘回去的路上，雖然發現丟了個老頭，但一個奴隸也算不了什麼——這個世界有的是奴隸，再丟幾個也是沒問題的，當然不會追究下去，而是繼續前進。

後來，他在半路上又碰上一個強人。這個強人叫公孫枝。當時，公孫枝在做農事，本來會種田也算不得什麼人才，更算不得什麼強人，可公孫枝的鋤頭卻比人家的大好幾倍，一鋤狠狠地挖下去，好像可以把地球都挖空。公子縶一看，哇！這傢伙的力氣真大，用來當保全肯定很優秀。就當場應徵他過來。一談之下，原來這傢伙不但肌肉發達，力氣大得要命，智商也一點不低，絕對是個有用的人才，就把他推薦給秦穆公，讓他當上高官了。

秦穆公接到新娘之後，做的第一件事，並不是激動地掀起妳的蓋頭來，而是拿著那張陪嫁單子，看看他這個岳父都送了些什麼東西。他很快就發現了那份奴隸名單，看到了百里奚三個字。大概覺得這三個字很特別，想看看這傢伙到底是什麼人，把公子縶叫了過來：「你把百里奚找來看看。」

公子縶說：「他失蹤了。」

「他是哪裡的人，你有他的履歷嗎？」

公子縶說：「他哪有什麼履歷。我只知道他是虞國的大夫，虞國玩完後，他就變成了晉國的俘虜。」

秦穆公聽說百里奚做過大夫，覺得他能力應該不怎麼低吧，就問那個新來的公孫枝：「你是晉國人，你知道這個人嗎？這個人有點本事吧？」

公孫枝對百里奚還真的很了解，馬上說：「我認識他。這個人雖然是個奴隸，但能力強得很，絕對是個忠心耿耿的人才。只是沒被重用而已。」

秦穆公看到連公孫枝都這麼說了，覺得要是不把這個人才弄到手，真是太可惜了。馬上叫人務必把百里奚找到，找不他你們就別回來了。

那幾個手下還真有本事，沒用多少時間就找到了百里奚，回來報告說：「現在他正在楚國那裡放牛，根據我們的觀察，他真的有能力。放的牛比人家的牛都肥。老大要是把他叫來，我們可以大力發展養牛事業，進行農業產業結構調整。呵呵，以後我們大秦子弟兵都吃牛排了。」

秦穆公一聽，馬上下令，從國庫裡拿著一筆現金，去送給楚王，請楚王看在這麼多現金的面子上，把百里奚送給秦國。

公孫枝不同意，說：「老大要是這麼做，不是在告訴楚王百里奚是個人才嗎？楚王要是知道百里奚是個強人，他自己不重用才怪。不要以為金錢是萬能的。有時金錢也能把事情搞砸啊！」

秦穆公說：「連金錢都搞不定了，還能用什麼辦法？」

公孫枝說：「我有個辦法。就是按奴隸的市場價出錢。現在奴隸的市場價就是五張羊皮。老大只要叫人帶著五張羊皮過去，對楚王說，百里奚原來是晉國送給秦國的奴隸。他居然敢在半路偷溜，跑到楚國那裡去。現在我們要把他捕獲歸案，請楚國把他引渡回來。」

楚成王一看，這個秦國也太認真了，一個奴隸還用辦這麼個手續，說一聲老子就幫你們把他綁起來送過去不就完了？當場就把百里奚抓了起來，放進囚車，押送回秦國。

百里奚看到這個情況，覺得這回是真的走到頭了。

哪知，一進入秦國境內，囚車立即打開，公孫枝出現在他的眼前，臉上全是笑。

百里奚這才知道，原來他是好運來了——來得雖然晚了，但畢竟還是來了。

秦穆公聽說百里奚到了，馬上就放下手中的工作，要熱情接待一下這個傳說中的強人。哪知，一見之下，滿腔的熱情當場消失，原來是一個老頭，連吃肉的力氣都沒有了，除了有混養老金的能力外，還能做出什麼重大貢獻？臉色就不大好看，說：「你現在多大了？」

百里奚說：「我才七十歲呢！」

秦穆公一聲嘆息：「可惜有點老了。」

百里奚一聽，當場說：「老了？老大請我過來，不是想讓我去狩獵打老虎吧？如果缺這方面的人才，請老大去請大力士。如果讓我當高官，算起來比姜太公都還年輕十歲呢！正是黃金時期。」

百里奚這話說得很有水準，秦穆公一聽，精神馬上振奮起來，連續跟他談了幾天，全是國際國內的大事，越聊越覺得老人家的能力真是太強了，心裡一高興，說：「老子決定讓你當相國。你以後就是老子的管仲。」

百里奚說：「我這點能力算什麼。我朋友蹇叔才叫有能力。」

秦穆公說：「馬上把他也叫來啊！」

百里奚就寫了一封信，叫公子縶帶過去，按照原來蹇叔留給百里奚的地址去找他。果然就找到了蹇叔。

蹇叔這時又過上他悠閒的隱居生活。公子縶叫他去秦國當百里奚的同事時，他開始不肯去，說老子自由慣了，當不了大官。你們還是回去吧！

公子縶說：「你要是不去，百里奚就不肯在那裡工作。他沒有別的能耐，以後就會又窮又苦地死去啊！」

我估計蹇叔也是個假隱士，否則，以前就不會跟百里奚去到處找工作了——後來不願在虞國當差領薪資，主要是看不上虞侯，這才跑了回來。這時雖然表面上推辭得很堅決，那也只是要個面子而已，現在公子縶幫他找了個藉口，他馬上就答應了。不過，他卻把責任全推給了百里奚，先是嘆了一口氣，然後才說：「百里奚是個強人，到現在才找到一個好老闆。我要是再不支持他，還算是什麼朋友？那我就去了吧。」好像全是為了百里奚似的。

秦穆公讓公子縶當這個人事部門的主管，實在太正確了。公子縶在勸說蹇叔成功之後，又去跟蹇叔的兩個兒子聊，發現這兩個兒子不但肌肉發達，而且頭腦也不簡單，都是可用之才，當場就請他們一起到秦國去，大塊吃肉、大碗喝酒。

這兩個兒子就是後來著名的西乞術、白乙丙。

沒幾天，百里奚的那個猛男兒子孟明視也跑了過來。

當初百里奚出遊，得到了老婆的大力支持。據說，他出發的當天，他老婆杜氏一咬牙，把那隻她最愛的老母雞也拿來殺了，替老公送行。那時他們家苦到什麼程度？兩口子殺完雞後，居然連燒火煮雞的柴火也沒有（現在你知道百里奚為什麼窮了吧？根源就一個字「懶」，否則，哪落到家裡沒有一根柴火的地步）。最後是他的老婆再次咬牙，把門板也砍下來當火燒了——反正家裡已經窮得只剩下幾個跟裸奔沒差別的人了，也不怕小偷進來偷什麼。吃完那隻雞後，他的老婆突然哭起來，說：「老公啊，你要是發達了，可不要忘記你的老婆和兒子啊！」

百里奚當時也落下淚來，說：「保證不會忘記的。我要是過上了好生活，第二天就接你們過去，天天吃雞肉。」後來，他當了虞國的大夫，就去找他的老婆和孩子，哪知卻不見了。

原來他的老婆在那裡待不下去，就帶著兒子一起要飯，一直逃到了秦國，開了家洗衣店，天天幫人家洗衣服。他的兒子孟明視身體很不錯，但就是不務正業，天天跟一群不良少年混在一起，靠母親洗衣養活著，做了啃老族，跟個敗家子沒有什麼差別——雖然母親天天教導他好好學習，可他卻不聽：老爸以前不是好好學習了？可現在他在哪裡？這個世界別的都有用，就是好好學習沒有用。後來，他聽街頭的人說，老大任命了個七十歲的老人做了相國。這個老相國叫百里奚。

孟明視雖然不是個有志青年，天天敗家，但對老爸的名字還是記得很清楚的，而且他也相信他的老爸是很有能力的，足以擔任相國。因此他馬上回去把這件事告訴了母親，說老媽啊，說不定這個相國還真是我老爸呢！

他母親也有這個自信，馬上就決定去見一見這個老相國。可一個老女人想見相國——相國就是相當於現在的總理——能見得著嗎？不過，百里奚的妻子腦子很靈活，想了個辦法，利用自己的特長，混進相國府裡當了洗衣工。可一個相國府裡的洗衣工仍然很難見到相國大人，弄得她十分鬱悶。

但她仍然相信會有機會的。

不久，機會果然就來了。

這個機會是百里奚提供給她的。

百里奚當了相國，也像其他高層一樣，生活過得很享受，每天請人到家裡來喝酒唱歌。當時唱歌都是當場讓人彈奏的。相國府裡就有一個相國專用的樂隊，在相國日理萬機、吃完國宴挑著牙縫時，為相國伴奏。

杜氏這時就像個間諜一樣，很快摸清了這個規矩，同時也摸清了那個樂師的習慣。這個樂師也跟她老公一樣，很懶。她就對樂師說：「我看你很辛苦，就讓我幫你代班一下吧。」

樂師一聽，妳個老太婆也能彈琴？不是開玩笑吧？

杜氏沒說什麼，拿起琴來就彈。樂師在一邊聽著，我的天啊！跟個專業樂師一樣。好啊，今天妳就幫老子代班了。然後就跑過去找情婦玩去了。

杜氏終於進了相國府的大廳，一看這個老頭果然是她的老公百里奚，天天在這裡過著幸福生活，卻把她和兒子丟在街頭不管。

杜氏絕對是個才女，當場就一邊彈琴，一邊唱：

百里奚，五羊皮！
可記得，舂黃米、劈門閂、燉母雞！
今日富貴了，忘了兒和妻！

百里奚一聽！難道是老婆大人駕到？當場叫停琴聲，跑過去一看，果然不錯。妳怎麼來了，也不告訴一聲，在這裡彈什麼琴、唱什麼歌？

杜氏說：「你當了相國就不記得我們了。我不彈琴能把你引出來嗎？」

兩個老人站在那裡當場淚奔淚流起來。

秦穆公聽說百里奚的老婆和兒子來了，也很高興，當場賞了他們很多東西。當然最高興的是那個孟明視。秦穆公見他長得也跟蹇叔的兩個兒子差不多，種地能力雖然很普通，但打架卻十分厲害，就任命他為大夫，待遇跟蹇叔的兩個兒子一樣，負責主管軍事。

而此前，秦穆公也下了個任命，把兩個人都任命為相國。百里奚為左相國，蹇叔為右相國。

秦穆公有了這幾個得力助手之後，覺得工作果然大見成效，不但 GDP 大幅增長，而且軍事力量也大為雄厚。他也像其統治者一樣，看到自己的士兵軍容整齊，就想找個對手來練練——人家養一隻鳥，都還想著去找個鳥來鬥鬥，何況手下有這麼多聲音雄壯的子弟兵。當然，秦穆公是個很冷靜的人，心裡雖然有衝動，但絕對不衝動到去找東方哪個諸侯來練練的地步。

秦國的地理位置不像齊國那樣，想打個仗，就得跟魯燕之類的國家動手，只要一開火，立刻就會釀成國際衝突，結果很不好收場。秦國處在西，三面是跟中原諸侯交界，而西面卻是西戎的勢力。而且犬戎向來很討厭，只要手中有了點力量，就吵吵鬧鬧地過來跟你爭地盤，雖然多次被打得吐血而回，但總是不汲取教訓，養好精神又殺了過來。這時，秦穆公手裡有了幾張大牌，再不打出去，實在太便宜了這群沒有文明的人。

於是他下令，叫孟明視帶著部隊主動出擊——以前都是人家主動出擊，這回我們也主動一回吧。當時，除了西戎之外，還有個姜戎，雖然差了一個字，但本質沒有什麼差別。孟明視先把姜戎大砍一頓，把他們趕得遠遠的，而且還占領了瓜州。接著孟明視又大聲宣布，繼續深入討伐西戎，向西戎的老大赤斑下了戰書，有本事放馬過來。

這個赤斑雖然沒受什麼教育，但他自己也心知肚明。一看到孟明視不費什麼力氣就把姜戎打得滿世界亂跑，連個脾氣也沒有，如果自己跟秦軍一接觸，估計後果也是差不多，因此馬上就改變了野蠻的形象，很禮貌地派了他的頭號心腹餘由去開展雙邊外交活動。順便看看秦穆公到底是一個什麼樣的統治者，以便以後做好對策。

赤斑認為他的這一決定很正確，派特使找對了人。哪知，卻把西戎部落唯一的知識分子免費送給了秦國——不但爭取不到什麼權益，反而損失了一個有用人才。

原來，這個餘由並不是犬戎人，而是晉國的知名人士，連百里奚和蹇叔都知道他是個人才。可晉國卻不重用他。這傢伙也是個有個性的人，看到晉國的統治者根本無視他的存在，就生氣起來，乾脆跑到西方去，當了赤斑的手下。赤斑估計吃透了沒受教育的虧，看到一個知識分子過來投靠自己，心裡也很高興，就重用了他。

秦穆公一看到餘由，就像劉備碰上某個人才一樣，馬上就想讓這個傢伙變成自己的心腹。這次他搞了個小動作，天天讓他的那兩個老相國陪著餘由，今天是左相國，明天是右相國。吃飽喝足之後，又把美女送到他的房裡，免費提供全方位服務，就是不放他回去。

餘由雖然是高官，但因為西戎們整體素養太低，文化娛樂生活一點不豐富多彩，生活很單調，這時得到這麼長期而隆重的招待，心情很好，每天都樂不思蜀，一點也不覺得時間已經過了大半年。

而秦穆公只是不斷地派人拿著一些過期的禮品和一些大姐級美女送給赤斑，算是答覆赤斑的友好之意。

一年之後，秦穆公才把餘由放回去。

餘由回去交差時，赤斑看他的眼光已不是原來的眼光了。他懷疑餘由已經被秦國收買了。現在的餘由肯定是個間諜。但他又抓不到什麼證據，不好意思發老大脾氣，就來個冷處理，不再對餘由那麼熱情了，同時也不再把那些權力交給餘由。當然，有點懷疑是正常的，不放權也是正常的。但你不放權給人家，就應該自己抓住權力，努力工作，處理國家大事。可這傢伙卻把權力放在一邊保鮮起來，自己躲在後宮中，整天泡著秦國送來的美女，覺得文明的美女真好，有品味的美女就是刺激。

餘由還很傻很天真地去勸老大，不要把重心放在美女身上，不要上秦國的當。

赤斑一聽，也火了，告訴你，老子相信你的話，才是上秦國的當！

餘由這才知道自己在這個地方已經徹底靠邊站了。

秦穆公時刻都在關注著事態的進展，看到事情到了這個地步，知道時機成熟了，馬上偷偷地派幾個人去找餘由，勸他乾脆跳槽到秦國算了。本來，一個有理想、有知識的人就不應該到這種文化沙漠裡，跟一群未開化的人混在一起。當然，如果他們沒有素養，但還懂尊重，那也沒有什麼可說的。可現在他們尊重你了嗎？你在這個地方還有什麼前途啊？

餘由本來就已經很鬱悶，何況之前又在秦國待過，過了一年的腐敗生活，而且秦國高層對他又都好得好命，這時一聽那幾個人的話，立刻決定跳槽，去當秦國的高級公務員，成為秦國政壇的三駕馬車。

秦穆公的人才政策大見成效，為以後的霸主事業打下了最為關鍵的人才基礎。秦穆公在事業方面不斷上手的時候，他的岳父大人卻越來越黯淡了。

## 第三節　驪姬之亂：晉國宮廷的暗湧（上）

晉獻公在當時的諸侯中，絕對不是一個平庸的統治者，手下也有一批死黨在為他喊打喊殺，做出了假途伐虢的經典事蹟來，與秦國建立了著名的「秦晉之好」，在國際事務中，很是得分。可他也跟很多統治者一樣，在家庭事務上表現得很菜。

他原來的夫人跟他生了一男一女。男的叫姬申生，女的就是秦穆公的老婆穆姬。而且他老早就立申生為太子。大家一看，都覺得如果沒有什麼意外，申生當上下一代國君是沒有問題的。

可很多事情就是發生在意外這兩個字上。

申生的這個意外，就是在他母親死後發生的。晉獻公也像別的諸侯一樣，房裡不但有個大老婆，還有很多情婦。現在大老婆一死，晉國第一夫人的位子馬上出現空缺。這個空缺是不能永遠空下去的。

當時，晉獻公後宮裡有幾個熱門的人選。一個是驪姬，還有一個叫狄姬。你一看到這兩個美女的名字，就猜得出這兩個美女都是來自周邊少數民族的。狄姬是北狄（也就是翟）國的美女，估計是北狄想巴結一下這個大國，也採取了和親的政策，把全國最漂亮的美女送給了晉獻公。那個驪姬的來歷就比較殘酷。這個美女原來是驪戎部落的美女。晉獻公那時也像秦穆公一樣，有一次拿這個驪戎來練手，把他們打得滿地找牙。驪戎的老大沒有辦法，就把全國頭號美女送過去，請老大住手啊！這個美女可是全國海選出來的，正準備留給自己。哪知卻被人家打得腦袋都保不住了，乾脆就把她貢獻出去，盼望對方是個好色的君主，看在美女漂亮的面子上，同意維持和平。

晉獻公本來絕對不是個熱愛和平的人，但他是個熱愛美女的男人，一看到這麼漂亮的美女，馬上就變得熱愛和平了。他愛這個美女到什麼地步？他的兒子申生說得最到位：「『非驪姬，寢不安，食不甘』。」

這個驪姬不但臉蛋漂亮，而且也很聰明——如果是個男人，肯定是個大政治家。她在當情婦時，安分得像個良民，基本上除了服侍晉獻公外，從沒有其他要求。這時，第一夫人一死，晉獻公覺得她又美又忠誠，就讓她當了晉國的國母。

她一當上國母，第一個想法就是如何把那個沒媽的太子申生搞定，讓他的兒子當上太子。

她有了這個想法之後，並不像歷史上別的美女那樣，天天在床上慫恿晉獻公讓她的兒子當太子。這麼不斷地鬧著的結果，往往也能達到目的，但太過老套，沒有一點創意。這個驪姬可就不同了，什麼話都不說，天天在床上努力表現，像現在商店的促銷活動一樣，套餐、優惠，沒完沒了，搞得晉獻公越來越暈頭，越來越覺得自己離不開驪姬了。

最後，他自己就決定把申生廢了，讓驪姬的兒子奚齊當接班人。

他把這個決定在床上跟驪姬說了，他以為這麼一說，美女肯定感激得不行。哪知，驪姬卻堅決反對，一把眼淚一把鼻涕地哭著，不能這麼做啊！你要是這麼做，我從此不提供新套餐了。

晉獻公一聽，當場就妥協了，要是美女不提供套餐服務，他這個生活過得還有什麼意義？其實，他選申生當接班人，絕對沒有選錯。申生是個好學生，年年考核都是優等，晉獻公還是個很講道理的人，因此，雖然想廢掉申生，也得找個理由啊——去打個敵國，都還製造各種理由，先大力宣傳一番，才把部隊隆重開過去。現在要搞定自己的兒子，沒有充分的理由，能行得通嗎？恐怕這邊才一發文，那邊就先亂了起來。因此，他也不敢那麼濫用職權。

但他實在太想廢掉申生了。覺得這個兒子老在眼前就是不舒服，就把申生封到曲沃去，說：曲沃是晉國的發祥地，重要得很，讓別的人當那裡的一把手，老子不放心，還是讓太子去守吧。當然，如果光把太子放到地方鍍金，用意也太明顯了。乾脆把另外兩個兒子重耳、夷吾都下放到地方去。他現在覺得這兩個兒子也不是好兒子，肯定會對驪姬的兒子有威脅。現在就把這些威脅壓一壓，對奚齊有利。

士蔿一看到這個命令，就知道申生的太子之位要泡湯了。在當時，最危險的職業就是太子，在你沒有轉正之前，時刻有生命危險。如果有被換掉的可能，意味著你的腦袋也可能不保。士蔿為此勸申生，現在你最應該做的不是去報到，而是趕緊逃出去。保住性命才是人生第一要務。可申生不聽，老老實實地去曲沃上班。重耳和夷吾也跟著到地方任職。於是，首都只有奚齊在那裡。

晉獻公把這些事情辦完後，又一臉笑容地去對驪姬說：「這回申生廢定了。」

可驪姬就是驪姬，一聽這話，馬上就哭起來，說：「你要是真的這樣做，人家肯定怪我。而且太子多次帶兵打仗，手裡有軍權，又得人心，老大要是堅持這麼做，不是愛我而是害我啊！我不如先自殺算了。」

晉獻公一聽，這個美女實在是全國婦女學習的好榜樣啊！

在晉獻公以為驪姬是全國婦女的榜樣時，驪姬卻一點也不閒，忙著為她兒子加班。她知道，搞定申生不難，但讓兒子坐穩太子之位卻不容易。她知道人才的重要性，必須讓幾個強人都團結在兒子的身邊，當兒子的保護傘。當時，晉國的頭號人才就是那個荀息。現在是晉獻公的紅人，晉獻公除了生孩子沒有徵求他的意見之外，其他事都先跟他商量之後才決定。因此，她馬上對晉獻公說，就讓荀息當我們兒子的家庭教師吧。

這算什麼要求？晉獻公當然爽快地同意。

於是，晉國最猛的強人就成了奚齊的師傅，被這個美女成功地綁架，成為這個集團的中堅分子。

接下來，她開始實施第二套方案。

她知道，申生現在很有人氣，要想搞定他，硬來是肯定不行的。因此得讓他背負大量的罪名，先抹黑，讓他下臺時，連個同情都得不到。只有這樣才算是真正搞定申生，她兒子才真正安全。

她暗中收編了幾個小人——這個社會有時什麼人都缺，就是不缺小人。而且小人最拿手的就是抹黑，小人最大的特點就是投靠善於耍陰謀的人。她讓這些小人不斷地製造申生的負面新聞，然後到處散布。而她自己卻到處宣傳，說太子是個又有能力又忠心的接班人，是德才兼備的儲君。

等到她覺得申生被抹黑得差不多了，就設了兩個圈套，一把將申生搞定。

這兩個圈套不算高明，但很毒。

第一個圈套登場。

那天天氣很不錯，驪姬對晉獻公說：「我有件事不得不說。你現在已經上了年紀。這個年紀的人，是說什麼時候走就可能什麼時候走的。你要是走了，我們的那兩個兒子只有依靠太子了。所以，最好把太子叫回來一段時間，讓他跟兩個弟弟相處的機會多一點，增進一下他們的兄弟之情。讓他以後對他的弟弟好一點啊！」

晉獻公一聽，覺得驪姬的想法太對了，能這樣想的女人有幾個？就只有老子這個美女了。他什麼也不想，馬上發一封雞毛信，讓太子回來述職。

申生是個老實人，一點沒有用腦子過濾一下，接到信就急忙回去。

他回到首都後，晉獻公就安排他住進宮裡，跟他的那兩個弟弟「增進友誼」。

沒多久，驪姬又說，無論如何得請太子吃飯啊！否則，人家會說，我這個做後媽的不懂禮貌。

申生同樣沒有其他想法，接到驪姬的請諫，馬上就去了。那天，在場的就只有他們兩個。申生喝了幾杯小酒，就退了出來。兩個人在酒席上說的話都很有禮貌，什麼事也沒有發生。

申生做夢也想不到，這個什麼也沒發生的宴會，是個圈套。

在申生走後，驪姬馬上開始了她的表演。

當然，她並不是表演給全國的觀眾看。她的觀眾只有一個。

這個觀眾就是晉獻公。

# 第三節　驪姬之亂：晉國宮廷的暗湧（上）

她一見到晉獻公，話還沒說，就先落下淚來。晉獻公也像很多猛男一樣，最見不得美女的眼淚，問她為什麼要哭？

驪姬說：「我不想活了……」

晉獻公一聽，什麼事值得妳去死？妳說出來，是哪個人得罪了妳？現在老子還是有能力為妳擺平的。

驪姬繼續哭：「別的事，我可以讓你去擺平，可這件事我哪能讓你去擺平？」

晉獻公說：「到底是什麼事？老子命令妳說出來。」

驪姬一聽，全按她設計的情節發展，心裡高興得要命，說：「既然如此，那我就說了。今天，今天，我設宴招待太子，本來，本來是想跟他經營好關係。哪知，哪知，太子，卻說，我們乾脆把感情進一步增進，直接增進到位算了。我還不明白他的意思。他又說，妳還不懂？那就說白了。現在老爸已經老了，妳還年輕還漂亮，還有需求啊！以後我繼承了老爸的位子，也把妳繼承了。他這麼說著，就過來摸我的手。我最後說不能這樣啊！把他推開了。你知道他怎麼說？他說，剛開始，妳臉皮還有點薄。這樣吧，明天我們到花園裡逛逛。把膽子練得更大一點，讓思想更開放一點，把事情做得更浪漫一點。」

晉獻公一聽，當場就跳了起來！老子居然生出這樣的兒子來。

驪姬說：「如果你不信，明天就去花園看看。不，不，你一定得去花園看看，要不，你會在心裡以為是我在陷害太子。你要是不去，我就去死算了。」

晉獻公這時還有什麼話說？

第二天，晉獻公像個臥底一樣，先到花園裡熟悉一下地形，然後就躲在花園一角，全面監視花園，看看自己生的這個兒子到底會做出什麼流氓行為來。

當然，他現在的心情很矛盾，一邊想看看這個畜牲兒子要做出什麼，一邊又不希望真的看到兒子有越軌的舉動——到底都是自家人啊——這種醜事，可千萬不要發生在自己家裡啊！兒子啊，你風流，老子理解，天下的美女多得很，你一輩子也泡不完啊，千萬不要泡你後媽啊！

可到了現在，申生不犯這個錯誤有可能嗎？除非申生的腦袋像諸葛亮那樣聰明，也許可以避免。但申生老實得像小學生一樣。

在驪姬面前，申生除了上當之外，沒有別的路子走。

情節繼續發展。鏡頭裡，一男一女遠遠地走了過來。從遠處看，兩個人走得很親密。

晉獻公雖然已經嚴重老花，但還是看得出，這一男一女，一個是他的老婆，一個是他的兒子。而且他也看得出，兩個人走得很親密。

這齣戲裡，有三個主角，晉獻公這個角色最窩囊，躲在草叢一個角落，動作最簡單，基本就是縮著身體，用眼睛狠狠地觀察情節的發展。他的動作最簡單，但他的心情最複雜。

申生是唯一矇在鼓裡的主角，他什麼也不懂，只是接到驪姬的通知，說今天到花園裡玩玩，如果有興趣，大家玩幾手麻將，輕鬆一下，他就來了。

他來了之後，這個漂亮後媽就笑著對他說，我們是母子關係啊，逛花園一定要離得那麼遠？靠近一點，沒有什麼問題吧？

## 第三節　驪姬之亂：晉國宮廷的暗湧（上）

申生一聽，只得靠近驪姬，一起走進花園，看起來很親密。

如果事情只到這裡為止，還顯現不出驪姬的智商。她為了讓效果更好，此前就作過精心的準備。她預先把蜜糖放在頭上，因此，在兩人進入花園時，幾隻蜜蜂就飛到她的頭上亂轉。

她忙對申生說：「太子，我的頭上怎麼全是蜜蜂啊！我怕蜜蜂，我怕蜜蜂。你趕快幫我趕蜜蜂啊！」

申生一看，驪姬的頭上果然嗡嗡地轉著幾隻蜜蜂。美女怕蜜蜂是天下最正常的事情，所以，幫後媽趕蜜蜂是他應該做的，他用袖子在驪姬的頭上揮著去掃蜜蜂。

驪姬又叫道：「這邊又來了，我怕死了。你也趕這邊吧……」

申生只得又舉起另一邊袖子去趕那一邊的蜜蜂。

當時的袖子可不像現在的西服或者藝術家們愛穿的唐裝袖子，面積就這麼一點，什麼也擋不住。那時的袖子寬大得很，一舉起來，能當個大幕，擋住個人完全沒有問題。

在他舉著兩隻巨大的袖子很賣力地為驪姬趕蜜蜂時，晉獻公遠遠地看著。不過，他完全沒有看到蜜蜂，他看到的是他的兒子在張開雙臂抱著驪姬。而且抱得那麼激情，比他有花樣得多了，簡直是在跳舞，而且跳得比舞林大會的男男女女還生動。

他這時累了，也生氣了，更想把申生殺了。那時，這些諸侯都容易頭腦發熱，殺兒子時是一點不客氣的。

## 第四節　驪姬之亂：父子兄弟的血爭（下）

可還是那個驪姬又哭著勸他不要殺啊：「現在是我求你把太子叫回來的。你要是這時侯拿他開刀，人家會說是我在陷害太子呢！何況這個緋聞要是傳出去，你不覺得丟臉，我也覺得羞啊！」

晉獻公一聽，又覺得真有道理啊！老子這個腦袋怎麼了？怎麼越來越比不上一個女子了？看來是真的老了啊！

這個晉獻公也是個很出色的表演藝術家，雖然心裡氣得要吃了他兒子的肉，但他卻能裝出什麼事也沒有一樣，仍然神態如常，說申生你沒事了，可以回去了。要好好工作。

如果情節就到此為止，那上面的故事就全是廢話了。

申生回去後沒幾天，驪姬最後的殺手鐧終於放出。

她派人到曲沃，向申生轉告她的話：她夢見了她的好姐姐，也就是申生的母親，申生的母親在夢中對她說，現在她好想吃飯啊！請申生趕快做頓豐盛的飯菜來祭祀一下她。

申生是個孝子，一聽這話，馬上照辦，叫身邊的人殺雞殺豬，要好好地讓母親吃一餐。

按照當時的規矩，祭祀之後，所有的酒肉不能一個人獨吞，而是要分給所有的親戚一起享受。因此，他在祭祀儀式結束後，便把酒肉分成若干份，其中一份是給晉獻公吃的——他當然不知道，這是直接要他性命的一份酒肉。

## 第四節　驪姬之亂：父子兄弟的血爭（下）

那份酒肉很快地送到了首都，放在了晉獻公的桌上。

不巧的是（其實是巧得很）晉獻公去打獵了，過了兩天才回來。

晉獻公這次打獵很賣力，回來的時候已經很累很餓了。

他到家的時候，就大叫餓死老子了。

驪姬說，正好有太子送來一桌酒菜在這裡呢！他一看到桌上有酒有肉，馬上就宣布吃飯。好久沒有今天這麼好的食慾了。看來鍛鍊還真的有用。

在他即將大塊吃肉時，驪姬很陰險地出現了，對他說：「這東西是從宮外送來的，怕變質了啊！你年紀都這麼大了，哪受得了變質的東西？」她說著，先拿起那酒倒在地上，地上馬上冒煙。

再拿起一塊肉丟給旁邊的狗吃。

那狗再怎麼聰明，也不知道這塊肉是塊要命肉，搶過來就吃，一吃就當場犧牲。

晉獻公一見，原來不光變質，還有毒啊！

驪姬還沒有完，又拿起一塊肉，叫一個下人來過一下大塊吃肉的生活。

那個人不是豬頭，看到狗都死了，他哪敢再去吃？

他想不吃，但美女娘娘不答應。他只得吃下去，吃下去的結果跟他生前預料的一樣，當場就死去了。——這個過程，司馬遷寫得很簡潔冷靜，但很傳神：祭地，地墳；與犬，犬死；與小臣，小臣死。

驪姬一看，馬上就大哭起來：「現在你也看到了，這肉是狗吃狗死，人吃人掛。它可是太子送來的啊！

這個太子也太毒辣了吧？晉國老大的位子就是他的了。你都這麼大年紀了，他居然還是等不及，現在就要下毒手。太子連你都敢毒，我們母子幾個他更不會放過了。算了，與其等他來收拾，不如現在先把這肉吃了。」她一邊哭著一邊把她的兩個兒子叫來，抓著肉，說我們三個集體吃了這肉，提前結束生命算了。

可晉獻公能同意嗎？

晉獻公不同意，他們當然死不了。他們死不了，申生就得死。

晉獻公飯也不吃了，餓著肚子宣布開會，然後在會上餓著肚皮宣布了申生的罪狀。他問大家，一個想毒死國君的人該判什麼罪？

當然是死刑——如果這都不能判死刑了，這個世界就沒有什麼可以判死刑了。

本來，晉獻公的手下還有幾個正直的人，這些人的智商也很高，平時說話也很有分量，但現在年紀也跟晉獻公差不多，屬於晉國老臣了，都已經累得待在家裡，過著半退休的生活。那些來開會的，也個個聰明得要命，雖然知道這事有蹊蹺，但知道這個蹊蹺他們惹不起，因此什麼話也不說——反正殺的是人家的兒子，又不是自己的兒子，插什麼嘴？

於是，晉獻公大聲宣布判處申生死刑，立即執行。

到了這時，申生仍然有活命的機會。晉國那幾個老臣雖然已經不正常上朝，好像什麼都不管了，眼睛已經嚴重老花，天天說自己什麼都看不見了，說現在看美女，已經沒有一個漂亮的了，所有零件已經嚴重磨損，功能全部衰敗，現在這個世界已經不是我們的世界了，其實，他們什麼都懂，尤其是這些大是大非的事，他們明白得很。雖然他們不知道具體情節是如何，但他們知道申生是冤枉的。尤其是那個狐突，背雖然彎得像張弓，頭都低得吊在腳尖上，走路時只要腳步再大一點，就可以把腦袋當足球來踢了，但他還是很正直的，於是就叫人以更快的速度跑到曲沃，叫太子快逃。現在逃走還是來得及的。這個世界還有什麼比命更值錢的？只要在外國發表申明，把驪姬的陰謀揭露出來，最後勝利仍然屬於你。

對於申生來說，這絕對是最正確的建議，如果申生的腦子稍微能轉點彎，歷史就得改寫。可申生的人品太好，好得有點傻。他說我不能逃，我要是逃了、揭露了驪姬的陰謀，會傷了老爸的心，老爸沒有了驪姬，他就會馬上死去。因此，我不能就這麼從曲沃閃人，如果一定要閃人，只有徹底從地球上閃人。於是，就自殺了。

比起申生來，他的另外兩個兄弟重耳和夷吾就聰明多了。這兩個兄弟是狄姬的兒子，也老早就被驪姬列入打擊消滅的對象，只是名單列在第二批。他們也老早就知道，驪姬要對申生下手——其實驪姬的這些害人做法，表面看來很高超，但細一推敲，就能看出很多漏洞——尤其是最後的毒酒和毒肉，都放在這裡兩天了，是誰都有下毒的機會啊！可晉獻公硬是順著驪姬的話，一口咬定是申生下的毒。如果晉獻公稍微用腦子想一下，這個歷史冤案哪能這麼輕易發生？只是這個老傢伙本身就想搞定他的這個兒子，這時好不容易抓到這個把柄，再不殺，以後可就沒有機會了。驪姬能成功，固然是她計畫周全，但更重要的是她掌握了晉獻公的這個心態。

因此，雖然很多人把申生冤死的帳全盤記到驪姬的身上，其實，這個事件晉獻公也有一半的責任。

申生死的時候，重耳和夷吾兩個人已回到首都述職。驪姬的幾個死黨，馬上到處宣傳：太子下毒的事，這兩個人都知道。於是，驪姬在第一時間跑到晉獻公面前告狀。兩人知道後，連夜逃跑，狂奔而出，重耳跑到蒲城，夷吾跑到屈城。此兩城是當時晉獻公花了很多人力物力打造出來的，是晉國的幾個大城之一。

晉獻公這時頭腦已經徹底發暈，聽說這兩個兒子又逃跑了，就更認為他們也是太子的同黨，是下毒的主謀，當場下令，立即派兵過去，把那兩顆腦袋拿回來。

於是兩路兵馬殺向蒲城和屈城。

這時，蒲城有個太監叫勃鞮，平時並不怎麼出風頭，老老實實地在重耳的帶領下，兢兢業業地工作。可這時看到政府軍開了過來，就知道重耳的前途已經徹底完蛋，如果能在這個時候發揮一下作用，那功勞可是大大的有。這傢伙做事很果斷，立即提著大刀，突然高舉在重耳的面前，並抓著他的衣袖大聲說：「我現在奉君主命令，命你像申生一樣，馬上自殺。」

重耳當然不願自殺，想也不想，就用力掙脫逃跑。

勃鞮馬上一臉橫肉的猛砍過去。可這傢伙殺人心切，可技術實在太菜，這一刀砍得也很猛，可也只是砍到人家的一段衣袖。他還以為已經拿了重耳的腦袋，大罵這個腦袋也太不夠分量了吧？跟一條短褲沒兩樣。

他罵過後，再一看！哪是腦袋，原來只砍了一塊布。難怪沒有血。他抬頭一看，只見重耳正拚命逃跑。他又哈哈大笑：「前面是牆壁，看你能跑到什麼地方？」又提刀追過去——老子這次一定要集中精力，一刀命中腦袋。

哪知，重耳對逃跑熟練得很，跑到牆下時，突然身體一竄，只眨眼功夫就翻牆過去了，動作跟電影裡的輕功高手差不多。勃鞮只好提著刀在牆下發呆——功勞真不是個個可以撈的。

重耳這次知道，他在晉國是待不下去了，因此就跑到狄國去，在外公家政治庇護。

夷吾也逃到梁國不敢出來。

到了這時，驪姬覺得所有障礙都已經徹底清除，勝利已經屬於自己，就讓晉獻公宣布她的兒子奚齊為太子。

晉獻公此前都是加快步伐，自己兼併擴張，從來不理會齊桓公。這時，經過了這次殺子行動，也覺得累了，怕自己死後，晉國也會出現不和諧的局面，就想到齊桓公，想申請加入中原聯盟。

這時，恰好齊桓公又在蔡丘召開最後一次諸侯大會。他就趕快跑過去。哪知，他才到半路，齊桓公已經宣布本次大會已經完成各項議程，現在勝利閉幕。

晉獻公只得一臉菜色地回去。

這哥兒們本來年紀已經很大，全身的皮肉早已鬆鬆垮垮，經過這一段時間的折騰，最後那點能量也消耗完畢，再加上奔波了這麼一大段路，心情又超級鬱悶，因此，一回到家就躺在床上，直接進入彌留之際。他把荀息叫來，把後事跟荀息交待清楚，然後就像電影鏡頭那樣，話才一說完，頭就往旁邊一歪，徹底告別這個世界。

荀息按照晉獻公的遺志，準備讓奚齊當國君。

驪姬到了這時，終於鬆了一口大氣，她很得意地認為，她的目標實現了。

其實，她大大地錯了。她以為他的兒子已經成為第一把手，再加上有荀息這樣的老臣幫她的兒子，一定萬無一失。哪知，她玩些小陰謀是很有手段的，但卻忘記了在權力場上最根本的東西，那就是槍桿子的作用。她把荀息拉到自己的陣營裡，那是沒有錯的，但荀息雖然是政壇老臣，資深政客，治國是很優秀的，可手裡連個警衛部隊都沒有。如果人家一造反，你連個掩護逃跑的侍衛都沒有，還用什麼來抵抗？

跟後來的很多歷史一樣，晉獻公一死，那幾個長期以來已經靠邊站的老臣，突然很健康地冒了出來，個個很有精神地去參加晉獻公的追悼會。這些老臣的代表人物就是那個里克和丕鄭、狐突。

里克長期以來都主管著全國的槍桿子，一直是軍事強人。晉獻公還活著時，他天天夾著尾巴低調做人，這時卻一點不低調。在太子還在致悼詞時，就突然出手，把奚齊一刀砍死。

可荀息仍然沒有看清形勢，仍然很頑固地當驪姬的死黨。奚齊一死，他又讓奚齊的弟弟卓子當老大。這時卓子才九歲。荀息汲取上次的教訓，把所有工作放下，先讓卓子辦完手續舉行就職典禮。他以為，這樣一來，里克他們就不能再說什麼了。

哪知，里克更加生氣，跑過去，不光殺了卓子，連荀息那顆老腦袋也一起砍下。

驪姬接到消息後，才知道，自己努力了大半輩子，兒子不但連一天的老大都當不了，反而連腦袋也保不住。她終於徹底崩潰，在一片複雜的心情中自殺。

按照里克的意思，應該讓重耳回來當老大。他知道重耳是個德才兼備的人。哪知，重耳卻聰明得很：現在國內的形勢一點不明朗，大權到底拿在誰的手裡？他怕自己回去時，只不過成為一個過渡人物，那就慘了。因此很禮貌地謝絕了這個提議。這哥兒們的回絕很藝術：「負父之命出奔，父死不得修人子之禮侍喪，重耳何敢入！大夫其更立他子。」我現在是因為跟老爸唱反調逃出來的。老爸死了，都不能回去參加個追悼會，現在哪有資格再回去，你們再考慮其他人選吧！

里克他們一聽到這個回覆，當然也不再勉強——反正你不繼承，自然會有別人繼承的。他們又提出請夷吾回來。

夷吾雖然跟重耳是兄弟，但政治智慧跟他的哥哥根本不能比，一看到晉國的特使過來，就笑了，連行李也不收拾，就準備大手一揮，下令開路。他的心腹呂省、郤芮卻冷靜得很，對他說：「老大，不要高興得太早啊！現在國內還有幾個公子，他們為什麼不搶這個位子？現在這個位子敏感得很，還是小心一點為好。如果老大一定要回去，也得想個好辦法。我們在國內沒有什麼力量，就必須請個外援。現在齊國已經開始走下坡了，而且齊國離我們太遠。我們就請秦國吧！最好去找一下嬴任，給他點好處，讓他當我們的堅強後盾，我們的江山才坐得穩。」

## 第五節　秦國開始插手晉國內政

呂省、郤芮的這一番話，聽起來很正確，可恰恰是這個主意把問題更加複雜化了。本來，國內的實力派已經主動找上他們，他們要做的是確認一下國內的民意，而不應該馬上去找外援——當然，為了安全係數更高一點，找個外援來壯膽也沒有錯。可錯就錯在，人家還沒有提出什麼要求，他們就先自動開了個天價給人家——這絕對是最笨最蠢的做法。

本來，秦穆公經過這些年的改革，覺得實力已經連上幾個臺階，正咬著牙要插手諸侯的一些事務——當然，對外說是要在國際社會上，擔當一下大國的責任。可是這手也不能亂插，要選好對象，插得有節有理有利，否則，就會適得其反。好不容易看到晉國鬧得越來越亂，越來越有意思——晉國剛死去的老大，可是秦穆公的岳父大人，算起來也是一家人，一家人參與一家人的事，一點不過分啊，誰也不會說什麼。因此，當里克在國內帶著那批老臣採取行動，一舉粉碎驪姬的野心時，他就派秦國著名的外交家公子縶跑過去看望重耳。他們看望重耳的藉口是：重耳的老爸剛去逝，他代表秦國人民去慰問一下。然後順便問一下重耳，是不是有興趣回去當老大——恰巧這時，里克的特使也來到這裡，請重耳回去。

但重耳不願回去。

於是，公子縶和晉國特使又同時去找夷吾。

這時，齊桓公聽說晉國內亂，已經派出部隊，準備到晉國來進行維和行動。而且齊桓公的意思也是讓夷吾當上老大。

可夷吾的幾個心腹腦袋太過靈活，對國際國內的形勢進行了詳細而錯誤的解讀。尤其是夷吾，這時一心一意只想當老大，什麼成本也不計。他先派人帶著他的信回到國內，對當權派的代表人物里克說：「如果真的讓我當上老大，就把汾陽的地盤都免費劃給你。」然後還派郤芮親自拿著大把現金跑到秦，對秦穆公許下諾言：「如果幫我爬到老大的位子，我就把河西那一帶都送給秦國。」

秦穆公本來只是想藉此事參與到國際事務中來，表示自己的存在，讓諸侯們聽到自己的聲音，並沒有想從中直接得到什麼利益，哪知這幾個傻子卻這麼大方地把利益送到手中，當然笑歪了臉，馬上派一支軍

# 第五節　秦國開始插手晉國內政

容整齊的威武之師前來，說是護送夷吾回國。

而這時以齊國為首的國際維和部隊也已經開到。本來，齊國一出面，夷吾這個老大是當定了，而且當得一點不花代價。多國維和部隊在晉國邊境上跟秦國部隊會師後，齊桓公派隰朋跟齊秦代表團一起，帶著夷吾進入晉國，為他主持了就職典禮才回去。這個夷吾就是晉惠公——跟後來那個腦殘皇帝司馬衷的謚號一樣。司馬衷的謚號是晉惠帝。

從這個過程看，秦國出兵實屬多餘。

晉惠公的謚號雖然跟司馬衷一樣，但他絕對不是腦殘人士。當了老大之後，他把帳本拿來一算，跟秦國的這個生意，賠得實在太大了，秦國什麼都不用做，就割去河西一帶的地皮。他馬上就知道自己原來是吃錯藥了，後悔起來，可里克不同意，強烈要求不可失信——估計這傢伙怕夷吾一失信，他那個汾陽地皮可就泡湯了。

郤芮這時出來發言，他是夷吾的心腹，看到夷吾當了老大，天天就想著讓自己當排名最靠前的當權派——現在最靠前的實力派人物可是老臣里克。因此，他就決定，凡是里克反對的，他就堅決擁護；凡是里克擁護的，他就堅決反對。儘管當初他是向秦國割地賠款主張的建議和執行者，但這時卻當場轉變立場，大聲地說：「這個地不能割讓！這可是晉國無數先烈用生命和鮮血換來的土地，怎麼可以割讓給秦國？誰這樣做，誰就是賣國賊！死去的先烈們不答應，晉國人民也不答應。」

其他幾個同黨這時也紛紛挺身而出，個個大義凜然地表示，絕不能賣國。你們想無恥，但晉國人民絕對不允許你們無恥。

里克一聽，也生氣了，大聲說：「既然知道這是賣國行為，是無恥行徑，為什麼當初硬要說送給人家？話才一出口，合約協議的墨水還沒有乾，就馬上撕毀。老子見過無恥的，還沒見過這麼無恥的。」

夷吾卻不正面回應里克的話，只是問：「大家有什麼兩全其美的辦法？」

沒有！老大都想不出，我們做手下的能想出什麼來？

如果一定要問我們，那就什麼都不說，把問題拖到不用解決的那一天不就完了？

可是能這麼做嗎？秦國不是三歲小孩，也不是虞侯，能讓你開這個玩笑嗎？

秦穆公第一次參與國際事務，一參與就簽訂了這麼一個大好條約，這才知道，這個社會還真是撐死膽大的、餓死膽小的，只要有膽量，敢出手，什麼利益都可以得到。難怪齊、楚都想爭當老大，天天打來打去，打得人家都煩了，他們卻一點不煩。齊國更是動不動就開諸侯大會，開得人民都煩了，他們卻一點都不煩。

當晉惠公覺得請秦國出面實在是多此一舉時，秦穆公卻一點不認為自己做了一件多餘的事。他對這次以武力為後盾的外交活動重視得要命。

重視到什麼程度？他這次派出的首席代表就是秦國第二把手百里奚，而齊國的首席代表只是隰朋。隰朋相當於齊國的外交部長。而百里奚卻是相國，是總理級的。

夷吾當上老大之後，秦穆公還在很傻很天真地等著晉國特使。

沒幾天，晉國特使真的來了。這個特使叫丕鄭，是這次搞定驪姬一黨的主謀之一。秦穆公一見，級別夠大了，看來土地交接是沒有問題的。先看看圖紙，過一段時間去定一定邊界。

哪知，丕鄭根本沒有帶來圖紙，他只帶來晉惠公的一封信：「始夷吾以河西地許君，今幸得入立。大臣曰：『地者先君之地，君亡在外，何以得擅許秦者？』寡人爭之弗能得，故謝秦。」。這信的意思是說，我本來很想百分之百地兌現協議，可是大臣們都堅決反對，認為這地是前任君王開闢出來的，那時我是個流亡人士，根本不是國家統治者，沒有資格代表晉國人說話。即使說了，也等於是放狗屁，更不能隨意轉讓土地。我跟大臣們爭了半天，但爭不過他們，現在向你表示誠摯地歉意，敬請原諒。

秦穆公一看，這才知道被臭小子忽悠了，那個協議只是一張空頭支票。他當場氣得大罵。可大罵之後，又不知道怎麼辦，總不能帶著部隊打過去吧？

不過，他沒有辦法，丕鄭卻有辦法。

丕鄭本來是晉國的高官，是實力派的中堅分子，跟里克屬於同一派。他這次除了當晉國的特使之外，還替自己安排了個別有用心的任務。這傢伙跟里克一樣，以為這次讓夷吾當上老大之後，以後大權就由他們這幾個老傢伙來分享了。哪知，夷吾從國外帶來的幾個傢伙自成一黨，還囂張得很，天天跟他們作對，而且老大又力挺海歸派。海歸派的代表人物就是郤芮和呂省。他們又不好直接搞定這兩個傢伙，因此他就想說服秦穆公，請秦穆公出手，把這些晉國的海歸派搞定。

他看到秦穆公大罵夷吾時，就很陰險地對秦穆公說：「不瞞你說。本來，我和里克是想讓重耳回來的。而且，我們做過民意調查，重耳的支持率比夷吾高多了。可後來是你和齊國支持了夷吾，讓他當了老大。晉國人民對你都有意見。這也還罷了，現在他居然也敢忽悠你。他敢放膽跟你叫板，都是郤芮那幾個人搞的鬼。只要搞定了這幾個人，以後我們的老大絕對都聽你的話。」

秦穆公問：「怎麼搞定他們呢？」。

丕鄭說：「這幾個人都有個貪小便宜的毛病。你可以寫封信邀請他們到秦國來訪問，然後給他們美女金錢，把他們徹底收買了。然後叫他們讓夷吾下臺，再請重耳回來。重耳的人品絕對沒有問題。」

秦穆公一聽，覺得這傢伙的話還真有道理。反正不管事情如何，先藉機插手一下晉國的事務，要是能把晉再搞亂一次，對秦國來說，那絕對是利大於弊的事，因此就寫了一封信讓丕鄭帶回去。

在丕鄭回去的時候，晉國又發生一次政變。

這次政變的發起人是夷吾。這哥兒們是個小氣鬼，不但不願給秦國那塊地皮，連答應劃給里克的汾陽也捨不得。這時看到里克硬要求他兌現諾言，就知道如果不給里克肯定不服。而且他的那幾個心腹也是恨里克恨得要死——里克不死，他們在晉國就一點發言權都沒有，因此一天到晚就勸夷吾趕快搞定里克。理由很簡單，但很有說服力：本來，里克是重耳那一派的，他們選接班人時，首先是選重耳的。重耳那時不當，並不表示重耳永遠不想當這個老大。否則，他早就應該回來了。可現在他仍然不回來，仍然待在國外。這是什麼意圖？我們就不說了。

夷吾一聽，臉上的肌肉馬上緊張地跳動了幾下，決定殺掉里克。

他先是奪了里克的兵權，然後對里克說：「如果沒有你們這些老臣，老子現在在什麼地方都不好說了。老子能有今天，都是你們這批部下的功勞。特別是你老人家的功勞。可是，有一件事，我實在不好向全國人民交待啊！」

## 第五節　秦國開始插手晉國內政

里克一聽，心裡想：「你無緣無故地奪了老子的兵權，當然不好向全國人民交待了。」嘴上卻說：「什麼事？」

夷吾說：「你老人家一口氣殺了兩個公子和一個大夫。如果繼續讓你活在這個世界。你想想，全國人民會怎麼想？我如何向全國人民解釋？我們可是法治社會啊，你老人家的這些行為，是遵紀守法嗎？」

里克一聽，這才知道這哥兒們是要自己腦袋來了，指著夷吾說：「現在你倒會以法治國了。沒有老子的不遵紀守法，不殺那兩個小孩，能輪到你當老大嗎？想殺老子就直說，何必這麼無恥？被你這麼無恥的人殺掉，老子不如自己處理自己。」於是抽出寶劍，就結束了自己的老命。這個晉國的前強人，風光了一陣子，可到頭來仍然走錯了路，最後不得好死。當然，這傢伙是軍人出身，死的時候，還不是那麼難看的。

丕鄭很快就知道里克掉了腦袋，大家都知道他是里克的同黨。他要是回到晉國，後果也跟里克沒有什麼兩樣。他當然也知道，因此就不想回國了。

如果他這時就拍拍屁股逃走，那就什麼事也沒有。

可偏在這時，他碰到了一個人。這個人叫共華，是他的老同事，也是晉國的大夫。這個共華的級別不低，但智商卻沒有與官位成正比。丕鄭問他近來國內的情況。這傢伙的表達能力很不錯，不一會兒就把事情的過程都說得清清楚楚，連一個細節都沒有漏掉。

丕鄭一聽，就更覺得自己如果一回去，就等於送死。哪知，共華卻觀樂得很，他認為，夷吾只是殺里克一個人而已。要不，他能活到現在？你看看，現在我們所有人不都活得好好的？連個黨內處分都沒有呢！你要是跑了啊，老大就會真的把你當成重耳的死黨了。那後果可就說有多嚴重就有多嚴重。

丕鄭一聽，覺得很有道理，就硬著頭皮進城，去向夷吾交差，順便把秦穆公的那封信交給夷吾。

夷吾這時正怕秦國不高興，因此老早就等著丕鄭回來。這時看到丕鄭回來，立即拆開秦穆公的信。一看，他立刻鬆了一口氣。這信的大意是這樣的：秦晉兩國都是一家人啊！秦國的東西就是晉國的東西。河西那塊地在晉國的手裡也跟在秦國的手裡沒有什麼區別。所以，你也不要太在意了。不過，聽說，晉國的呂省和郤芮不但長得帥呆酷斃，而且很有能力，我很崇拜他們。如果能讓他們到秦國來訪問一下，讓我跟他們聊聊，那就太好了。

如果是在以前，呂省和郤芮一聽這話，就高興死了——連秦國的老大都這麼崇拜他們，他們在秦國的粉絲一定多得要命，而且女粉絲也會湧現出一大批啊！要是能去秦國一趟，不但能享受高規格的待遇，進行一次全程免費旅遊觀光，還能享受粉絲們的齊聲大叫，還會拿到大量禮物啊！可現在他們卻不想去了。

這兩個傢伙既然能搞定里克那樣的強人，肯定心思縝密，再加上兩人都是小人性格，害人是他們的特長，因此，做什麼事時，都先懷疑人家一下，然後才敢走下一步。他們知道丕鄭跟里克是他們最大的反對黨，現在他們殺了里克，身為里克的長期搭檔，丕鄭能看他們順眼嗎？能跟他們友好相處嗎？這幾個傢伙連幾個老大都敢高調做掉，對他們肯定不會有什麼好心。丕鄭出使秦國這麼長時間，肯定早就知道他們搞定里克了。他居然還敢回來，而且還帶著這封信回來，這封信點名要他們到秦國去。不管從哪方面來說，都值得懷疑。最後，他們認為，這封信肯定是個陰謀，這個陰謀的矛頭直接指向他們兩個的腦袋。

## 第五節　秦國開始插手晉國內政

經過這麼一研究，兩人馬上就把這個結論偷偷告訴晉惠公。晉惠公現在對他們言聽計從，因此一聽這話，馬上就相信了。然後對秦國跟來的使者說：「你們回去吧。現在我們國家剛換屆，有很多事要辦，等以後有時間了再去訪問秦國老大哥。」

然後叫呂省和郤芮嚴密監督丕鄭，一旦抓到把柄就大力處置。

這兩個傢伙還真是有點能力的。他們經過幾個晚上的策畫，最後研究出一套全面搞定本土派的方案來。

丕鄭回來之後，馬上就著手扳倒夷吾、迎接重耳的工作。他聯繫了幾個老臣，天天開會商量著這件事。

於是，這時有個很少跟他們打交道的人出現了。

這個人叫屠岸夷。

屠岸夷出現的時間是一個夜晚。

本土派的頭號人物丕鄭正準備洗腳睡覺。

屠岸夷進來，說有重要事情要面見丕鄭。

丕鄭累了，說：「不想見什麼人了。有事明天再說。我就不相信有什麼事一定要在晚上說。」

可屠岸夷硬是不走，一直到了半夜，仍然在大門口站著，一動不動，比丕家的保全還敬業。

丕鄭最後受不了，把他叫了進來，到底這傢伙有什麼要緊的事。

屠岸夷一進來，才見到丕鄭的面，連話也沒有說一句，馬上就狠狠地跪了下來，求丕老大救他的命，要是不救，他馬上就沒命了。

丕鄭也被弄糊塗了，問他是不是得了豬流感之類的病有了生命危險？老子可不會治病啊！

屠岸夷說：「我不是生病。是夷吾他們要殺掉我。以前我是里克的心腹，堅定不移地跟著里克殺了奚齊和卓子。現在老大要追究這事，把我定為主謀，要殺我啊！只有你老人家才能救我的命啊！」

丕鄭說：「老大要殺誰就可以殺誰啊！他就是要殺我，我都沒有辦法，哪能救你？如果是以前，我倒可以說上幾句話。現在我的話只能是屁話。你要想活命，最好去求呂省和郤芮兩個大人。現在晉國的事是他們說了算。快去。」

屠岸夷說：「我更不能去求那幾個傢伙。他們先是除掉了里克，現在正準備清算里克的同黨。他們已經把我當成剷除的頭號對象。就是他們請老大下令抓我的。我現在要是去找他們，不是送死是什麼？現在是他們要搞定我，我也想吃他們的肉。」

丕鄭搖搖頭，有點不相信，說：「不會這麼嚴重吧？」到了這個時候，誰都會小心一點的。

屠岸夷說：「就是這麼嚴重。」

丕鄭說：「那你說怎麼辦？總之我是沒能力沒辦法從老大那裡救任何一個人的。」

屠岸夷說：「現在這個時候，誰也不能從老大那裡救我的。因此，只有一個辦法。這個辦法不光救我一個人，也可以挽救大人，挽救全國人民。」

丕鄭一聽，這傢伙一臉的橫肉，跟個屠戶沒什麼兩樣，居然能說出這麼高境界的話來。只是，他現在愛聽這些話，說：「你繼續說。」

屠岸夷一看，對付知識分子還真需要本事，說：「現在國內的形勢大家都明白，就是現任老大很不稱職，全國人民都盼望重耳回來當我們的國君。就連秦國也恨我們的老大不講信用，都想把他搞定，讓重耳回來。所以，我們要順應時代潮流，迅速地組成同一戰線，除掉夷吾。當然，他們也不是紙老虎，說打倒就能打倒。我們還得想個好辦法來。我認為，這個辦法就是，一邊在國內組織一個堅強的反對黨，一邊聯合國外的勢力，裡應外合，才能把他們搞定。所以，請你老人家寫一封信給重耳，我拿著去見重耳，讓他去秦國那裡借兵來當外援。這樣可以吧？」

丕鄭一聽，這個辦法還真的不錯。這小子的臉像個野蠻人，肚子裡卻有料啊！但他仍然不輕易相信，冷冷一笑：「你不要來這裡忽悠我了。你以為我是三歲小孩，會相信你的話嗎？」

屠岸夷一看，要糊弄這個老傢伙還真不容易。臥底真不是個個都可以做了。可到了這個時候，是不能打退堂鼓的。他當場咬破手指，讓血狂噴出來，然後說：「我對天發誓，要是騙老大人，我會死得很慘。」

那時的人雖然智商也高，是中國歷史上陰謀最多的時期，可在某些方面仍然很傻很天真，尤其是對發誓之類的東西，只要你敢對老天爺說幾句狠話，他們就無條件地相信你，你的藉口再怎麼拙劣，再怎麼小兒科，他們大半也會寧願相信不願懷疑。

丕鄭看到這傢伙都發誓了，便不再懷疑，全盤相信了這傢伙的話，馬上把他當成自己陣營裡的中堅分子，說：「明天晚上三更天，我們碰面開個重要的會吧。」

他一點不知道，這個碰頭會，是他們的斷頭會。

碰頭會準時在半夜雞叫時召開，屠岸夷準時報到。這傢伙這時老實得像個小學生，一臉虛心好學地笑著，說自己剛加入，經驗不夠，希望各位前輩多多幫助，然後就坐在角落，不再發言。

這次前來參加這個半夜會議的，除了屠岸夷之外，還有十個人，都是本土派的核心成員。丕鄭先把屠岸夷的情況跟大家說了──這夥人雖然個個都是老臣了，但腦袋也已經長期進水，做的是祕密活動，但情報卻做得很差，連老大要殺一個人的事也不知道。他們只看到屠岸夷是個熱血青年。

接著，丕鄭把屠岸夷的計畫跟大家說了。這些人雖然都還頑強地睜著眼睛，但思維都已經進入睡眠狀態，一聽大會召集人這麼一說，都說好主意啊，趕快寫一封信，讓屠岸夷帶過去，這種碰頭會不能開得太久，太久了容易引起敵人的注意。他們根本沒有想到，這信一交給這個臥底，等於是把證據交給了敵人。

他們回家睡了好覺，第二天，準時上朝。在上朝的路上，幾個人遇見，個個臉上掛著笑容。

他們笑，呂省和郤芮也笑。

雙方在大殿上都見對方在笑。

雙方都在心裡說：到底誰笑到最後！

接下來的事實證明，是呂省他們笑到了最後。

晉惠公上朝宣布的第一件事就是把以丕鄭為首的反叛者抓起來。

丕鄭還想大聲說話。

## 第五節　秦國開始插手晉國內政

郤芮的笑越來越冷，拿出昨晚丕鄭寫給重耳的信，說：「丕鄭，這是證據！老大從來不冤枉好人。」

於是丕鄭一黨全部人頭落地，屠岸夷當場升官。只有丕鄭的兒子丕豹逃了出來，狂奔到秦國避難。

秦穆公這時第一次參與其他諸侯國的事務，為以後當國際警察累積經驗。可卻搞砸了生意。

他看到丕豹狼狽跑來時，雖然努力安慰著這個死了老爸的避難人員，但心裡也鬱悶得很，他問大家：「這事不能這麼算了吧？我們費了這麼大的勁，就得了這樣的結果。老子有點不服氣。」

蹇叔說：「老大在處理這事時，有點衝動過頭了。還是冷靜一下再說。」

百里奚說：「其實這事根本不用我們再動手動腳。夷吾這小子如果老是用惡劣的手段剷除異己、在國內搞分裂，人家能服他嗎？我相信，不用多久，晉國就會再出亂子。只要出現了亂子，我們就有機可乘了。否則，由我們主動出手製造亂子，成本太大，而且收益渺茫得很。我們現在只能等。」

秦穆公一聽，兩人都說等是最好的辦法，那肯定就是好辦法。

# 第五章 霸位轉手：從齊桓到晉文的時代交替

## 第一節 諸侯失策，霸位易主

秦穆公繼續跟晉國玩。

當然，這一次他沒有像前幾次那樣，粗暴干涉別國內政，雖然很能刺激興奮神經，但效果不大，而且名聲太壞，讓人覺得很無恥。看看人家管仲是怎麼做的？管仲絕對是干涉他國內政的專家——如果干涉他國內政也能算是個行業，管仲算是這個行業的鼻祖。

管仲要干涉他國時，一定先找到理由——哪怕那個理由很搞笑，但再搞笑的理由，也是理由，然後高調把部隊開過去。而且明明是齊國自己的意思，卻說成是周朝的政策，明明是自己齊國的部隊，拉上幾個弱勢諸侯的民兵，就說成是多國部隊。

這種做法的結果是什麼？

如果搞砸了，由周王那個豬頭承擔責任，由多國部隊分擔失敗的後果；如果成功了，雖然他們到處大聲說，那得歸功於周天子，可大家都知道，那是管仲的能力，是齊國的功勞。

所以，要當國際警察，要想在諸侯面前威風，表面上你得來個以德服人。而且以德服人也得等機會。

當然，這種機會是經常有的。

秦穆公這時全面聽從兩位相國的教導，老老實實上班工作，在那裡坐等晉國製造的機會——別的國家，這時在齊國的保護傘下過著下層機構一樣的生活，你要是把手伸過去，以齊國為首的多國部隊就會把腳踢過來。這是很不划算的，因此只有拿這個不理中原諸侯的晉國來玩玩，練練功夫。楚國雖然一直強大，可看不透這個形勢，不服齊國，動不動就跟齊國唱反調，雖然製造了大量的新聞效應，但對自己沒一點好處。每次打過之後，都是平局收場。可打仗不是下棋打牌，下棋打牌再怎麼輸，也沒什麼損失。可一場戰爭之後，損失是巨大的。

楚國雖然是當時最強大的國家，但最後卻沒能統一天下，跟他們這種想法是有一定關係的。

晉惠公和呂省他們搞定本土派之後，還沒有停手，繼續採取高壓政策，又打擊了一大批異己人士，還真讓他們的政權穩定了一段時間。

可沒多久，晉國就發生了自然災害，全國立刻進入糧食緊張時期。

他們沒有辦法，馬上派人去秦國談判，要求秦國發揚國際人道主義精神，來個一方有難，八方支援，幫晉國度過難關。

秦穆公認為，機會來了，馬上召開會議，把這個情況跟大家討論，看是不是趁著這個老天爺給的機會

## 第五節　秦國開始插手晉國內政

去收拾一下晉國。要是能收拾了這個老牌大國，秦國就可以大大的威風了。

丕豹最激動，堅決擁護秦穆公直接把晉國搞定的英明決定。至少不能給他們糧食，讓他們餓得半死了再說，讓他們知道，沒有信用的後果有多麼地嚴重。

可幾個老臣都反對，認為這樣做，太缺德了。人家可以缺德，但秦國不能做缺德的事。我們本來就是諸侯中的新手，人家向來認為我們不夠文明，歧視我們。現在就應該做一下以德報怨的事，讓大家知道，我們是禮儀之邦，不是愚蠢的軍隊。

秦穆公一聽，心情馬上高興起來，立刻說：「好！我同意大多數人的意見。對不起我們的是夷吾一個人，現在受苦的是晉國人民。給糧！」

秦穆公這次跨國救災的規模真的很巨大，據當時的目擊證人說，當時渭河、黃河、汾水裡全擠滿了從秦開往晉國的船隊，船裡全是救災的物資。

秦國這麼一盛大救災，晉國老百姓都知道是秦國來救他們。

有一句話叫做善有善報。按道理說，秦國這次史無前例的跨國救災行動，絕對是史上最厲害的國際人道主義援助，應該受到好報。

可老天爺有時就是不按常規出牌。

秦國剛把備戰備荒的糧食當救災物資送給晉國之後，國內外大大小小的讚美還沒有收尾，秦國自己就遇上百年不遇的大災害了。而晉國卻大獲豐收。

各地的災情傳到秦穆公那裡。

秦穆公一看，呵呵，幸虧去年救了晉國，現在我們可以去晉國藉藉糧啊！他們今年豐收得很，我們的災害規模就是更大一點、災情更嚴重一點，老子也不怕。

所有的人都這麼認為，只要派個特使，拿著一封信跑到他們的友好鄰邦那裡，運糧的船隊馬上塞滿那幾條秦國邊界的河流。

哪知，夷吾卻陰險得很。他會見秦國的使者泠至後，聽了特使的口頭彙報，再看看秦穆公的求救信，一臉笑容地說：「使者大人辛苦了。先帶他去歇歇。」

他自己馬上把幾個心腹叫來，商量該怎麼辦？反正現在主動權在自己的手裡。

呂省和郤芮思雖然心思縝密，智商高，但人品很差，腦子裡那個害人的思想就像永遠除不清的木馬一樣，一動腦，首先想到的不是如何去救人，而是去害人，然後自己從中得到好處，成為永遠的既得利益集團。這時，聽說秦國遭受百年不遇的大災，秦國人民已經沒有食物了，而且由於去年把備戰備荒的儲糧全都送給晉國，所以，現在秦國軍隊的口糧也成了問題。這是什麼後果？這是秦國就要徹底完蛋的後果。這更是對我們最有利的後果。我們一致認為，趁現在約梁國一起把部隊開過去，就算不能把秦國滅了，但占領幾座城池還是可以做到的。

有幾個人說，這樣做太無恥了……

呂省他們的眼睛一睜，大叫：「敢再說『太無恥』的給老子站出來。」

誰敢站出來？大家都知道，這時你敢站出來，他就敢砍你的頭。

## 第五節　秦國開始插手晉國內政

晉惠公再問：「還有什麼意見？」

誰再有意見，誰就是全世界頭號傻子！

於是，晉惠公請人把已經洗好腳的泠至請來，說：「不好意思啊！晉國今年也受了災害，現在大家都在勒緊褲帶過日子。我們現在沒有糧食支援你們，只有精神上的支持了。相信秦國一定會在你們英明君主的帶領下，以頑強的意志，戰勝災害，度過難關。你趕快回去吧，以便投入秦國的救災行動。」

泠至一聽，心裡一急，說：「老大。你這話忽悠一下小孩，那是很有效的。一顆糧食都沒有，靠意志真的能度過難關嗎？去年，你們受災的時候，我們老大說過這樣的話嗎？」

呂省和郤芮馬上出來大叫：「你以為你們是好人了？你們老早就跟丕鄭密謀，長期培養反晉勢力，以為我們不知道？現在你說什麼都無效。回去告訴你們的老大，糧食這個東西，晉國大大的有，你們想要，派軍隊過來，不要只叫你一個人來。」

你想想，秦穆公聽到這個報告，他脾氣不當場爆炸才怪。他大罵一頓之後，滿臉憤怒地請那幾個智囊來開會。

那幾個智囊絕對不是好戰分子，可這時聽說晉國不但不送來糧食，反而要跟梁國合作，武力進攻秦國，也是個個氣得大罵起來。

罵過之後，就只有一個字：打！

本來，晉國也正在派兵過去。夷吾認為，這仗他即使不能大勝，但小勝是肯定沒有問題的——秦國人都餓得兩腿發軟，離全面崩潰也沒有幾步了，因此就好整以暇地整兵。

秦穆公可就不同了。現在全國上下都在缺吃的，如果再慢半拍，連軍隊後勤部都成了失業人員，這仗就根本不用打了，因此他一決定開戰之後，馬上就全面動員，緊急出兵，速度快得要命，沒幾天大軍就到達秦晉邊界，向晉軍發起猛烈進攻。

晉國邊防軍也和他們的老大一樣，以為秦兵現在正餓得要命，哪有力氣進攻？於是被打了個大敗。

在這個階段中，秦軍連勝三場。

秦穆公一看！這仗原來也不怎麼難打。乾脆把戰爭全面深入地開展下去，打出糧食來。這叫以戰養戰，既打下了糧食，又鍛鍊了士兵，這意義是說多大就有多大。

晉惠公很快就接到消息，老子還沒有行動，你倒先動手了。你現在送上門來，也算是配合老子了，免得老子還要跑去殲滅你呢！

晉惠公馬上帶著部隊去迎戰。

雙方在晉國的韓原相遇。

雙方的最高統帥都是本國的第一把手。

那時打仗比現在簡單多了，而且這次參戰士兵的數量也不很大。據說晉國的部隊是六百輛車。兩邊的戰術戰法一點沒有差別，就是大聲命令自己的部下以對方的最高統帥為目標，拚命衝過去，像下象棋一樣，誰先把對方的主帥拿下，誰就勝利。

這場戰鬥的激烈程度並不怎麼震撼人心，但卻很有戲劇性。

## 第五節　秦國開始插手晉國內政

本來，雙方的軍力旗鼓相當，要真正打起來，還是可以把戰爭的時間拉長一點的。大家都知道，現在秦軍的口糧已經成為大問題，他們唯一要做的就是速戰速決，而不是跟你磨下去，先打一段時間的嘴皮仗，鍛鍊罵人的本事，等罵得過癮了再開打。但晉惠公絕對是個菜鳥，並沒有看清這個情況，他應該帶著自己的軍隊，跟秦軍來個游而不擊，或者關起城門來大吃大喝，就是不跟秦軍有任何肢體接觸，秦軍不用打就會敗下去——也有幾個專家勸晉惠公先不要跟秦軍硬拚。

但他不聽——人家都已經深入國境來了，你還打什麼游擊戰？老子的士兵吃得飽飽的，還怕他們那幾個要飯的？而且，他剛得幾匹好馬，拉著他的新車，正想出出風頭，因此，誰勸也不聽。

這一戰也像很多場戰鬥一樣，也有點像象棋一樣，雙方同時把部隊分成三軍，老大在中間，稱中軍，旁邊分別為左軍和右軍，然後大叫一聲，就開打。

秦穆公這邊的中軍先鋒就是那個大力士公孫枝。

這傢伙的力氣大，音量也比人家高出許多，帶著部隊，大喊大叫向晉惠公殺過去。

晉惠公的那幾匹馬雖然都是好馬，長得很帥，可都嫩得很，拉去逛街或者檢閱部隊，那是很能展現軍威的，可戰場不是秩序井然的檢閱場，大家亂轟轟地大砍大殺、大喊大叫，情況可就不一樣了。雖然晉惠公現在覺得很刺激，全身內外都史無前例地處於亢奮期，可那幾匹馬就不同了，嚇得到處亂跑。

駕駛員也控制不住。

最後，指揮車就陷進一段爛泥潭裡，不管駕駛員怎麼抽打，那幾匹馬就是起不來。

晉惠公這才知道，在戰場上可以用年輕將領去衝鋒，但千萬不能用新馬拉車啊！

公孫枝帶著手下殺了上來。晉惠公的警衛部隊倒很優秀，拚命抵抗，死死擋住公孫枝的進攻。

秦穆公那邊又是另一個情況。

秦穆公的馬倒是經驗豐富，主人不著急，牠們也不著急，一點不給老大添麻煩。可那個西乞術的麻煩卻大了。

他跟他的兄弟白乙丙都跟著老大出來參戰，在中軍與秦穆公並肩作戰。

西乞術雖然膽量好，身體不錯，信心也足，但作戰經驗就跟晉惠公的那幾匹新馬一樣，戰鬥一打響，就直接衝上前去，自己雖然很光榮地衝鋒在前，可士兵們卻不知道如何打下去，只一下就亂了陣腳。老哥子這才知道，打仗不是打架。打架就靠你單兵作戰的能力，你力氣大，再加上比賽技巧，就可以搞定對方。可打仗不是一個人的事，而是一支部隊的事。你不光要精通砍殺，更要有陣地管理技術。否則，你一個人出來不就行了，還帶那麼多子弟兵背刀扛槍來做什麼？

與他對陣的是晉國這次出征的頭號種子韓簡。韓簡只一下就把猛男西乞術的部下搞定了。

西乞術沒有辦法，只得退到中軍來。

韓簡確實是老鳥，帶著本部人馬也衝向秦穆公。

秦穆公就被兩支敵軍夾擊，情況立刻萬分危急起來。

白乙丙要過來救，可他的對手屠岸夷卻把他死死地擋住：「呵呵，白老兄，想過去救你們的的老大。得先把我玩完，呵呵，要把我徹底玩完，也不是一件很容易的事呢！」

白乙丙很生氣。但這時生氣是不能解決問題的。

## 第五節　秦國開始插手晉國內政

這時秦穆公的警衛部隊已經傷亡大半了，他在車上已經感覺到敵人大刀的風聲了。他一邊咬牙指揮，一邊在盼望公孫枝快快結束那邊的戰鬥，把晉惠公打垮啊！

公孫枝的戰鬥進度雖然很快，但因為兵力不多，離徹底打垮晉惠公還有一點距離。

而秦穆公這時就要成為一線戰鬥人員了。

韓簡這時高興得要死，老子要立功了！

哪知，他的高興還沒有畫上驚嘆號，突然後面殺聲又起。

秦穆公和韓簡同時扭頭一看，只見一群大漢舞著斧頭，大喊大叫著衝了上來。這群漢子的衣服很破爛，但肌肉很發達，披頭散髮的，完全有資格去當洪七公手下的九袋弟子，而且兵器都是同一個型號的斧頭，看過去，更像是一群李逵。

當然，現在像誰並不重要，重要的是這幫人到底是哪一邊的。

雙方都不知道這群野蠻漢子的來歷是什麼。

秦穆公只在心裡說了兩個字：完了！

韓簡的想法卻複雜得多：這幫人估計是專門打劫的土匪吧？否則，為什麼不穿正式服裝？可到這個時候出來打家劫舍，老子就麻煩了。他不會想到這是秦國人。因為這已經是晉國的領土了，秦國不可能事先埋伏一支這樣破爛的部隊在這裡——如果是晉國的伏兵，他是頭號將領，他肯定知道。因此，他只能認為，是長期活躍在晉國境內的盜匪。雖然這夥盜匪是晉國的，但盜匪只講利益，不講政治，只管打劫，到了這個時候是不會發揚愛國主義精神的。如果他們亂殺一氣，事情就麻煩了。

韓簡很天真地認為這幫漢子沒有愛國心。

其實這群人有愛國心得很。

當然，他們愛的不是晉國，而是秦國。

他們輪著斧頭殺了上來，而且是專門砍晉兵的。這夥人沒頭沒腦地大砍，晉國士兵馬上沒頭沒腦了一大片。那些大斧雖然是業餘兵器，但比晉兵手裡那些正式兵工廠裡打造的矛和戈要嚇人得多。而且這些大漢雖然不穿軍裝，沒有軍銜，不會走正步，但個個力氣大得要命，集體舞起板斧，聲勢很嚇人，晉兵從沒見這種無理的打法，一時嚇得發呆。發呆之後，身邊滾落的同袍腦袋立刻提醒他們，再不逃跑，同袍的命運馬上就成為他們的下場。

有人發聲喊：「快撤啊！」

蝴蝶效應當場產生。

大批晉國士兵就成了一群逃兵。

接下來的過程就很老套了。一群晉軍在前面瘋狂逃跑，猛醒過來的秦兵跟在板斧大漢的後面，發飆狂扁。

戰鬥迅速變成一邊倒的形勢。

晉惠公的豪華馬車還在爛泥潭裡掙扎，那幾匹馬的身上已經鞭痕累累，跟重傷沒有什麼兩樣。而這

## 第五節　秦國開始插手晉國內政

時，晉國皇家警衛部隊也覺得大勢已去，再在這裡硬碰硬，除了自己死之外，沒有別的後果，因此也跑得一點不落後，丟下老大在那裡，誰也不管了——誰叫你這麼腐敗，打仗可不是來炫耀，一定要用這種沒用的坐駕。

晉惠公這時才知道，打仗還真不能耍排場，如果一定要耍，那就是現在的下場。

韓簡倒很夠意思，跑過來要把晉惠公從水深火熱的地方拉上來。

但秦軍能答應嗎？

抓住對方的老大，是這次戰鬥中雙方的共同心願。秦兵早已圍過來，大叫：「繳槍不殺。我們優待俘虜。」

晉惠公這次沒有開會討論，當場果斷宣布投降。

老大一投降，這仗當場宣布結束。

一大批晉國大臣都跟著晉惠公走進俘虜營。

秦穆公過來，把晉惠公猛批了一頓。晉惠公這時已經徹底淪為弱勢群體，耳裡不住聽著秦穆公的教訓，心裡卻不斷地罵髒話——你這不是強盜邏輯是什麼？不是侵略主義的無恥行徑是什麼？明明是你對晉國發動了戰爭，都已經打到這個地方來了，老子抵抗一下難道是錯的？老子是不給糧，可周朝哪個條款規定不給糧就捱打？這個社會做什麼都可以，但千萬不要當弱勢群體，千萬不要打敗仗啊！

當然，晉惠公這個敗仗雖然很多人都說是因為他以德報怨的結果，是非正義戰爭的結果，是必然失敗的。其實，你也看到了，如果沒有那群斧頭幫的出現，現在掌握著發言權的可不是嬴任，而是他姬夷吾站在豪華馬車上意氣風發了。

但這個社會可不管你那麼多如果，這個社會講究的永遠是最後的結果——不管這個結果是如何導致的，它永遠是合理的。

秦穆公雖然得意，可也知道，他現在能威風地大聲說話，完全是因為那群斧頭幫的出現，否則，現在他就得低頭去聽對方的問責了。

秦穆公這才回去找那群斧頭幫。

斧頭幫除了兵器整齊之外，其他都是破爛的，總共三百多人。

秦穆公問他們到底是從哪裡來的？

原來他們是秦國的居民，居住在秦國的梁山一帶。

梁山一帶的生態環境保護得很好，因此，秦穆公一直喜歡到那裡打獵。秦穆公打獵不但講排場，而且時間也不短，跟現在那些背包客進山一樣，常帶著幾天的乾糧，帶著帳蓬到野外去過夜。有一次，這哥兒們又去打獵，可第二天醒來時，發現幾匹年輕力壯的好馬不見了。

他馬上派人去四處尋找，找到一個山窩裡，見幾百人在那裡大吃大喝，旁邊還放著幾張馬皮。他們不用嚴刑拷打就知道，肯定是這群破破爛爛的傢伙在夜裡發揚不怕黑暗的精神，偷了他們的馬，而且這夥人的膽子也大得要命，也不跑遠幾步，大概怕馬走遠路了，會瘦下去，就在這裡連夜加班宰殺，吃了個新鮮。

## 第五節　秦國開始插手晉國內政

幾個人連忙跑回去向秦穆公彙報，強烈要求派大軍開過去，把這一群強盜搞定了。老大想想，連國家元首的馬都敢偷，這夥人還會怕誰？所以，要趕快讓我們建立新功，為民除害。

如果是在別的時候，估計秦穆公會馬上釋出剿匪命令，可近來心情特別好，聽了幾個手下的報告後，只是笑一笑，說：「我們這次的任務是打獵不是剿匪。老子看這夥人其實都是善良勇敢的秦國人民，估計他們長期生活在底層，生活很苦，這才偷了老子的馬。老子的馬就是全國人民的馬，也有他們的一份。現在他們既然殺了，就讓他們殺了。何況殺馬也不是什麼死罪啊！你們把這些酒拿過去，跟他們說，這些馬都是好馬，光有好馬肉吃，沒有酒喝，一點不過癮。」

那群盜馬人打死也想不到，偷了馬還獎酒，當場都有點發傻——這是個什麼樣的社會啊？連他們都想不通了。但想不通是一回事。眼前有酒喝，就是好事。

他們大碗喝酒、大塊吃肉之後，覺得他們的國君實在是天下最好的老大了。後來，聽說秦穆公帶兵對晉國發動戰爭，也不管這戰爭是正義的還是非正義——反正孟子後來就說「春秋無義戰」，幫老大打仗，報答老大是永遠不會錯的。因此就都扛著斧頭狂奔過來。沒想到，來得太及時了，在秦穆公已到最危險的時候，他們一輪板斧，就把敵人打得到處找牙，最後還追得他們滿世界亂跑。這個功勞是說多大就有多大。

秦穆公一聽，人在這個世界上，有時以德報怨，還真有好結果。如果當時一定要為那幾匹馬報仇，一定要在那裡生氣，當時這群人的後果當然會很嚴重。可現在自己的後果更嚴重了。

他對那群斧頭幫說：「你們不用回去了。從今天起，你們都參軍了吧。回去好好地替他們記功，大力表彰。」

可那群人雖然破爛得要命，但對當兵吃糧卻一點不感興趣，當場對秦穆公說：「老大，我們自由慣了。現在叫我們當軍人，我們做不來。我們決定仍然回到山裡，過著土匪的幸福生活。」然後扛起斧頭，拍拍屁股，亂哄哄地閃人。

秦穆公送走斧頭幫之後，突然記起那個白乙丙好像不見了，是不是光榮犧牲了？秦穆公向來把這對兄弟當人才看待，這次出場，更是讓他們首發。哪知，一個開打沒有多久，戰鬥還沒有進入正常軌道就先敗下陣來，另一個到現在還看不到人，是不是被砍了腦袋？他馬上要大家去找，「活要見人、死要見屍」。

不一會兒就找到這傢伙。原來他正跟那個屠岸夷扭打在一起。這時兩人都已經打得沒有什麼力氣了，全累得睡在地上，但還在做著扭死對方的姿勢。

這兩個傢伙的武力指數差不多，誰也打不死誰。可現在就由不得他們了。秦兵上來，把白乙丙扶起來，然後把屠岸夷綁了起來。

秦穆公的性格並不怎麼殘忍，很少有殺俘行為，但他卻下令把屠岸夷拉下去砍了。屠岸夷一看，排名最靠前的那幾個戰犯什麼事都沒有，為什麼拿老子的頭開刀？難道現在的法律變了？主犯可以免責，從犯倒要從嚴處置了？

秦穆公冷冷一笑，這跟戰犯無關。老子現在是處決臥底。

屠岸夷這輩子最得意的就是那次漂亮的行動，覺得去當臥底真好，不但把幾個老傢伙玩了一把，狠狠地讓自己的智商表現了一次，而且還得到迅速提拔。哪知，才當了幾天高官，就丟了那個他很自豪的腦袋。

這場戰役史上稱為秦晉韓原之戰。

這也是春秋時期第一次兩大國的全面交鋒，以秦國險勝而告終。

秦穆公心裡那是超級得意，覺得自己以後就是死了，那個「秦國偉大的軍事家」的頭銜是戴定了。

可他的老婆卻鬱悶得很。

## 第二節　權臣亂政，小人當道

在他帶著部隊押送一批高級戰俘凱旋歸來、到達首都城外時，突然看到一群身穿孝服的美女在夾道歡迎他。

他一呆！老子這是奏凱歸來啊，應該是鮮花和掌聲才對，怎麼像弔孝一樣。難道他們以為老子死了？夫人就派人穿孝服來。誰報告這個消息的？

他上前去問那幾個美女是怎麼回事？是誰叫妳們穿孝服的？

美女們說：「夫人。」

「為什麼？夫人是不是因為老子離家久了，想念老子想得神經衰弱了？」

「不是。夫人正常得很。她說，晉侯是她的弟弟。現在老大把她的弟弟俘虜了，她沒有臉當晉國的人了。她現在已經架好了柴火，坐在上面，如果老大一定要把晉侯帶回城裡，舉行受降儀式，她就對自己執行火葬。」

如果是其他老大，估計就氣爆了——死了正好。都老到這個地步了，老子早就想換屆了，妳居然還拿死來威脅？快去死吧！妳以為妳死了，老子就真的成為「寡人」了？告訴妳，老子別的都缺，唯獨美女一點也不缺。

但秦穆公的人品還是不錯的，他認為要當一個好的國家元首，先得當一個好老公，因此就拍拍腦袋說：「快快回去跟夫人說，老子照她的指示辦。」

他把晉惠公留在城外的旅舍裡，然後回到宮裡，對夫人說：「夫人妳放心。我只是在打仗之後，請你的弟弟到秦國來進行一次友好訪問。」

本來，他也不想砍下夷吾的腦袋，真要砍，他還會帶這個豬頭回來嗎？現在要直接搞定這個討厭的晉惠公，那是沒有一點難度的。可他知道，殺人容易，但殺了這個傢伙除了心情好一點之外，還有什麼利益？而且，晉國那邊的人聽說老大沒了，肯定會再選出一個國君來，跟他再來個全面對抗，他還有力量再打下去嗎？現在秦國的人民都已經沒有飯吃了，國內的局勢也已到群眾事件全面爆發的時候。現在工作的重中之重，是拿到糧食，解決饑荒。所以，他必須牢牢控制夷吾，控制了夷吾，就等於控制了整個晉國，控制了晉國，他就什麼都不怕了。所以，現在你就是想殺夷吾，他都不同意。

當然，他做得並沒有像他說的那樣好聽，而是讓姬夷吾在旅舍裡一邊吃喝拉撒，一邊反省，然後就跟秦國簽定了一個條約，將原來那張空白支票全部兌現，並把河西的地盤交接清楚。

這些工作，前前後後花了兩個多月。這兩個月裡，晉國的高層都在秦國那裡開展「外交活動」、進行「友好訪問」，晉國就陷於真正的無政府狀態。估計在這個時候，都是秦國託管的，否則不全亂了套才怪。

## 第二節　權臣亂政，小人當道

秦穆公在這段時間裡，把所有的事情全部辦妥，仗打贏了，糧食搞定了，秦國馬上從崩潰的邊緣直接進入了安定團結的大好局面。到了這時，該把晉惠公放回去了，否則，老留在這個方，天天好飯菜好美女招待他，白白浪費了秦國納稅人的錢。

不過，晉惠公可以回去，但他的接班人子圉卻必須繼續留在秦國當人質。如果他再惹什麼麻煩事，不要忘記兒子的腦袋掌握在人家手裡。

晉惠公在秦國待了這麼多天，心裡早就煩得要命。一來，他在晉國作威作福當老大慣了，一天到晚想怎麼樣就怎麼樣，哪像現在，帶著幾個死黨天天在飯店裡，連門都出不了。更鬱悶的是，如果再這麼待下去，重耳突然回去，宣布組成新政府，他可就什麼都完了，以後可就得都待在這個地方當外來人員，年年要辦個暫時居留證才可以繼續生活下去，那可就實在沒有面子了。

因此這時得到可以結束「訪問」回國的通知，馬上就把兒子交給秦穆公，說兒子，你先當人質，以後再當老大。不是個好人質，就不是一個好老大。然後就狂奔回去。

他回到晉國之後，看到晉國還是原來的晉國，重耳並沒有回來搶班奪權，心情才放鬆了下來。可放鬆了不到幾秒，又鬱悶起來。重耳是個危險人物，得想個辦法來預防一下。

到了這時，小人的主意來得最快。

郤芮馬上貢獻主意，說：「老大，這事好辦，派個恐怖分子過去把他做掉不就完事了？這個社會哥殺弟、弟殺哥、老爸除掉兒子、兒子砍死老頭的事，難道還少發生嗎？」

夷吾一聽，馬上就一拍腦袋，好啊，然後把勃鞮叫來，讓他去完成這個任務。

他搞定重耳的決心很大，可保密卻做得很差，任務還沒有安排好，就被狐突知道了。

狐突有兩個後來很著名的兒子，一個叫狐毛，一個叫狐偃。這對兄弟是重耳的心腹，現在跟重耳在狄國過著流亡的生活。狐突也是重耳派的，因為年紀大了，行動不便，才沒有跟重耳去闖蕩。這時知道夷吾他們的行刺陰謀之後，馬上派了個人連夜跑去告訴了重耳。

重耳那一幫人得到消息後，知道他們是打不過夷吾派的恐怖分子的，而且狄國的實力也太過單薄，當不了他們永遠的保護傘，只得抓緊時間狂逃——「惹不起、躲得起」這招雖然有點老套，沒有一點新意，但往往很有效。

夷吾派出的殺手最後跑了一趟，白白花了很多差旅費，卻什麼事也沒有完成。

夷吾當然很鬱悶。不過，聽說重耳已經跑到遠遠的齊國，要想回來奪權，也不那麼容易了——除非齊桓公突然頭腦發熱、神經不正常地亢奮起來，又帶著多國部隊殺過來，一定要幫重耳奪位，那又是另一回事了。可齊桓公會那麼傻嗎？而且他現在已經老了。人一老，行動力下降，什麼事也做不了。

秦穆公現在的感覺當然不錯，把晉國擺平，其意義是十分重大的。秦晉當時雖然是姻親，可在那個亂得讓人眼花撩亂的時代，只要老臉一翻，誰還管你是什麼人？都是大刀砍過去。因此，這些所謂的親情關係，在雙方關係都還和平時，那是錦上添花，可一旦雙邊出現衝突，這些親情從來就是忽略不計的。而且秦人長期在西部，思想受西戎的影響較多，對這些東西看得比中原諸侯們更淡。後來，在戰國時期，秦國曾跟多個諸侯交換人質。可當他們決定開打時，都嚴格遵守「國家利益高於一切」的原則，人質的命運早已與他們無關。何況，現在秦國的夫人僅僅是夷吾的異母姐姐？夷吾現在連他的異母哥哥都要殺掉。

所以，這種關係是沒有一點安全係數的。唯一能夠讓對方老實的，只有讓槍桿子說話，把對方打得門牙全落，趴在地上。

秦穆公這仗雖然勝得有點難看，但畢竟是打贏了，而且後來還是周王派人過來為夷吾求情，說晉侯是我姬家的同姓啊，給我一個面子吧，放他回去。你想想，周朝什麼時候出面向諸侯求情過？給周朝一個面子，自己的面子就更大了。

秦穆公得意之後，接著又為下一步做好準備。

秦穆公這輩子的外交政策分成兩個時期。第一個時期，就是把目光投向東邊，想跟中原諸侯進行競賽。而中原諸侯與他相鄰的就是晉國。因此他的主要精力基本上都放在晉國那裡，跟晉國玩了大半輩子。先是騙來晉獻公的女兒當老婆，然後直接插手晉國的內政，參與確立晉國的君主，然後又跟晉國狠狠地決鬥一場。雖然有所收穫，但弄得雙方都很累。

他的第二個時期就是再次向西發展，把那些麻煩部落全部收拾——這是後話，暫且不表。

這次，他放晉惠公回國之後，卻讓晉國的太子留在秦國做人質。秦穆公很狡猾，是玩政治手段的高手。他並不像人家那樣，對這個人質只是天天派幾個人監視著，不讓他有什麼對秦國不利的動作，而是拉攏對方，想盡量讓他成為親秦派。

為此，他把自己的女兒嫁給子圉，讓他成為自己女婿——雖說，這個關係並沒有多麼保險，但總比什麼都不是的好。

可是，他的算盤打得不錯，但子圉卻一點也不傻，哪會上他的當？

不久，秦國派兵把旁邊的另外一個小國梁國搞定。這個梁國原本是晉國的衛星國，向來在國際事務中堅定不移地跟晉國保持一致。秦國估計老早就想把這塊地盤弄到手，只是礙於晉國所以遲遲沒有行動。這時，趁著晉惠公剛打敗仗，處於不敢吭聲階段，就順勢搞定——做法有點卑鄙，但叢林法則，就是這樣。只有卑鄙，只有無恥，才能生存得比別人好。

秦國搞定梁國後，子圉很難受。他對秦國就沒有一點好感了。梁國是他的外婆家。現在秦國把他外婆家滅了，他能放下嗎？他開始有自己的想法來了：可他老爸別的能力不怎麼樣，但生育能力卻很強，除了他之外，還生了一大堆兒子，而且他的這些兄弟現在都很幸福地生活在晉國。如果他老爸哪天突然掛掉，他來不及回去，估計什麼事都會發生。他這個太子就什麼都不是了。

這哥兒們的這個想法一產生，馬上一咬牙，偷偷在祕室裡易容了一番，把自己的嘴臉搞得連老婆情婦都認不出之後，從某個地方溜了出去，然後逃回了晉國，結束了人質生涯。

這哥兒們確實看得很透。他知道他的老爸沉迷酒色，身體老早就被抽乾了，是個什麼時候都可以死去的老頭。他回去得很及時，第二年，晉惠公就像他預料的那樣掛掉。

子圉就順利地接了班。這哥兒們比他的老爸更恨秦國，當了第一把手之後，根本不理秦穆公，那個老婆也不派人去要回來了——現在不是主張用國貨嗎？老子現在就用本國的美女。

秦穆公這才知道，自己的想法全是大錯特錯，馬上生氣起來，要是再讓這個子圉當晉國統治者，以後只怕比夷吾更不好對付，因此決定搞定他。以前，秦穆公在晉國內亂時，選擇夷吾當晉侯，是因為覺得夷吾能力有限，容易控制，哪想得到這哥兒們能力不強，但人也很無恥，別的事業沒有做出什麼來，以怨報德的動作做得最到位，現在他的兒子又全面繼承他的精神，將這個方針進行到底。這對秦國是十分不利的。

秦穆公連吃了兩次苦頭，這才知道，跟小人打交道你是永遠的受害者。他決定找一個人品優秀的人來代替子圉。

在與他夫人慎重的討論之後，夫婦倆一致認為，重耳的人品是晉國所有公子中最優秀的，能力也是最強的，應該推他出來接任國君的位子。

於是，重耳隆重登場。

再來說說重耳的故事吧！

## 第三節　流亡歲月：晉重臣的艱難逃亡

重耳離開晉國開始流亡後，就一直在他的外婆家過日子。他逃離晉國時已經四十三歲，身體各個零件的功能已經開始衰退，也沒有什麼偉大理想了，天天想著，能讓自己安全老死在這個地方就OK了。那幾個跟他逃出來的死黨，本來都是有志青年，但到了這時也覺得「人生幾何」了，便都跟他保持高度一致，要在狄國成家立業。這幾個傢伙在晉國雖然很狼狽，但到了狄國就成了老外，討個美女那是小意思。重耳也討了個狄國著名的美女季隗。

這群人這時已經沒有什麼想法了，天天鬱悶地生活著。哪知，夷吾卻硬要打破他們鬱悶的生活，派人來要他們的性命。他們再怎麼沒有理想，但也在乎自己的性命。尤其是重耳，聽說那個曾經砍斷過他衣袖的太監又提刀過來追殺他了，嚇得臉色當場大變，忙把幾個死黨全部叫來開緊急會議。

大夥兒認為，只有一個字：逃！

往哪裡逃？

大家又一致認為：齊國。

當時，齊桓公雖然已經老得不成樣子，但齊國仍然是當時最強的超級大國，而且離晉國又遠，夷吾不會再費這麼多功夫去要他們的腦袋吧？而且他即使不怕輿論，一定要來個跨國追捕，也不敢跨到齊國的領土上來。

而且，他們在開會的時候，估計也把以後的出路擺上了議程，覺得我們幾個都已經當了狄的良民，老老實實地低調做人了這麼多年，夷吾仍然不放過他們，因此他們認為，以後得有所作為，不能再這麼窩囊地過日子，讓人家老是提著凶器來騷擾他們的生活。他們選擇齊國，肯定也有想借齊國之力，搞定夷吾，把主動權牢牢地控制在手裡的意圖。

大家這麼一討論，血壓當然就升高起來，神經系統也會跟著活躍，認為他們現在雖然是一群逃離家園的難民，但他們的前途還是很光明的。

重耳當然也重新有了信心，就一邊收拾行李，一邊跟他的那個年輕老婆說：「老婆，現在我們的困難是暫時的。我們一定會再回來。妳就耐心地等待吧！如果二十五年後，還看不到我們事業成功，妳就改嫁吧！」

你一聽重耳這話，就知道這傢伙是多麼的自私。要人家等你二十五再改嫁，能嫁給誰？除非再碰上那個八十一歲的姜太公，誰還理妳這個五十歲的師奶級美女？

季隗當然不是豬頭，當場就說：「現在我都二十五了，再過二十五年，還能嫁出去？你去做你的事業，我守我的活寡。你的事業困難重重，我守活寡也不容易。你就用你的事業來支持我，我就守我的活寡支持你的事業。」她的原話是：「犁二十五年，吾塚上柏大矣。雖然，妾待子。」

重耳叫他身邊的人頭須收拾好行李，大家好好吃一頓在狄國最後的晚餐，然後出發。

他正坐在那裡休息，想著晚上吃點什麼才好，狐毛和狐偃就一臉緊張地跑了過來，對他說：「老大，不好了。剛才我們老爸派人過來說。那個勃鞮決定提前一天過來。叫我們趕快逃跑。再晚就來不及了。」

原來，勃鞮汲取上次執行任務不夠神速的教訓，這次就決定搶在時間的前面，把任務完成得漂亮一點。哪知，仍然被狐突知道了。

重耳一聽，只覺得頭馬上就大了起來，也不通知那幾個手下，馬上就向外面狂奔。

其他人也得知了這個消息，全都跑了出來，跟在他的屁股後面。連他的車伕壺叔也趕著一輛馬車前來。只有那個頭須還不見人影。這傢伙可是主管行李的，現金什麼的都是他老兄拿著。

他要是不來，大家的口糧就成了問題。

最後趕來的趙衰對大家說：「聽說那傢伙帶著我們的行李跑了。」

大家對著空氣大罵了一陣之後，知道再罵下去，除了顯示他們粗暴外，沒有其他用處了。現在最要緊的是逃命，而不是罵髒話。

他們的目標是齊國。

但必須先到衛國轉站。

衛國的國君叫衛文公。這哥兒們的度量就跟他的那個國家一樣，小得要命，別的事都記不清楚，但特別會記恨。以前衛國有個基礎建設，大家都去幫忙，可晉國卻一點表示都沒有。所以，這個衛文公就一直記著這件事，恨不得吃了晉國人的肉。當然，他那麼屁大的實力，這個恨也只能恨在心裡，不能表現出來，更不能公開跟人家叫板。這時，聽說重耳要經過他的首都去齊國，就說，黃曆上寫：今日不宜開門，然後叫大家按照黃曆的話去做。

重耳他們跑了一天的路，按照常規，以他那個公子的身分，經過這些諸侯國，都會得到招待，讓他們公款大吃大喝一餐，然後再歡送出城的。可他們又餓又累地跑到這裡時，卻連個城門都進不了。

幾個人在那裡很想大爆一頓粗口，但最後只得拚命忍著，繞著城牆向東過去——誰叫我們現在是弱勢群體啊！

弱勢群體就是人家欺負的對象，否則就不叫弱勢了。

不光是衛文公欺負他們，就連幾個最底層的老百姓也嘲笑他們。

他們來到五鹿時，已經餓得連說話都沒力氣了。他們看到幾個農民正在田地裡吃飯。雖然很不衛生，放在平時，重耳他們會覺得這個吃法很噁心。可現在他們盯著那幾個人，盯得眼珠都差不多要掉下來。

後來，重耳忍不住了，對狐偃說：「你過去問他們，要點東西來吃吃吧。老子真的受不住了。」

狐偃的智商雖然很高，平時玩點陰謀詭計也很上手，但討飯的能力實在太菜，跑過去向人家要飯，態度也很斯文，用語也很禮貌，弱弱地問人家可不可以借口飯吃，可人家卻不吃他這一套。

那幾個老農一邊大聲嚼著食物，一邊說：「你這不是來玩我們吧？你這全身名牌，夠我們一年都吃不完啊，也來跟我們要飯吃？呵呵，想憶苦思甜，也不要到這裡來啊，你們在家裡想吃野菜也是可以弄到的。」

狐偃在玩政治時，雖然功夫很到家，可這時臉皮卻薄得要命，聽人家這麼一說，兩隻飢餓的眼睛盯了人家的食物一陣之後，就轉頭走了。

另一個人看他轉頭過去時，動作雖然很無力，但嚥口水的聲音卻超級洪亮，覺得這傢伙還不夠可憐，得讓他的可憐更進一步，就放下餐具，從地裡抓起一塊還沾著新鮮農家肥的黑土遞過去，說：「這個給你們，想吃多少有多少。反正糧食也是從這個地方長出來的。這可是原生態食物啊，比健康食品更好。」

魏犨一看，脾氣就上來了，堂堂晉國的貴族，現在居然被這幾個草民這樣玩弄，看來不當個殺人犯還真嚥不下這口氣了，他挽起袖子大叫：「老子就是餓著肚子，也用最後的力氣把他們暴扁一頓！」

重耳這時也氣得全身都要冒起煙來，正要下令開打。

狐偃卻把魏犨攔住。

趙衰很低調地接過那塊黑土，對重耳說：「老大。這是好兆頭。這個土是土地之意啊！人家送土地給我們，我們不要那還要什麼？請老大趕快接受。」他的原話是：「土者，有土也，君其拜受之。」

這傢伙講話確實很有藝術，一下就把一場徹底沒有面子的事化解得乾乾淨淨。

重耳不是唯物主義者，一聽這話，馬上就覺得太有道理了，當場就對著那塊黑土行禮，神色莊嚴地收下了那塊泥土。

可泥土可以填地抗，但填不了肚皮。

一干人繼續跑路，又走了一程，所有的人都受不住了，就停了下來。

這時重耳已經累得全身癱軟，一下車就把狐毛的大腿當真皮枕頭躺下。

其他人也知道，他們絕對不是稱職的丐幫弟子，因此就發揚自力更生的精神，去挖野菜。那時環境保護得很好，野菜很容易找。

接下來，燒火，煮菜。餓的人一聞這個味道，腸子都在激動。

那幾個手下到了這時，仍然發揚「讓上司先嘗」的死黨精神，第一碗先端到重耳面前。重耳猛地睜開眼睛，好菜啊，我吃！可吃了一口，就覺得又苦又澀又淡，強行嚥了下去，便把碗放了下來，說：「這是人吃的嗎？」

手下們沒有辦法，你不吃，那我們就只好不客氣了。

大家看到老大在那裡皮肉鬆弛，一整個精神崩潰的樣子，但誰也沒有辦法。

過了一下，只見介子推跑了上來，手裡端著一碗熱騰騰的東西。

大家一聞那氣味，就覺得親切得不得了。那是肉的氣味啊，現在個個想得要死。這傢伙是從哪裡弄來的？平時他不哼不哈，沒做出什麼傑出的舉動來，卻在這個時候突然表現得很非凡，著實讓在場的人都跌破了眼鏡。

介子推把那碗肉湯遞給重耳。

重耳這時雖然已經癱軟得沒一點活力了，但一聞這個味道，精神馬上就振奮了起來，接過來一喝，好湯啊！老介你居然還有這一手。幹嘛不多弄點，讓大家都喝喝啊！喝飽了，一起跑路。

他一邊說一邊狂喝，一下就吃了個精光，對大家說：「兄弟們，對不起了。老子獨吞了。大家要怪只能怪老介，不多弄幾碗。呵呵，老介，你說說，你剛才是怎麼弄到這個東西的？這種經驗要向大家全面推廣，以後生活就好過了。」

介子推說：「這個經驗一點不值得推廣。我可是割了大腿的肉，才煮了這個湯啊！要是兄弟們都割了大腿，以後可全成了跛鴨一族了。」

大家一聽，眼睛睜得更大了。老介你這一刀真下得了手啊！我們是萬萬做不到的。

重耳當場感動得像劉備一樣淚水奔騰，說：「教我如何報答你啊？」

介子推這時境界高得很，說：「老大不要說這樣的話。只要老大能帶領我們，我另一隻腿的肉再割下來也值得。」

重耳一聽就說，老介，你千萬不要再割了。你要再割，老子也吃不下了啊！

這個故事是司馬遷的記載。不過，我還是有點懷疑這個故事的真實性。你想想，對自己的大腿一刀下去，像割豬前腿的肉一樣，一個人真的能做到嗎——別跟我說什麼意志之類的話。這不但需要勇氣，而且技術含量絕對不低，你可以說你咬牙不怕痛，可你有止血的辦法嗎？那一刀下去，要流多少血？不湮掉一條褲管才怪。可介子推做這些事時，整個過程不聲不響，而且割完那一塊肉之後，居然沒事一樣，又是劈柴燒火煮腿肉湯，又是屁顛屁顛地端著肉湯過來，路走得比狐毛他們還穩。

當然，你又會問我，那肉是哪裡來的？

我估計這傢伙覺得自己討飯的能力太菜，因此就改變辦法，跑到村子裡，偷了人家一塊肉，在某個角落裡煮了，覺得又不夠分給大家，就自己先狠狠地喝了個飽，然後把剩下的送給老大。重耳問他時，要是老實交待出來，自己這個無恥小偷的帽子可就戴定了，因此就編了個故事，說是割了大腿來餵老大。

當然，這全是我的瞎猜——總之不是我在胡扯，就是司馬遷在胡扯。

到了齊國的時候，齊桓公就不一樣了，立即在廣場上舉行歡迎儀式，並舉行國宴，熱情招待了這一群難民，對他們不遠萬里來到齊國表示熱烈的歡迎，說他們以頑強的毅力，堅強的意志，突破了夷吾的圍堵追殺，靠兩條腿，發揚不怕跑路的精神，爬大山、過沼澤，以野菜填肚皮，靠割腿肉度過難關，終於勝利完成了這個逃難的壯舉。這是一個什麼樣的精神？這種精神是無法言喻的。以後，你們就在齊國住下來，齊國歡迎你！不管遠近都是客人請不用客氣。好，請乾杯。

最後，齊桓公老人家還表現出極大的人文關懷，問：「你們帶夫人來了嗎？」

重耳苦笑：「能帶得出來嗎？」

齊桓公說：「呵呵，不是說男人的一半是女人嗎？沒有女人的生活，算什麼生活？老子為你解決這個問題。」齊桓公馬上叫人海選美女，然後把頭號美女嫁給重耳當了臨時夫人兼生活祕書，全面負責重耳各方面的生活。而且還給重耳二十輛車、八十匹好馬。其他人都在齊國的首都有住所——有車有房了，就自然有美女。

這些人一看，我的天啊！齊國真好！在狄國時都還沒有這個待遇。要是知道這樣，老早就應該跑到這裡來了。難怪小白老人家能當上霸主。有這樣的靠山，還怕什麼？

可不久，這個靠山就靠不住。

靠不住並不是齊桓公人品不好，要把他們踢出去，而是因為他們來的時候，齊桓公已經老得不成樣子了，沒過多久就死翹翹了。

齊桓公死後，不但當不了人家的靠山，連自己的屍體也保不住，幾個兒子殺來殺去，把敗家子的行為表現得很到位，將他開創的事業全部賠了進去。

本來，按照當時在狄逃跑前緊急會議備忘錄的說法是，重耳他們跑到齊國來，主要目的是想借齊國的力量，讓齊侯組成一個多國維和部隊，幫他們打回老家去，組織新的晉國政府。哪知，現在齊國比他們的國家還亂，還需要宋國帶維和部隊來幫忙齊國解決這個問題。

趙衰他們越看越失望。

可重耳這時卻樂得很。

齊桓公替他選的這個夫人齊姜實在太養眼了。重耳雖然已經五十五歲，身上的各項指標都達到老太爺級別了，但他仍然努力追回青春，天天與漂亮夫人在一起，表現著男人本色，以酒色為人生第一要務，別的事好像都跟他無關了。

趙衰他們開了個臨時會議，認為齊國是靠不住了。如果再在齊國住下去，他們這輩子就會白白地消耗掉，因此，必須離開這地方，到別的國家去，或者還有機會。

他們去找重耳。哪知，找了幾天，仍然見不著老大。心急的都罵老大太不像話了，我們跟他拚命出來闖世界，吃夠了苦頭，就是想做一番事業，可不是為了幫他找美女到處瘋狂的。現在倒好，他有了美女，就把我們全忘記了。

最後狐偃說：「我們在這裡再怎麼大聲說話，除了影響形象之外，沒有什麼好處。我們回去開個會，把這事好好地討論一下。」

幾個人跟狐偃到了城外，進入一片桑樹林裡，看到沒誰在旁邊偷聽之後，全體坐下。

狐偃宣布，這就是我們的會場。然後說：「現在有兩個辦法，一個辦法就是大家輪流去說服老大，勸他以大局為重，說明回晉國的重要性，要是起事成功了，自然會有美女；另一個辦法就是採取強硬手段，把他帶回晉國。我看，現在老大心裡只有美女，我們再怎麼說，他也不會聽的。說服老大這一步就直接免了。我們乾脆點，先做好準備，行李都搬到城外，然後去叫老大出來打獵。他到了城外之後，就由不得他了。」

大家一聽，認為只有採取強硬手段了。

但從齊國出來後又該到哪個國家去呢？難道就永遠唱著流浪者之歌，滿世界亂跑，像一群永不消停的

## 第三節　流亡歲月：晉重臣的艱難逃亡

背包客？

趙衰說：「到宋國去吧。現在宋國剛平定了齊國的內政，拿住了霸主的大棒，正威風得很。如果宋國仍然不行，我們就到楚國去。」

大家一起鼓掌通過。

第二天，大家就按既定方針辦事，集體去找重耳，請他去打獵。

現在的重耳可不是逃難時的重耳，那時的重耳只能枕著狐毛那條男人的大腿睡覺，現在他可是天天抱著美女睡大覺。誰想見他一面都不容易，都得透過守衛去通報一聲。

不一會兒，守衛過來對大家說：「老大說了，這兩天身體不舒服，一點打獵的欲望也沒有。你們想打就自己去吧！」

幾個人一聽，都差點當場氣爆了。

正好齊姜經過，看到這群人個個臉色難看，就覺得肯定有什麼問題了。這個美女肯定是個從政的料，馬上過去把狐偃叫到客廳裡，然後叫所有的人都退出去，問狐偃：「你們不光是要叫老大去打獵吧？」

狐偃剛開始時，還嘴硬，一臉不懷好意地笑著說：「以前我們在狄國時，都經常叫老大一起去打獵。現在我們好久沒有出去活動了，所以就想請老大去鍛鍊一下身體。」

齊姜說：「如果只想叫他去打獵，你們用得著這麼隆重前來？用得著這麼生氣嗎？以前你們請他去打獵，他不去，我就從來沒發現你們有過這個臉色。老實告訴你。昨天你們在桑樹林裡開會，我身邊的人全聽到了。」

狐偃一聽，這個美女還真不好對付——連身邊的人都是訓練有素的特務，估計這些天來，大家的所有生活都在她的監控之下了。難怪老大那麼服服帖帖，動彈不得，一問就馬上抓住了我們這夥人的把柄。狐偃當下就把他們的計畫全部合盤托出。

齊姜一聽，這才笑著說：「如果你們早說，我也加入你們的計畫啊，現在事情早就辦好了，還用得著偷偷摸摸開什麼桑樹林大會？今天晚上，我把老大灌醉。你們就過來把他打包上車，以後的事不歸我管了。不過，我可以告訴你，那個偷聽你們會議的人，我已經處理掉了。」

狐偃一聽！女人的腦袋一發飆，比男人厲害多了。這個美女要是當第一把手，估計比老大還要強。這個辦法比我們的辦法簡潔多了，而且效率也高多了，成功率是百分之百啊！

狐偃出去之後，向大家宣布取消打獵活動，大家在家裡做好準備，家裡有什麼好吃的，儘管大吃大喝，順便狠狠地泡一下美女，然後輕鬆出門。

重耳現在雖然很享受安逸的生活，但智商並沒有降低。在齊姜請他喝酒時，他就感覺有點不對，說：「今天不是什麼節日啊，請什麼客？」

齊姜說：「當然不是什麼節日。我是聽說老大要出遠門，所以就準備了好酒好菜替你送行。」

重耳一聽，馬上生氣起來，說：「原來妳想叫老子回國。告訴妳，老子現在有酒喝有妞泡，生活幸福美滿，已經滿足得很了。不回去了。」

齊姜看到重耳一整個胸無大志，知道勸說這樣的人，是白白浪費口水，就說：「你以為我願意你走？你要是一拍屁股，要去做什麼偉大的復興事業，不知道哪天才成功。我不成了寡婦了？你不去就最好。

我是怕狐偃他們說我人品有問題，用姿色迷惑他們的老大，才勸一下你。現在我完成了勸你的任務，去不去，責任全在你了。跟我沒什麼關係。我現在任務是陪你喝酒。」

重耳一聽，哇！這才是好老婆。心裡一高興，而燈光瓦數有點偏低，再加上他眼睛嚴重老花，根本看不出齊姜那一臉的壞笑。齊美女估計早就在酒裡做了手腳，跟重耳一對一地喝了一杯又一杯。重耳不一會兒就醉倒在那裡。

齊姜立刻叫人去通知狐偃。

狐偃他們早就做好準備，一接到通知，馬上就駕車過來，把重耳抬了起來，塞進車裡，直接出發，出城而去。

## 第四節　歸國計畫與支持力量

天差不多亮的時候，重耳這才迷迷糊糊地醒來。他這時還不知道自己是睡在大車上，還以為自己正躺在齊姜的大床上，只是覺得為什麼這床晃動得厲害。

可過了一下，又覺得有點不對勁了。這枕頭怎麼不像原來的枕頭，有點像狐毛的大腿。工廠難道在設計時，把狐毛的大腿當枕頭模型了？

在他正迷糊時，有人說：「老大醒了。酒精的作用消失了。」

重耳一聽，覺得有點不對勁了，馬上睜開眼，這時徹底清醒了。他馬上知道自己是在車上——自己被齊姜和這幾個心腹搞定了。他馬上起來，轉頭果然看到車裡全都擠著他那幾個死黨，個個都在一臉壞笑地看著他。

他大叫：「你們這是做什麼？這不是在綁架老子是什麼？」

然後順手一抄，把一件兵器拿到手中，說：「老子要殺人了。」

狐偃卻說：「我們確實是來硬的。不過，這次綁架，最終目的是想把晉國綁給你啊！你要是覺得砍了我這顆腦袋，我們的事業就成功了，那請老大馬上下手。」他的原話是：「殺臣成子，偃之願也。」有奉獻精神得很。

重耳當然不能殺了他的這個舅舅，恨恨地說：「要是不成功。老子吃你的肉。」——事不成，我食舅氏之肉。

狐偃還是很和善：「呵呵。要是失敗了，我這身體的肉早就又老又硬又腥，比那天介子推的腿肉難吃多了。老大那時的食慾也已經衰退，你還吃得下嗎？」

重耳生完氣之後，也知道這時已到了傳說中「開弓沒有回頭箭」的時候了，已經完全拿這幾個死黨沒有辦法了，只得揮揮手吩咐繼續前進。

他們這次出來的第一站，是到曹國。

曹國的老大曹共公跟那個衛文公一樣，看到重耳的年紀比他還大，前途一點都不光明，不管怎麼看都是垃圾股一支——在這樣的人身上你就是投一分完一分，何況接待一個晉國的反對黨，晉國怪罪下來，自己那是只有欠扁的份了，因此只開放招待所，讓他們在那裡睡一覺，然後說：「我們國家貧困，財政緊縮得要命。現在全國人民都勒緊褲帶過艱苦的生活。全國上下都在杜絕公款吃喝。所以，這餐飯你們就自己想辦法吧！」

倒是那個曹國的大夫釐負羈很看好重耳，看到曹共公這個做法，就覺得不順眼，回到家裡就發了一頓牢騷，說老大胡扯什麼杜絕公款吃喝，我看我們曹國的公款吃喝比人家都嚴重。老大控股的國營飯店，不是天天在大吃大喝嗎？要是沒有公款在那裡吃喝嫖賭，那個國營飯店還能開張下去才怪。人家重耳現在雖然很貧困，可他絕對是個優質股。你看看，他那幾個跟班，哪個不是高水準的？

釐負羈的老婆比他更有眼光，說：「我看這個重耳肯定會成功。而且說不準會成為新的霸主呢！現在這個社會可是個會記恨、敢報復的社會，他要是成為霸主了，肯定會拿曹國開刀。你看我們老大那個豬頭樣子，能打得過人家嗎？他要是打不過，我們可得跟他倒楣啊！所以，老大不投資這一股，我們就投資。先把關係打好，留點後路。」

釐負羈說：「沒錯。」

於是馬上派個心腹帶著好酒好菜送給重耳他們，而且附加了一塊白玉，算是第一筆投資。

重耳只收了食物，卻把白玉送了回去。

那個心腹回去報告說，他們說什麼也不要這個東西。現在他們缺的是食物。這個又不能吃，他們要來做什麼？要是我，我也不要。

釐負羈一聲嘆息：「現在重耳最需要的是路費啊！可他居然斷然退回這個白玉。這樣的人不成大事，什麼樣的人才成呢？我們老大差得太遠了，根本沒辦法比啊！」

下一站，是他們的目的地宋國。

宋國現在的老大是那個著名的宋襄公。這哥兒們一開始跟他的老弟互相讓位，弄得管仲他們以為這哥兒們是個德才兼備的老大，因此把霸主大棒交給他託管。哪知，他接過這個大棒後，就不想放下了，就覺得自己真的是在繼承齊桓公的遺志，把霸主事業進行下去，而且還確實平定了齊的內亂，完成了齊桓公交給他的任務，當霸主當出感覺來了。

可這哥兒們有當霸主的感覺，卻沒有當霸主的能力——齊桓公雖然沒有多大的能力，但管仲有。宋襄公自己沒有能力，手下也沒有個管仲。事情就壞了。

楚國首先不服。

宋襄公這時只覺得當霸主很好玩，卻沒有把宋國和楚國進行一次綜合實力的比較，看清宋國的實力與楚國相比，簡直沒辦法比——以前可是連管仲都不敢跟楚國硬碰硬啊！他以為，自己是霸主就什麼都不怕了。

於是，兩國攤牌。

宋兵大敗。

敗得沒有一點餘地，連宋襄公都變成人家的俘虜。幸虧他的老弟帶著宋國人民進行了一場英勇的抵抗，楚國才把他放了回來。

## 第四節　歸國計畫與支持力量

他回國後，覺得這個臉丟得太大了，要好好地挽回面子。又跟楚國大打一場。本來，這一場他還有點勝利的機會——楚軍渡河時，他按照兵法來個「擊其半渡」，完全可以狠狠地收拾一下楚兵，而且他的那個弟弟就強烈要求他這麼做。

他不擊其半渡。

他說，打仗不能打得這麼無恥。

他仍然有機會。

楚軍渡河之後，忙著爬上岸時，他的弟弟又建議他趁敵軍還沒有做好戰鬥準備時，打過去，同樣可以把他們打得滿地找牙。

可他卻生氣起來，打仗能打得這麼缺德嗎？

這哥兒們以為在戰場是做道德評比，誰的德性高，誰就取得最後的勝利。卻一點沒有想到，戰場是殺人的地方，是最沒有道德的現場。

他一點不無恥，一點不缺德，可人家無恥得很、缺德得要命。

他看到楚軍布完陣之後，這才宣布開打。

可是，雙方的戰力本來就有落差，這時一硬碰硬，宋軍立刻大敗。連宋襄公的大旗都被奪走，外加一次重傷。

重耳他們來到宋國時，宋襄公正傷得厲害，但這哥兒們卻十分看好重耳，因此，他叫相關部門舉行了隆重的歡迎儀式，也像齊桓公招待重耳一樣，讓他們一來就有房有車，當天就可以過上幸福生活。

負責招待工作的人是宋國的大夫公孫固。公孫固是狐偃他們的朋友，連續招待了幾天之後，狐偃他們就問：「現在你們的老大如何了？」

公孫固說：「現在老大的傷越來越嚴重了。實話跟你說了吧。如果你們要留在這裡，宋國人民還是有能力讓你們吃喝玩樂的。但宋國的這個現狀你們也看到了。要想讓我們派兵幫你們回國奪權，我們沒有這個實力。你們如果想做大事業，還是盡快走吧！」

重耳他們一聽，覺得太有道理了。宋襄公現在連自己的很多事都搞不定，哪能幫他們的忙？如果只想吃喝玩樂，在齊國不是一樣？何必跑到宋國來。

他們這次很果斷，馬上離開宋國。

中原的這幾個國家幅員都不遼闊，只要加快點步伐，沒花什麼時間就可以從這個國家跑到另一個國家。

他們很快來到那個麻煩最多，曾經多次充當齊楚兩國火藥桶的鄭國。

鄭國的領土跟曹國和衛國差不多，而這個鄭文公的能力也跟那兩個國君差不多。

鄭國跟晉國近來沒有出現過外交衝突。但鄭文公覺得重耳是個傻子，以前人家叫他當老大，他硬是推讓，死活不回去。現在人家派個刺客過去，他就嚇得滿世界跑，跑了大半輩子之後，突然又樹立起偉大理想來，要跑回去奪權？這樣的人能奪權嗎？

他覺得這個世界上什麼人他都可以看得起，唯獨這樣的傻子他看不起。因此他理也不理。

跟很多國家一樣，老大沒眼光，但手下卻有個眼睛雪亮的人。鄭文公這時有個很有能力的大臣叫叔瞻。叔瞻勸他的老闆不要有這個心態，招待一下重耳也不花多少錢。鄭國再窮再苦，也供得起這一餐吧？

可鄭文公說：「現在諸侯國有多少公子流亡在外？天天像個無業遊民一樣，到處亂竄，你要是個個都隆重接待，會累死你。」

叔瞻說：「重耳絕對不是個豬頭。這傢伙的潛力巨大。如果老大不接待他，最好把他殺掉，免得以後吃他的苦頭。」

鄭文公一聽，你以為我沒見過重耳？就那個樣子，能對我們做出什麼威脅的事來？人家都不殺他，老子為什麼要動這個手？這不是讓人家說我們無恥是什麼？老子可不願做無恥之徒。老子既不理他，也不殺他。看他能咬老子的哪個部位。

重耳雖然長期被人家欺負，但他並沒有被欺負得麻木了，而是一筆一筆地記在心裡。看到鄭文公對他這麼無視，心裡當然有氣。不過，現在他們處於弱勢群體，生再大的氣，也只能悶在心裡，不能表現出來。

你想想，他們還敢在鄭國停下來嗎？

他們只得繼續發揚不怕跑累的精神，向楚國開路。

大國的統治者就是不一般。楚成王知道重耳到了，馬上舉行隆重地歡迎儀式，以高規格招待了重耳他們。

重耳一看這個架勢，就想謙虛一下，可趙衰卻反對：「老大，我們經過了那麼多小國，沒有哪個小國把我們當人看。現在楚國這樣的大國能這樣地對待我們，也算是挽回了面子。何況，在楚國能享受這樣的待遇，說明老天爺開始把運氣送來了。老大千萬不要給臉不要臉。」

楚成王一看重耳，就知道這哥兒們不是個一般人物，因此天天請他吃喝玩樂。

有一天，楚成王喝高了，心態有些浮躁起來，問重耳：「如果你的事業成功了，你如何報答我們？」

重耳笑著說：「現在楚國經濟繁榮，社會穩定，人民安居樂業，外匯存底全球第一。還用我們報答嗎？」

楚成王說：「總得意思意思啊！」

如果是夷吾，這時肯定立刻就開出幾座城池的支票，回去後死不兌現——先忽悠對方一下再說。

可重耳不是夷吾。這哥兒們現在理想很堅定，滿腦子都是成功的將來，因此馬上神氣地回答：「如果我真的成功了。我將致力於兩國的友好往來。如果真的不幸出現了流血衝突，我們一定要在戰場上見了，那我可以保證：那時侯，我就退避三舍。」——即不得已，與君王以兵車會平原廣澤，請辟王三舍。

這話囂張吧？

當然囂張。

這時，楚國的頭號軍事強人子玉也在現場，聽到這話，當場發怒起來。但又不好現場發飆，回去後，找了個機會對楚成王說：「重耳說話囂張得沒有譜。老子就看不慣他，建議老大把他搞定。」

楚成王卻不答應，說殺他做什麼？他想回去晉國也不是很容易的，就讓他在這裡神氣吧！

楚成王知道重耳是個人才，他手下那幾個心腹也都是當代猛人，但如果他不給機會，重耳仍然沒有辦法成功。

哪知，他決定不給重耳機會，卻有人把機會送上重耳的面前。

## 第五節　秦穆公出手，晉國轉機

這個人就是秦穆公。

秦穆公本來想支持一下那個子圉，連女兒都送給他了，哪知這哥兒們一點也不領情，偷偷地逃跑，回國去爭老大的位置。

秦穆公氣得要命，決定搞定子圉。

當然，搞定子圉之後，你還得幫晉國選個統治者。秦穆公與夫人討論的結果，終於達成協定，讓重耳回國當老大。

秦穆公找人本領實在強——以前連百里奚那樣的奴隸都能被他找到，現在找一個大名鼎鼎的重耳當然沒有什麼難度。沒幾天，就知道這個老帥哥現在正在楚國，過著流亡的幸福生活。

他馬上派人到楚國，請重耳到秦國去。

楚成王倒很看得開，不但當場放行，一點麻煩都不製造，而且對他說：「楚國離晉國太遠了，要想幫你，得跨過幾個國家，實在不好辦。現在秦穆公正強大得很，他要是願意拉你一把，那很好啊！秦國跟晉國又是接壤，辦事方便得要命。你趕快去吧。」還送了很多楚國的土特產。

重耳這麼多年當流亡人員，當得頭髮都全白了，但有一點他過得很不錯。在狄國時，狄君把本國最漂亮的美女送給他當老婆；到齊國時，齊桓公又幫他找了個當年的齊國小姐。這個齊國小姐漂亮到他不想回國的地步。

他到了秦國，秦穆公在這方面的手筆更大，一口氣送他五個美女。這五個美女的領銜人物就是他自己的女兒懷嬴。

你不知道這個懷嬴是誰吧？

就是以前秦穆公送給子圉的那個美女。

子圉逃跑之後，懷嬴馬上就成了秦國級別最高的剩女。

不過，秦穆公當然不怕他的這個剩女會剩到頭髮白的那一天。他看到重耳之後，做的第一件事，就是把這個剩女隆重地推銷出去。

重耳聽說之後，覺得有點不像話：子圉是他的姪兒啊，他要是接收姪兒的老婆，有點不厚道吧？雖然政治是最不厚道的，但那個不厚道是暗地裡的無恥，表面上裝厚道是必要的。

秦穆公叫季子來說服他。

季子倒很乾脆，直接對臉皮很薄的重耳說：「連他的寶座你都要搶了，還怕搶他的老婆？跟秦國有了這個關係，你的事業就成功了。到底是事業重要，還是你的面子重要，你自己看著辦吧！」

重耳一聽，好！老子怕什麼！

在秦穆公策劃幫重耳打回老家去時，子圉那邊也在大力剷除異己。

他下了個命令：凡跟隨重耳在國外謀劃復位的人，必須在三個月內回國自首。如果過期不回，後果自負。這個後果就是全部判處死刑。而且，還採取株連政策，要求各人的父兄寫信要求他們回去。如果老爸和兄弟不寫信，就當場咔嚓。

狐偃和狐毛的老爸狐突，當然也接到這個命令，可狐突態度強硬得很，說，我堅決不寫。

子圉說，你堅決不寫。老子就堅決砍死你。

於是，狐突的腦袋就被砍了。

狐家兄弟哭著到重耳面前控訴了子圉的罪行。重耳又到岳父大人面前控訴，說再不派出國際警察，晉國的好人都會被殺光了。

這時，晉國很多人都已經忍受不了了。最先忍受不住的是大夫欒枝。他知道子圉這個行動的主導權全在呂省郤芮手中。這兩個傢伙好事做不出半件來，但缺德的事做得特別順手。照他們這麼進行下去，這個政策肯定會擴大化——再擴大一點，就會擴大到欒家的頭上來了。

這傢伙這麼一想，就感到危機感空前，馬上就派他的兒子欒盾偷偷跑到秦國，找到重耳和秦穆公，把晉國的國內形勢進行了一次全面彙報。說現在晉國人民已經水深火熱了，大家都盼著重耳回去帶領大家。

這可是個歷史性的機會啊！老大要是放棄，就是晉國歷史的罪人。現在，韓簡、郤溱等人都願意當內應。

秦穆公一聽，當場拍板，向晉國宣戰，而且戰爭級別很高——他親自掛帥，和百里奚、公子縶、公孫枝一起，帶著大軍向晉國開去。

這時是秦穆公二十四年（西元前六三六年）。

大軍開到黃河，秦穆公就把部隊分成兩半，讓重耳帶著一半過河去。

子圉那邊知道重耳殺了回來，也進行了緊急動員，把部隊開過去迎戰。可現在他在國內名聲太臭了，軍隊根本不願為他賣命，雖然按照命令，來到指定位置，可都不用心打仗。人家還沒有衝鋒，這邊就放下武器了。

重耳連續打下幾座城市。

不久就占領曲沃。曲沃現在一點不著名，但當時是晉國第二大城市，而且是晉國宗廟所在地，晉侯即位那天，第一個程序就是到這裡來向祖先宣誓，是晉國的聖地。重耳拿下這個地方後，馬上就去參拜武公廟，宣布成立新的中央政府。

這時，秦國再派公子縶前來，去見呂省和郤芮，說服他們。

這兩個傢伙聰明得很，也知道他們再怎麼拚命抵抗，也擋不住重耳的進攻，硬抵抗下去的結果，就只有死路一條。於是，就跟公子縶簽訂了一個保證生命安全的協議，宣布從今天起棄暗投明，重新做人。

晉惠公和子圉父子兩代政權能支撐到現在，全靠這兩個傢伙。現在他們都宣布站到重耳那一邊了，子

## 第五節　秦穆公出手，晉國轉機

圍就陷入徹底孤立的境地了。這哥兒們也不是菜鳥，叫上那個晉國最著名的恐怖分子勃鞮出逃。子圍跑路的經驗很豐富——當年一人從秦國出逃，都還能順利回到晉國，現在國內一片大亂，出逃的難度低多了。因此兩人一逃即出，跑得遠遠的。

姬重耳進入首都，宣布就任晉國第一把手。他就是晉國歷史上最強的領袖晉文公。

比起很多諸侯來，晉文公這個國家元首實在來之不易。他從四十三歲逃出晉國，連老婆都換了幾屆，避難場所也換了幾個，折騰了整整二十年，到六十二歲才當上晉國國君。如果放在現在，六十二歲的國家元首還一點都不老，甚至可以說正當壯年。可當時人均壽命很低，能活到六十二歲已經是長壽了。

晉文公當上了晉侯，心情當然很高興。秦穆公的心情也不錯。

後來的很多歷史學家對秦穆公算不算春秋霸主，都有爭論。有的說是，有的說不是。不過，像秦穆公這樣，一來就直接插手晉國這樣超級大國的內政，連續搞定人家幾個統治者，就是霸主們也未必做得到。齊國雖然也以種種理由，把幾個諸侯拉下馬，但那都是實力只有幾個生產隊那麼大的小國。真正跟大國的較量卻不多。

秦穆公即使不算霸主，但他身上的霸氣，那幾個霸主的身上是沒有的。

當然，秦穆公幾次以自己的意志更換了晉國的統治者，主要目的就是想把晉國打造成一個秦國的追隨者。可最後的事蹟證明，他的這幾次努力，都不算成功。夷吾還過著流亡生活時，開出的條件很有誘惑力，哪知當上老大之後，就反悔得沒商量，完全讓秦穆公當了冤大頭。最後還無恥到乘秦國發生百年不遇的大災時，要搞定秦國。幸虧打了那一仗——靠著意料之外的勝利，才把夷吾搞定。接下來，他又準備扶持子圉。可子圉比他老爸更無恥，泡完他的女兒之後，一點不領情，潛逃回國，從他老爸那裡接班，而且當上老大之後，就當秦穆公不存在一樣。

秦穆公氣爆之後，把重耳找來，讓他上位。

秦穆公前兩次總想立個人品差、能力低的晉國老大，使這個超級大國衰弱下去，對秦國沒有一點威脅——可以說，他的這個想法，是沒有錯的。可他卻沒有想到，人品差的人最先做的，就是忘恩負義、以怨報德的事。

他這次汲取前幾次的教訓，要找一個德才兼備的人出來。

於是，重耳就中了獎，成為晉國諸公子中最後的贏家。

秦穆公這次扶持重耳的力度是很大的。你知道，重耳這些年來都在流亡，屁股後面除了跟著幾個高智商的心腹之外，沒有一點武裝力量，是一個資本等於零的老大。以他的那個實力，要想問鼎晉國老大的位子，估計只有在夢裡才實現。秦穆公為他注入全部資金，借給他軍隊，把子圉政權全面推翻。

而搞定子圉之後，重耳的位子仍然不穩定。

重耳以前流亡時，覺得夷吾太噁心，老是派人去砍他的腦袋。可他一當上老大之後，馬上就覺得子圉是個危險人物，終於派出祕密殺手，把這個危險人物殺掉。

本來，搞定這個危險人物之後，事情可以畫上句號了。

哪知，子圉一死，他的危機感才一消失，呂省和郤芮的危機感又冒出來。這兩傢伙是打擊異己的老手，看到重耳一舉砍下他們原老大的腦袋，動作快、效率高，就以為重耳開始了秋後算帳，接下來就要拿他們開刀了。兩人一商量，覺得唯一的辦法就是立刻採取措施，趁重耳剛執政，權力根基還不穩定，先把他搞定再說。

當然，他們也知道，他們的陰謀詭計雖然很多，做壞事的創意很豐富，但動手能力卻差得很。於是又把那個勃鞮請來，把搞定重耳的事跟他說了，請他再次出手，就任政變的先鋒，親手砍下重耳的腦袋。

勃鞮像往常一樣，拍著胸脯接受了這個任務。

呂省和郤芮對別的人疑心都很重，但對勃鞮是沒有一點擔心的。這傢伙曾經幾次追殺過重耳，是直接導致重耳幾十年到處亡命的凶手。如果他都不算是自己人了，那誰還算是他們同一戰壕裡的同袍？

幾個人很快把方案定出來，先把一群自己的武裝人員集合起來，然後就放火燒宮，在亂中把重耳搞定。

時間，選在某天的半夜。

三個人按照既定方針，帶著政變部隊把宮殿包圍得緊緊的，然後放起大火。

只一下，就把宮殿燒得大火熊熊。宮中的人都拚命地往外逃，但誰也逃不了。

呂省和郤芮一見，連年輕人都衝不出來，重耳那個老頭還能逃嗎？兩人帶著士兵衝進去，要親眼看看重耳臨死的動作難看到什麼地步。

這時勃鞮跑了過來，說狐偃和趙衰他們帶部隊來了。如果我們再不撤，也會完蛋的。於是，幾個人馬上閃人，一口氣跑到城外。

到了城外就不知道該往哪裡跑了。

勃鞮說：「我們到秦國去吧。秦國是重耳的堅強後臺。現在我們趕快跑過去，對秦國說，宮中失火，老大已經被燒成灰了。請你們再幫忙立個統治者啊！這就可以巴結上秦國了。巴結上秦國，我們就又是當權派。」

那兩個人一聽，好啊！這個辦法比任何一個辦法都可行。對勃鞮說：「你跑得快，你先去聯繫一下，我們隨後就來。」這兩個傢伙徹底忘記了，當初秦穆公曾經點名叫他們去送死過。

秦穆公派公孫枝和丕豹出來，把他們迎接進去。

呂省和郤芮這時腦袋已經完全發暈，也不看看迎接他們的人是誰——是丕豹。丕豹是什麼人？是他們的死對頭！

他們跟著公孫枝和丕豹進了城，很順利地見到了秦穆公。

他們見到秦穆公時，就一臉憂國憂民地說：「老大，國不可一日無主啊！現在請老大趕快幫我們確立新的國君。我們回去好向人民交待啊！否則，我們真的無臉回去了。」

秦穆公笑了一笑，說：「這件事，好辦得很。我早就替你們找到了一個新的國君。」

呂省和郤芮一聽，這個老兄做事效率真高啊！確立我們國君都確立出經驗來了，才幾天時間就搞定。只是不知道這個國君是誰，跟他們有沒有交情。

## 第五節　秦穆公出手，晉國轉機

秦穆公一揮手說了一聲：「請！」

有一個人走了出來。

呂省和郤芮一看，我的媽呀！這不是眼睛花了，就是活見鬼。

因為來的人正是他們認為已經燒死了的重耳。

兩人再次整頓視覺神經，確認視力正常化了之後，再看，確實是重耳。他們一點也沒眼花，更沒有活見鬼，當場就傻了。這到底是怎麼回事？

其實很簡單，是勃鞮把他們徹底出賣了。

勃鞮雖然是夷吾父子的死黨，是呂省和郤芮最放心的政治盟友。可這傢伙覺得重耳這個人命大，還當流亡公子時，自己都搞不定他，現在人家都當了第一把手，還能搞定他嗎？以前搞不定，自己的後果一點不嚴重。現在可不同了，失手就等於丟腦袋。再加上，呂省和郤芮也不是什麼好人，跟著他們，成功了，也沒什麼好果子吃，失敗了，除了腦袋落地外，沒有其他路子走。因此，拍著胸膛接受後，並沒有回去做刺殺重耳的準備，而是直接跑到重耳那裡，把政變計畫都告訴他。

重耳這時剛當老大，國家元首的業務還沒有熟悉，一聽這話，也慌了起來，怕手裡的部隊抵抗不了，便什麼也不說，馬上向秦國狂奔，請秦國再幫他度過難關。

呂省和郤芮不知內情，按原定計畫行動，哪知，只燒了廟卻跑了和尚。而且勃鞮還在繼續忽悠他們，把他們騙到秦國來，過程跟投案自首的要犯沒什麼兩樣，可結果卻一點都不同。投案自首的人，還能從寬處理。而他們卻被重耳來個從嚴處置。

兩人玩了一輩子小人詭計，現在也死在這種小兒科的陰謀之中。

這一次，重耳得以重返政治舞臺，秦穆公再一次發揮重大作用。

重耳的政敵這時已徹底掃清。

接下來，這哥兒們的運氣又突然猛漲起來，而且一路漲停，不用多久，就成為中原的霸主。

當然，這個霸主的位子仍然是秦穆公讓給他的。

## 第六節　時機來臨：晉文公的逆襲

不過，開始時，秦穆公肯定沒有想到，這件事能讓當事人成為像齊桓公那樣的強人。

比起很多諸侯來，晉文公當上國君的難度大了好幾倍。可他這個霸主得來卻不費什麼功夫。

晉文公能當上春秋第二位霸主，靠的是他的能力，但更靠著那個難得的機會。

這個機會是周王朝替他創造的，而且又是秦穆公轉讓給他的。

這時的周王還是那個周襄王。

事情的起因是周襄王的王后突然去世。於是，周襄王就決定再討個美女來當第一夫人。

他一提出這個想法，兩個得力手下頹叔和桃子同時站起來，推薦了一個美女。這個美女就是季隗。

名字跟重耳在狄國的老婆一樣。其實，他們推薦的這個季隗也在狄國。重耳的老婆季隗，是狄國的老大發動對外戰爭時，俘虜過來的。現在這個季隗可是狄國老大的女兒。這兩個美女漂亮到什麼程度？狄國有個流行歌曲，叫：「前季隗，後季隗，如珠比玉生光輝」，這歌是全狄國人都在唱啊！老大，要這個小蠻腰美女回來不錯。我們都調查清楚了，現在這個小美女還沒有男朋友，老大現在趕快過去把她弄到手。

周襄王一聽，馬上就叫這兩個大夫去當媒人。

狄國的老大當然答應得很乾脆，叫女兒跟媒人直接就過去——要是去得晚了，周襄王突然改變主意，妳這個王后就會變成情婦。情婦跟王后的差別有多大？妳去問所有已婚婦女就知道。

周襄王一見到這個美女就跟當時周幽王見到褒姒一樣，口水流了一大堆之後，馬上就讓她當了第一夫人，以後老子出國就妳跟著。

這個季隗，史稱隗后。

照例，一有「史稱」這兩個字出現，就會發生一件驚人的歷史事件。

這個隗后是外國妞，過慣了自由的生活，當了第一夫人之後，天天就得規規矩矩地生活，覺得王后生活一點不好玩，天天悶在宮裡，都覺得要悶出病來了，很想約幾個背包客到野外去瘋狂一下。於是就強烈建議大王出去打獵。

周襄王說：「呵呵，打獵又不是打仗，有什麼不可以的。」

這段時間周襄王的心情特別愉快，所以，智商也突然發達起來，在打獵的過程中還來了個創意——賽獵。

這個賽獵也跟現在很多體育比賽一樣，先成立個組委會，然後參賽人員報名——當然，底層平民是沒有份的。

周襄王興致高昂，要求把這次賽獵會開成一個國際盛會，一定要讓各路諸侯知道，周朝還是有分量的，周天子雖然現在聲音有點弱，但尚武精神還沒有徹底消失。他說，這個賽獵會要是成功舉辦，不但體現了周朝人民的精神，也是周朝綜合國力的一次重大亮相，所以，一定要舉全國之力，把這次賽獵會辦得盛大而隆重，辦得讓全世界人民目瞪口呆，讓全國人民熱血沸騰，讓王后笑得前俯後仰。

大賽組委會主任：王后季隗。

大賽只有一個項目，射獵，設金、銅、牌三等獎：凡打下三十隻以上獵物的，就獲金牌；打下三十隻以下、二十隻以上的，獲銀牌；十隻以上、二十隻以下的，獲銅牌。其他的還有一些參加獎（為那些一隻獵物也沒打到的人設立）、組織獎（為那幾個腐敗的領隊設立）等等。

舉行完隆重的開幕式之後，運動員們亂哄哄地進場。

大家努力打獵，周襄王和隗后在臺上觀看。

一直打到黃昏，大家清點成績。

周襄王的弟弟太叔帶發揮平穩，繳了三十多隻，獲得首屆賽獵會金牌，由王后親自把金牌授予他。

季隗雖然在王宮當了多年的王后，第一次跟太叔帶零距離接觸，覺得這個太叔帶真帥。比他的哥哥周襄王帥多了。你想想，周襄王都多大年紀了？再加上勤於酒色，努力透支生命，現在身上就只剩那點皮，

## 第六節　時機來臨：晉文公的逆襲

只有骨感沒有性感，已經讓季隗一點都不激動了。

季隗在授予金牌時，腦子裡的想法就複雜了起來，對周襄王說：「現在天還很早，我也下去表演一次。算是帶頭展開全民體育運動。」

周襄王說：「好啊！競技比賽結束，表演賽開始。備好馬車。」

季隗說：「我從小就騎馬，不用馬車。」說著帶著那隊從狄國來的美女，騎上馬。

周襄王怕季隗會摔傷，就叫太叔他們跟著保護王后。

季隗看到太叔也會騎馬，激動的心情更上一層樓。她先催馬跑出，太叔緊跟追出。其他人騎馬的技術都很差，沒有追上來。

兩匹馬跨過了山腰，季隗這才勒住奔跑的馬，等太叔到來時，當面把太叔狠狠地誇讚了一番。

太叔是什麼人？是周襄王的弟弟，一個純粹的貴族公子，最拿手的本事就是把妹，對別的事很麻木，但對美女的內心向來有著深刻的洞察力，這時看到漂亮嫂子這麼看著自己：呵呵！嫂子真開放。知道桃花運就在眼前了。

接下來的事，就是太叔射箭，王后收穫。在宮女們趕到之時，王后手裡已經拿了幾個獵物，正笑得史無前例的漂亮。

那天晚上什麼事也沒有。

不過，當晚沒有事並不等於以後沒有事。

第二天，太叔下班之後，沒有回家，直接跑到他的母親惠太后那裡，說是請安——當然身為兒子，天天去向母親請安，是絕對沒有錯的，絕對不會有誰說你人品有問題。可問題是，這時，隗后也很孝順地在那裡。

前面已經說過，惠后並不是周襄王的母親，她曾經跟他的老公密謀要搞定周襄王——那時周襄王還是太子——惠后想讓太叔帶當接班人，只是被管仲插上一腳，這個計畫沒有成功。惠太后心裡當然很不舒服，覺得自己這個王后和太后都是白當的。

太叔和隗后一邊跟母親聊，眼睛卻相互死盯著對方。

後來，兩人覺得這樣下去，沒有一點現實意義，先後跑到另一間屋子。

帥哥和美女單獨在一起，你不用想就知道會發生什麼事了——如果什麼事都不發生，那才是怪事。

如果只發生一次，絕對沒有什麼影響，這個歷史情節估計就此打住，後果一點不嚴重。可這種事往往是有了第一次，就會有第二次，就會有第三次，就會有第N次。

而且這種事還有個特點，就是越往後膽子就越大，步伐邁得就越急。

周襄王也不是聾啞人士，沒有多久就知道了。

周襄王當然很生氣，馬上下令免去季隗的后位，以後搬到冷宮去過著廢王后的生活。周襄王處置王后雖然很果斷，一點不看在她那個漂亮臉蛋的份上，但對太叔的處置就慢了半拍。

太叔比他的哥哥強悍多了。一聽說嫂子被關進了冷宮，知道下一步整頓的對象就是他自己了，馬上逃出雒邑，向狄國狂奔。

本來，這事跟那兩個做媒的大夫沒有什麼關係。可這兩個傢伙的經神也跟著敏感起來，怕周襄王繼續生氣下去，就會追究他們的責任，把他們也抓起來，因此二話不說，也跟著跑到狄國去。

這兩個傢伙也不是什麼好人，一到狄國後，做的第一件事，就是忽悠那個頭腦簡單的狄國老大，說：「本來，以前我們是為太叔做的媒。可大王看到季隗可愛，就自己要了。所以說，這事本來是大王先做得不對。現在倒好，全把責任推給別人。他可以不看我們的面子，也可以不看王后的面子，可他不能不看老大的面子啊！老大也是一個國家的老大，現在自己女兒被打入冷宮，守著活寡，自己卻在這裡過著幸福生活，還有點老爸的樣子嗎？我們強烈要求老大發兵，去討個說法。現在周朝雖說是天下共主，是諸侯的領袖，可就那麼一點地盤，士兵加起來也沒有幾個。只要老大下決心開打，保證一仗就打贏！雒邑的地盤就全歸了老大。」

狄君一聽，好主意！不但可以狠狠地修理一下這個菜鳥女婿，還可以拿到一塊黃金地段，生意不錯，可行性很高。不用再討論了，直接開打就是。

於是他派了兩個大將帶著五千騎兵，向周王朝發動軍事行動。

周襄王接到報告後，馬上號召大家不要做亡國奴，要與侵略軍硬碰硬到底。當然他也知道，光喊口號是不行的，最關鍵還是組織軍事力量，殺上前線。可派誰帶著大周王朝的仁義之師、正義之師上前線呢？他這才知道，一個國家真的需要會打仗的人，體育金牌銀牌再多，只是培養了一批運動會球迷——一說到打仗，卻跑得比誰都快，沒一個能夠打仗的軍事家。

他選了好久，認為只有那個原伯貫有軍事能力，馬上任命原伯貫為總指揮，帶著三百兵車去迎戰。

問題是這些士兵雖然軍容整齊，喊口號的聲音很大，但是除了有豐富的打獵經驗外，從沒上過戰場。打獵時，都是他們追敢，獵物狂奔。現在卻不同，是人家把他們當獵物來了，騎兵的馬蹄敲打地面的聲音很雄壯，雪亮軍刀舉到半空，向他們的腦袋猛劈。

從原伯貫到最基層士兵，一見到這個陣勢，都崩潰得沒有一點餘力。

結果周朝全軍覆沒，連那個還沒有發出作戰命令的原伯貫也變成了俘虜。

周襄王接到情報後，什麼也不說，就帶著身邊的人逃跑，來到鄭國。當然，這哥兒們還是要面子的，說是來鄭國視察，看看鄭國的社會建設得怎麼樣了，人民是不是安居樂業，全民體育是不是興盛。

太叔雄糾糾地進了雒邑，馬上宣布建立新政府，第一步是把季隗放出來，為她平反，繼續當王后——不過，當的是他自己的王后而不是周襄王的王后。他也學周成王那樣，把部下叫來，說從今天起，你們主持政務。然後躲到後宮，喝酒把妹，過著大王的幸福生活。

周襄王卻不同意了。

他宣布在鄭國辦公，憤怒譴責了他弟弟奪權的無恥行徑，然後寫了無數張通告，派人拿去送給各路諸侯，要求諸侯們團結在他的周圍，派出部隊，跟他一起去解決太叔。

可現在的諸侯不是以前的諸侯了，自私得要命，如果沒有利益，絕對不去干涉別國的內政。這可是花

## 第六節　時機來臨：晉文公的逆襲

成本的，你幫周襄王恢復了權力，你的損失誰來補償？於是，接到通告後，就都派人送來一些救災似的東西，說大王放心，有我們吃的，就有大王喝的。誰也不派出一個士兵來。

這些救災的物資能打倒太叔帶嗎？

連孩子也知道這個年代是「槍桿子出政權」啊！

周襄王很鬱悶。

後來，有個人對他說：「現在中原的諸侯都衰弱了，不會有誰熱心這個公益事業的。只有秦國和晉國都想當霸主。大王還是請他們出面吧！要是他們當中有一個出面，那滅掉狄國也只是小意思啦！」

周襄王這時不管誰的意見都當成好意見，二話不說，派了兩個特使到秦晉兩國請他們出來搞定狄國。

秦晉兩國接到通知後，果然都帶著部隊出發，向太叔帶宣戰。

不過，秦國的部隊比晉國的速度快多了。晉文公才下達出兵的命令，就聽說秦軍已經開到黃河邊上了，只要再前進幾步，就可以到達洛陽。

晉文公這時臉皮厚得很，馬上就派人去見秦穆公，說：「岳父大人。我們晉國已經出兵了。這個工作就讓我們去做了。你當觀察員吧！」

秦穆公一聽，馬上同意。

百里奚他們知道後，就急了，老大吃錯藥了吧？這是當霸主的機會啊，怎麼放給晉國了？他們急忙去找秦穆公，說：「老大，晉國的部隊根本還沒有動。他這是在忽悠老大啊！這次要是搞定狄國，恢復大王的權力，功勞那是說有多大就有多大啊！說不定還能當上霸主。」

秦穆公早就比誰都想當這個霸主，可這時不知是真的吃錯了藥，還是神經系統發生了其他障礙，滿腦子突然充滿了做好人好事代表的想法。他說：「我當然知道他的軍隊還沒有動。可是，他剛當上晉國的老大，需要立個大功來樹立他的形象啊！我們就讓他出鏡吧。」他派人到鄭國去，代表秦國慰問周襄王，自己則帶兵回去了。

晉文公一看，臉皮厚有時還真比什麼都有用。立刻抓住機會，帶著大軍向雒邑大步前進。

太叔帶把妹、打獵拿金牌那是很優秀的，但仗打得就太業餘了，只幾下就全軍覆沒。晉文公把太叔帶、隗后，以及那兩個很有挑撥離間特長的大夫全砍了頭，然後去鄭國接周襄王回來。

接下來，就是開慶功會。

慶功會的主要內容就是大力表彰晉文公。

周襄王問晉文公：「你有什麼要求？先說出來吧！」

這時的晉文公已經老了，也開始日暮西山了，於是說：「沒有別的要求。就是請大王在我死後，能夠讓我享受隧葬的待遇就行了。」

什麼是隧葬？

隧葬就是死後，挖一條地道把棺材從地道那裡抬到墓地安葬。這個待遇只有周天子才可以享有。

周襄王這時頭腦很清醒，你這個要求不是想當天子是什麼？這是原則問題，必須堅持，因此堅決不同意。不過，要是什麼賞賜都沒有，也太不像話了。只是現在這個天下共主，除了那個中央招牌最值錢之外，已經窮得跟貧困縣市沒有什麼差別了，實在拿不出什麼東西來送給晉文公當獎品了。最後，他一咬牙，說：「獎給晉國四個城池。」

周襄王以為他否決了那個隧葬，做得很正確很聰明，其實把這四個城割讓出去，對周王朝來說，跟致命一刀沒有什麼兩樣。你知道，雖然大家天天在嘴裡嚷嚷「率土之濱莫非王土」，好像天下的地盤都是大周王朝的領土，可現在誰還把他當成真正的共主？那些土地他連一個平方都動不了。現在控制在他手裡的就只有雒邑一帶的幾個城池了，現在又把四個獎給晉國，大周王朝手裡的資本就已經接近枯竭了，人口數量也減少了很多。

晉文公得了這四個城池，版圖馬上就伸入中原一帶。而這一帶就是後來的趙國領土。後來，讓秦國最頭痛的對手，就是以此為中心的趙國。

## 第七節　城濮之戰：新霸主的誕生

周襄王在歷史上算不得什麼人物，絕對上不了歷史的臺面。他自己做不出什麼偉大成績來，可卻把自己變成墊腳石，讓兩個霸主爬上了事業的最高峰。第一個就是齊桓公。雖然齊桓公前期的霸主事業做得很有力度，在諸侯面前威風得沒有譜。可最讓他得意的就是以諸侯的身分確立了周襄的王位，讓諸侯看到齊國是無所不能的；第二個就是晉文公。晉文公一開始在諸侯當中雖然很有名氣，但這個名氣卻是逃難的名氣。是有名氣而沒有人氣。誰能相信一個老傢伙還能做出什麼偉大事業來？這麼一個牙齒不剩幾顆的老頭，恐怕精力早已消磨在逃亡的路上了，現在大概就是占著位子等死。哪知，這哥兒們頑強得很，一看到機會就伸手過來，一舉成功，比當年齊桓公做得還漂亮，立刻讓諸侯們都對他仰視起來。

晉文公雖然年紀大了，但火氣還不小。這哥兒們的記憶力好得很，還記得當年那幾個小國不把他當人看的事，天天咬著牙要把他們滅了。

正巧宋國派人前來大叫救命：楚國大將成得臣聯合陳、蔡、鄭、許等國的多國部隊侵犯他們，請晉國老大哥快快過來支援啊！

晉文公開了個會，問大家這仗能不能打？要知道這是以楚國為首的多國部隊，可不是那個盛產美女的狄國啊，弄不好就會玩得一點沒有面子——現在我們可是有面子的國家了，不要才有面子沒幾天，就全丟了。

先軫第一個發言：「如果這時能搞定楚國，老大這個霸主做定了。我認為就一個字：打！」

狐偃說：「我們不必去跟楚國直接對壘，只要先去猛扁鄭國和曹國一頓。這兩個小國以前不把老大放在眼裡，現在正好藉這個機會收拾他們。這兩個國家近來都剛跟楚國通婚。我們去打他們，楚國一定會過來支援。這樣，我們又完成了援宋的任務。這仗不打，就沒有什麼仗可以打了。」

其他人也沒有反對意見。

既然大家都說好，那就一定好。

決議一形成，接下來就是組織軍隊，按照趙衰的計畫進行了部署：郤穀將中軍，郤臻佐之；使狐偃將上軍，狐毛佐之，命趙衰為卿；欒枝將下軍，先軫佐之；荀林父御戎，魏犨為右。

這是當時晉國最豪華的軍事陣容。

第一個目標是曹國。

但晉國跟曹國的邊界沒有相連，得借道衛國。

衛國也開了個會，討論到底借不借道的問題。

大家一致認為，不能借。

理由有一大堆。最主要的理由有二：

一、晉國有過借道滅虞國的前例，借道給他們風險實在太大；

二、衛國已經向楚國一邊倒，如果又借道給晉國，楚國就會報復。我們難道還沒吃夠楚國的虧？

這兩項理由都很充分，於是衛國決定不借，有本事穿越到二十世紀，租用幾架民航機把你們的部隊運送過去。

晉文公當然很生氣，大叫：「你不借道，老子就先拿你開刀。」命令大軍直接渡過黃河，向衛國進攻。

大軍開到五鹿城外，晉文公一眼就看到那棵他印象最深刻的大樹，然後像劉備一樣流出老淚。

魏犨大叫：「現在不是憶苦思甜的時候，快擦乾淚，打進城裡才是最重要的。」

五鹿只不過是個小城，晉軍一點不費力就拿下了。

拿下五鹿之後，晉文公知道跟楚國的關係已經走向全面惡化的地步了。他不是菜鳥，知道與楚國唱反調不管是贏是輸，結果都很慘。因此，必須在進行軍事行動的同時，展開積極的外交活動，團結一切可以團結的力量，共同對付楚國。

齊國素來是楚國的敵人，因此成了晉文公合作的對象。

這時的齊國已經不是桓公時代了，當年的霸氣早已一點不剩，聽說晉國主動過來修好，覺得晉國還看得起他們，高興得要命，二話不說，就跟晉國簽訂了一個友好條約。

這樣一來，鄭國就夾在齊晉兩國之間。

衛成公聽說之後，就鬱悶起來。這兩個國家都是大國，他就是力量再大幾倍，都不是人家一個國家的對手。這才知道，得罪楚國沒好果子吃，得罪晉國的後果也很嚴重。而且這個嚴重後果馬上就來到——晉國的部隊拿下五鹿之後，正聲勢浩大地深入衛境，一點不顧慮他的心情。

衛成公再次開會，問大家有什麼辦法？

以前那些有辦法的人這時全沒有辦法了，個個沉默，嘴巴閉得比什麼時候都緊。

衛成公沒有辦法，只得派人去見晉文公，說：「老大，我們怕你了行不行？現在把路借給你們走好不好？不管走哪條路，我們都為晉國老大哥的部隊警車開道。從今之後我們永遠做晉國老大哥的好兄弟。」

晉文公這時威風得很，一揮手：「我們不需要你這樣的兄弟。現在我們只想打仗。別的事一概免談。」

衛成公怕得要命，只有不斷地生老爸的氣，天下這麼多人，誰不好得罪？硬是去得罪這種關鍵人物。

## 第七節　城濮之戰：新霸主的誕生

衛國在諸侯中算老幾？一點囂張的理由都沒有啊！你把人家得罪了，心情得意地死去，卻把這個爛攤子丟到我的身上。你叫我怎麼活下去啊！沒有個好老爸，還真難受。

可你再怎麼埋怨你的老爸，人家仍然按作戰方案打上來，仍然得去應付。人家可不會因為你把老爸罵了就減輕對你的壓力。

最後，衛成公決定逃跑，然後派人去向楚國求救。

恰巧，這時晉軍的總指揮郤縠突然掛掉。晉文公立即提拔先軫為總指揮，繼續猛攻衛國，讓衛國徹底退出歷史舞臺。

可先軫卻不同意。

先軫不光仗打得好，政治手段也是一流的。從前面他提出的幾個建議來看，絕對是當時的頂尖人才。他說：「老大一定要記住。這次出兵的名義可不是滅衛國，而是來救宋國的。現在倒好，宋國還沒有救出來，卻做了一件與宋國無關的事。人家會怎麼說？當然，如果老大不想當霸主，只想報那一點小仇，我立即幫你把衛國拿下，凌晨發起總攻，早餐就可以在衛國的首都裡開飯了。所以，我建議，迅速撤離衛國，向曹國前進。這有兩個好處，一來收拾了曹國，二來玩了楚國一把，讓他們在這裡撲了個空。」

晉文公一聽，說：「好辦法！」

曹國那個曹共公更是個垃圾。這哥兒們有個愛好，就是喜歡收集美女，把全國的美女都集中起來，還怕人家不知道他有這個愛好，就把全國所有的車輛也集中起來，組成了曹國美女隊，天天到街上遊行，讓大家都知道。

在晉國軍隊已經臨近時，他仍然在檢閱著他的美女。

這時情報人員大聲說：「晉國已經打了進來。」

曹共公一聽，本來神采奕奕的臉突然全面發白，發白之後，立即中止檢閱，回宮召開會議。

跟所有戰時會議一樣，有主戰派以及主和派。

主和派就是那個釐負羈，他認為，跟晉兵對打就是雞蛋碰石頭的結果。所以，現在最好的辦法，就是寫一張檢討書，去向晉文公認錯，請他原諒。

曹共公說：「他現在一點都不願意原諒衛國，能原諒我們嗎？」

釐負羈的幾個政敵知道打擊他的機會來了，馬上對曹共公說：「那年重耳逃到這裡時，餓得走不動了，就是釐負羈偷偷招待了他一餐，才讓他度過難關。否則那個老傢伙早就掛了，哪還能這麼囂張地來侵略我們？現在，曹國到了最危險的時候，釐負羈身為曹國的高層，卻一點不為曹國利益著想，一心一意勸老大當亡國奴。這是什麼行為？這是賣國。請老大把他拉下去砍了，讓大家知道投降派的可恥下場。」

曹共公雖然菜得不能再菜，但人品還不算很壞，認為釐負羈雖然名字筆劃有點多，讓人看不順眼，對重耳的態度也很不講原則，但考慮到他長期以來工作還算努力，從沒有犯過什麼大錯，這次犯錯，就把人家一棍打死，實在有點不厚道，因此只免了他的職。

把釐負羈免職很容易，一個命令就可以搞定，可城外的晉軍就不容易對付了。接下來，就只有拚著老命上前線。

結果一點沒有懸念。

晉軍只發起一次進攻，曹共公當天就到晉國的戰俘營報到。

晉文公把衛、曹兩國先後搞定，出了心頭一口氣，覺得今天的天氣真好。

可楚成王就生氣了。這兩個國家前不久剛跟楚國簽訂了友好條約，楚國在條約上爽快地答應當他們的保護傘。哪知，條約的墨水還沒乾，晉國就把他們一把解決掉。晉文公也太不給老子面子了。

不過，楚成王不是李逵那樣的人，一生氣就什麼都幹得出來。他生氣之後，就立刻冷靜下來，覺得跟晉國直接對壘是一件麻煩事，派人去叫正攻打宋國的成得臣退兵。

但他的首席大將成得臣卻不願意。堂堂強楚，還怕什麼晉國。對這種人你不打他幾下，他就永遠不清醒，永遠以為他是天下第一的，永遠想欺負人家。現在是欺負這幾個小國，以後就會欺負到我們境內來。因此代表軍方，強烈要求楚成王讓他帶領軍隊狠狠地打擊一下晉國的囂張氣焰。

楚成王最後堅決下令成得臣回來。

成得臣是個愛面子的人，覺得自己帶著大軍前來攻打宋國，任務沒有完成，就灰溜溜地回去，跟打敗仗沒有什麼差別，以後怎麼在楚國繼續混下去？但老大的命令你不執行就是不給老大面子——你不給老大面子，老大就不留你的腦袋。他就想了個辦法，挽回自己的顏面。

他派人去對晉文公說：「如果你恢復了曹國和衛國，老子就停止進攻宋國。」他認為，他的這個辦法是個好辦法，晉國肯定會愉快地接受。

晉文公確實也有要接受的意思。

可狐偃卻不接受。

在晉文公正在考慮用哪句外交辭令來回答時，狐偃卻已經搶過發言權，大聲罵起來：「成得臣這傢伙把我們當豬頭看了。就他那個能力，能把宋國搞定嗎？現在倒拿這事來威脅我們。你回去告訴成得臣，我們要是答應了這個條件，我們就是一群豬頭。」

晉文公知道成得臣是個很有個性的人，聽了這話，肯定會發飆。這傢伙一發飆，就什麼事都敢做，晉楚之間，就得狠狠地打上一場。所以，他就派人去跟秦、齊兩國取得聯繫，請他們也來幫忙——即使不跟晉國一起上前線，但當當自己的啦啦隊也可以鼓舞一下士氣。最後，他還乾脆再刺激一下成得臣。叫衛、曹兩國的國君同時寫了一封「別了，得臣」的信，表示永遠跟楚國絕交。

成得臣本來就是個肌肉發達、頭腦簡單的傢伙，又是個十分要面子的人，遇事從來不肯花幾分鐘分析一下，直接就發怒，大叫：「這信肯定是重耳逼他們寫的。不把重耳抓回來，老子不姓成了。」

他一點沒有想到，晉文公這次的目的就是幫宋國解圍，把宋國從水深火熱中解救出來，成為宋國的大救星。他怕在他的大軍還沒有趕到時，成得臣就拿下了宋國——如果楚軍搞定了宋國，聲勢馬上就浩大起來，這仗真的沒法打下去了。那時不但霸主做不成，只怕還有被楚國收拾的危險。因此，就用這封信把成得臣引出來。當然，如果成得臣不那麼衝動，這個小兒科的陰謀詭計是不能得逞的。

成得臣絕對是個好戰分子。好戰分子的動作都很快。沒幾天就帶著軍隊出現在晉兵面前。

現在晉國的軍事指揮官是先軫。

先軫不但肌肉發達，而且智商不低。看到楚軍拚命趕來，就想趁他們還沒有喘上幾口氣就大殺過去，即使沒有取得全面勝利，但狠狠地教訓成得臣一下是可以做到的。

但狐偃不同意。

先軫只著眼於這場大戰的輸贏，狐偃卻考慮到霸主的地位。能不能把霸主大印搶在手裡，軍事力量固然很重要，但信用更要緊。如果你背了個「背信棄義」的壞名聲，你就是再贏幾場大戰，也沒有誰看你順眼，最後人家只把你當成惡霸，而不是霸主。

狐偃提醒說：「以前老大在楚王前面許諾過，碰到楚軍時，要退避三舍。現在碰上了楚軍，我們要是不退，那人家就會說老大的話等於放狗屁。因此，必須退！」

很多人都反對，現在誰講那麼多道理，先把仗打贏了才是硬道理。

可狐偃堅決反對。

狐偃可不是個頭腦發熱的人，他對這場戰鬥看得比誰都清楚。想在這個世界混下去，而且要混到霸主的位子，你就必須做個樣子給人家，讓人家沒話說。既然向人家許下這個承諾，你就得兌現。而且，他知道晉文公也是個作秀專家，遲早會兌現這個諾言的。與其以後兌現，不如現在兌現。

現在兌現的好處是：楚成王並不想打這一仗，完全是成得臣強烈要求的結果。楚成王心情很不悅，就讓成得臣帶著圍宋之兵過來，並沒有增加軍隊。所以，現在成得臣的軍隊數量並不龐大，而且跟宋國打了很久，又跑了這麼遠的路，已經很累了，再加上成得臣的腦袋並不靈光，很容易上當，這樣的人最容易搞定。因此，這麼讓他一下，再耍個陰謀詭計把他痛打一頓，既取得輝煌勝利，又搏得了個好名聲。否則，等哪天楚成王帶著全國主力出動，謀士大將都上場，要求你再退避三舍，那可就要命了。

晉文公同意。

於是，晉軍退了三十里。

成得臣追了上來；

晉軍再退三十里。

再追，再退。總共退了九十里。

這時成得臣和很多士兵都覺得好過癮哦！再追幾天，不用打仗就可以占領晉國的首都了。呵呵，我們這支部隊真是威武之師、雄壯之師，才開出來就把晉國的部隊嚇成這個樣子，早知道晉軍是這個樣子，就該先來搞定晉國，而不是去宋國那裡硬碰硬了。

不過，楚軍裡還是有人覺得不大對勁，對成得臣說：「你不是說帶兵過來，是要個面子嗎？現在晉國已經給你面子了。」

成得臣說：「都追到這裡來了，還不打一場？那追上來有什麼用？追上來什麼事都沒發生，這算什麼面子？老子現在不但要面子，更要勝仗。」

晉文公這時倒有點怕了起來。部隊連續退了九十里，理直氣壯倒是理直氣壯了，可士兵們好像都退怕了，而且這個成得臣確實是個打仗的料，楚兵的軍事素養不是一般的好，當年管仲那麼猛，都讓他們三分，從不跟他們有過肢體接觸。自己這一仗真的能贏他們嗎？

一有這個想法，重耳馬上鬱悶起來。最後，鬱悶得睡不著覺，連美女都不讓睡在身邊了，在床上翻了大半夜，直到累得沒有辦法了才睡著。

可才一睡著，就做惡夢。夢見他被楚成王打倒在地，然後還騎在他的身上嘎嘎大笑，說要一拳把你這個老傢伙的身體打殘，以後就發給你一本身障手冊。

他醒來之後，馬上覺得前途不妙了，叫人把主張退避三舍的狐偃找來，要好好地罵他一頓，然後商量好打敗之後的幾種逃跑辦法。

狐偃過來時，看到晉文公的臉色像個剛從手術臺下來的產婦一樣，知道老大的抗壓性太差了，要是讓大家看到他這個臉，這仗根本不用打了，得想個辦法提升他的信心。

晉文公先把這個夢用很恐怖的語氣敘述一番，說：「大舅啊！這個夢已經明確地警告我，再打下去就會被楚兵打殘。我們怎麼辦？」

狐偃笑了起來，說：「老大，這是好夢！」

晉文公說：「好夢？被人家打成那個樣子，還說是好夢？老子現在身上的汗都還沒有乾啊！」

狐偃說：「你聽我說。這個夢啊，跟現實生活是不一樣的。甚至是完全相反的。老大夢中的情境是很恐怖，是可以把人嚇傻嚇瘋的。可真正的含意是一點也不恐怖的。老大面朝老天，說明老大已經得到老天爺的照顧；楚成王爬在老大的身上，那是什麼姿勢？那是向老大下跪的姿勢啊！哈哈，這夢說明，這仗我們贏定了。」

晉文公幸虧不是唯物主義者，立刻相信了狐偃的胡扯，臉色馬上紅潤起來，說：「那好！老子的信心來了。」

大家看到老大的臉全是勝利在望的神色，信心也增加起來。

當然，狐偃比誰都清楚，光靠這個胡扯就能打勝仗，那是真正的胡扯。他叫先軫好好應付。

先軫絕對是個優秀的軍事指揮家。他知道，現在跟成得臣硬打，那只有死路一條。玩光明正大的不行，就玩陰的。他在前頭設了個埋伏，然後讓一部分士兵跟楚軍對打。只一個回合不到，這部分士兵就全面崩盤，丟下武器，撒腿就逃。

如果是曹劌，這時肯定會叫住全體士兵，不要追。

可成得臣不是曹劌。這傢伙歷來看不起晉兵，就那個老傢伙帶著，能有什麼能耐？下令全面追擊，誰落後老子砍誰的腦袋。

晉國的那隊敗兵就把他們帶進了埋伏圈。

先軫看到楚軍全都勇敢地衝進埋伏圈，就一聲令下。

伏兵四出。

楚兵這才知道，果然上當了，中了傳說中的埋伏，全軍的精神突然間集體崩潰，戰力指數直接探底，被四面八方殺上來的晉兵大砍大殺。

成得臣大聲命令突圍。其實，他根本不用下這個命令。因為大家都已經在拚命向外衝，尋找生路。

晉文公這時又作了一次秀，說：「楚王對我們是有恩的，現在只是楚國戰爭狂人成得臣不聽命令，才跟我們過不去。因此，我們要看在楚成王的面子上，對楚國士兵只追不殺。」

晉文公的這一招是很厲害的。

成得臣這次帶來的軍隊，雖然是楚國的精銳，但並不是楚國的主力，你就是把他一個不能少地消滅，對楚國的軍事力量並沒有產生實質性的打擊，只不過是讓他們的面子難看一點，自己的戰果重大一點。但跟楚成王的仇是結定了。所以，就把責任都推到成得臣身上，然後採取寬大政策，給楚王一個臺階——你想想，先給你來個退避三舍，然後又不殺你們的士兵，你要是還跟我們過不去，也太不夠意思了。

最後，晉軍也放走了成得臣。

楚成王很生氣。老子不是幾次叫你退兵嗎？你一定要打，現在打成什麼樣子？不但損兵折將，弄得老子的老臉也沒有了，楚國的形象也被影響。你該死！你要是也覺得自己該死，就請自殺。老子現在沒有臉處理你這樣的人了。

成得臣比楚成王更要面子。他派兒子回去跟楚王彙報敗績，得到了這樣的回答，他馬上覺得真的沒有臉活下去了。

楚成王大罵之後，有個手下提醒他，老大，成將軍是我們楚國仗打得最厲害的，要是這麼讓他死了，有點可惜。而且就是再殺幾個成得臣，不但不能挽回什麼損失，反而加大了損失。還是讓他繼續為老大賣命吧！

楚成王雖然脾氣上來得快，但暴跳如雷之後，覺得這話還真不錯，急忙派人過去，請成得臣不要自殺。哪知，他快，成得臣更快，那個人還在拚命跑路，他已經一劍下去，讓自己變成一具屍體了。

這個戰役就是史上著名的城濮之戰。

城濮之戰後，晉文公終於成為諸侯霸主，達到了他個人事業的最高峰。

他成為霸主，有一個人的心裡卻開始鬱悶了。

# 第六章 霸主失誼：晉楚破局與天下翻盤

## 第一節 晉楚結盟的瓦解

這個有點鬱悶的人就是秦穆公。

秦穆公這麼多年來，工作重心基本都放在與晉國打交道上，而且貌似做得很成功——連晉國第一把手確立的大權都牢牢地掌握在他手上。他跟他的幾個智囊團一致認為，只要在晉國培養出一個親秦政府，讓晉國的老大成為自己的傀儡，什麼時候叫什麼時候到，那是很過癮的。哪知，傀儡並不那麼好培養——比培養個高考狀元還難。人品差的，大位還沒到手之前，什麼條件都敢開，可一旦坐上老大的位子，就什麼臉都不要，不但死不認帳，而且還跟你劃清界限，企圖徹底擺脫你的控制；人品好的，卻馬上就變成了暴發戶，從一窮二白到億萬富翁只要一兩年的時間。

更要命的是，如果晉文公只是一個很溫和的暴發戶，那也沒有什麼。可晉文公一點也不溫和，腦袋裡全是野心家的想法，才短短兩年，就從一個弱勢君主轉為強悍諸侯，而且馬上把手伸得長長的，出兵國外，充當國際警察來，先是幫周王恢復地位，接著把部隊開過去，一點理由也不講，發揚晉國欺負弱小的光榮傳統，把曹衛兩國閃電拿下，然後跟楚國面對面，最後把楚國的猛人打了個遍地找牙，成為了霸主。

秦穆公看到晉文公越來越強，心裡當然不爽，本來他只是想幫助重耳一下，讓他坐穩江山之後，心存感恩之心，把秦國當成老大哥，以後有什麼事，會堅定不移地跟在自己的屁股後面，去喊打喊殺。哪知，這個晉文公更加陰險，表面一團和氣，可心裡卻時時刻刻在算計著你。以前那個人品差的，你一生氣，還可以把臉拉下除掉他，可現在對晉文公，你敢拉下臉嗎？他不拉下臉就已經不錯了。

如果事情就發展到這裡，秦穆公也就認了。以後我們各管各國，你不犯我，我不惹你，總可以吧？以前的幫助就當是做好事，雖然現在有點後悔：如果不那麼傻瓜地把干涉周朝內政的機會轉讓給晉文公，現在在諸侯面前當老大的可就是他秦穆公而不是重耳了——但後悔過後，也就算了。這個機會讓給人，下個機會就聰明一點。

哪知，還不算完。

秦穆公不找晉國，但並不表示晉國不找秦國。

晉文公一當上這個霸主，覺得霸主的感覺真好，召喚諸侯開會的感覺更好——因為，你如果不召開一個諸侯大會，你這個霸主的就任程序就不完整，霸主就當得不正統。

現在晉文公知道自己已經老了，霸主事業一旦開創，就得抓緊時間，讓步伐邁得更快一點，膽量放得更大一點。因此，他一打敗楚國之後，馬上就召開諸侯大會。

以前，齊桓公也動不動就開諸侯大會，據統計，姜小白當霸主時，總共「九合諸侯」，也就是說，一共召開了九次諸侯大會。不過，客觀地說，這九次大會的號召力並不高，每次來的都是諸侯中的小國，算起來只相當於街頭小混混，跟進來喊口號聲音很壯觀，其實根本沒什麼用。那幾個大國卻連個國際觀察員都沒有派出，只在那裡看看他們的表演。

晉文公覺得現在時代不同了，如果仍然炒齊國的冷飯，複製原來的規格，一點都不刺激。因此，他向秦、齊幾個大國都發出了通知，要求大家都到鄭國來，開個團結的大會。大會的主要議程就是投票選出一個新的諸侯老大。

大家都知道，晉文公是要大家來投票給他，讓他在大家面前威風地擺譜。

齊國這個曾經的超級大國，現在已經衰落得不成樣子，國土面積雖然很大，但綜合實力已經大打折扣，在國際上沒什麼發言權了，接到這個通知時，一點意見也沒有，很爽快地在回執單上填：按時參加。

秦穆公接到通知時，心情就複雜得多。本來，這個通知應該是由他威風地發出的，然後等大家夾著尾巴進來，聽自己宣布大會開始，然後對大家說，本著民主的原則，投出手中莊嚴神聖的一票，選出這一屆的諸侯老大。可現在卻由晉文公來宣布，自己手中的這一票還得投給這個前幾年還靠自己幫助的重耳。

但到了現在你不服氣還有什麼用？你可以耍一下小性格，不參加這個大會。可不參加的結果就是跟中原諸侯劃清界限。晉文公就可以在大會上宣布，秦國已經自絕於國際社會，大家都要團結起來孤立他們。這個後果絕對不是什麼好後果。

秦穆公最後決定低調做人，在沒有到撕破臉的時候，就韜光養晦吧——人家重耳都受苦受難十九年了，才有今天，你就在他面前夾一下尾巴吧！何況他已經老得不成樣子，也沒有幾年好發瘋了。就讓他威風一下吧，他威風完了，就換秦國了。

秦穆公雖然前面走了幾步臭棋，把一個流亡公子扶持成霸主，自己倒被逼到次要的地位，可這一步他還是沒有走錯，他最後還是帶著秦國代表團參加了諸侯大會。

晉文公已經很老了，但這個老傢伙很會折騰。比齊桓公還會炒作。

以前齊桓公召開諸侯大會時，大多努力營造和諧氣氛，盡量讓與會人員高興地坐在一起。可晉文公卻公然在大會上開設國際軍事法庭，把衛侯當成犯人押上來，進行公開審理，準備定下衛成公的罪名，然後當眾處置，讓大家知道跟霸主不保持高度一致的下場。

當然，晉文公很狡猾，覺得自己這麼直接就砍了一個諸侯的腦袋，道理上有點說不過去。因為諸侯是周朝封的，按周朝的規定，只有周天子才有權處置。因此，他在庭審結束之後，就把衛成公交給周襄王，想讓周襄王出面把衛侯做掉，讓這事合法化。

誰知，周襄王平時很軟弱，但這次卻突然堅持原則起來，不同意砍衛成公。

正威風的晉文公只得在那裡發呆——他可以到處發飆，可以玩玩楚國，但卻不敢當面得罪這個已經一點不威風的天下共主。

不敢當面得罪，並不表示不敢得罪。

晉文公在表示堅決擁護大王的英明決策之後，卻暗地裡派了幾個恐怖分子，拿著雪亮軍刀，準備偷偷地弄個誰也破不了的命案——這個命案的當事人就是衛成公。哪知，衛成公的貼身保鏢卻厲害得很，硬是沒有給晉文公這個機會。後來，衛成公的另一個心腹到處散布說，衛成公是受了傷，但不致命。是老天爺救了他。然後又託了幾個諸侯，拿著錢財去拜託晉文公。晉文公本來就不是個唯物主義者，一聽說是老天救了衛成公，就不想把這事再繼續深究下去了。何況又得到了這些現金，馬上宣布讓衛成公官復原職。

晉文公覺得這麼一來，除了楚國之外，所有的諸侯們都得聽自己的話、照自己的指示辦事。這個政績比齊桓公大得多了。

可仍然有人不服。

不服的人就是鄭國的老大鄭文公。

還在諸侯大會期間，鄭文公就提前開溜，說是國內出現了豬流感，他得趕快回去處理。哪知，才過幾天，晉文公就發現，鄭國根本沒有出現過一例豬流感，鄭文公急忙回去，居然是去跟楚國簽訂友好條約。這哥兒們居然是黑白兩道通吃的傢伙！

晉文公很生氣，要狠狠地打擊這個毫無原則的鄭文公。

晉文公本來又想請所有其他諸侯國一起參加，自己大手一揮，就是在指揮多國部隊，神氣得很。先軫不同意，說：「做什麼事都不要做得太過分。剛剛開完大會，人家都還沒來得及好好洗腳睡覺一下，我們又把人家叫來。大家肯定會反感。而且，搞定鄭國，也不需要什麼力量啊！」

晉文公覺得有理，不過其他國家可以不請，但秦國一定要通知。如果秦國派兵參加，那麼他這個霸主就真的當得比齊桓公威風了。

秦穆公這時雖然覺得不太高興，這個重耳越來越不像話了，開完他的會，投了他的票，他還不覺得過癮，還要繼續把自己拉下水，讓自己成為他真正的跟班。這還給不給他面子啊！

可是，秦穆公想了又想，覺得還是沒有撕破臉的必要。最後還是帶著部隊過去，但事先說好，只是當觀眾，幫你派出個隊伍龐大的啦啦隊，不上戰場為你打打殺殺。

秦穆公跟百里奚、孟明視和杞子等三個副將帶著軍隊來到鄭國的邊境。

鄭國長久以來，夾在幾個敵對的大國之間，跟個拳擊手的沙包沒有什麼兩樣，不管你站在哪國那邊，你都是被痛打的對象。鄭國雖然有著被打的豐富經歷，但從沒有像今天這樣，兩個大國的軍隊一起打過來——這不是要將鄭國一把捶死是什麼？

鄭文公這時覺得問題的嚴重性大大超過了以往，腦子突然運轉不靈，不知道該怎麼辦了。倒是那個叔瞻很冷靜，說：「老大，這事不是發呆發傻就能解決的。得趕快想個辦法退兵才是當前工作的重中之重。」

鄭文公說：「他們能退嗎？人家就是來做掉我們的啊！」

叔瞻說：「晉國也許不會退，但秦國未必會打到底。派個能言善道的人過去對秦國開展外交攻勢，讓他們把軍隊退回去。」

鄭文公說：「派誰去？」

叔瞻說：「燭之武。」

鄭文公說：「好！」

可他見到燭之武之後，又覺得一點都不好了。

燭之武的名字很威風，但是個老頭，跟那個「武」字的距離是說有多遠就有多遠，而且彎腰駝背，全身上下一副長期營養不良的模樣，放在垃圾桶旁邊非常匹配。這樣的人能當救國的外交人員嗎？

但鄭文公沒有辦法，仍然把姿態放到最低，求老人家幫鄭國這個忙。

燭之武當然也假裝謙虛一下，說都這麼大的年紀了，連喝一碗粥都要休息幾次才喝完，還能完成這麼個重大任務嗎？

鄭文公說：全鄭國的命運就看你老人家了。我們相信只有你才是鄭國的大救星。

燭之武一聽，以前怎麼不找我？現在倒好，碰到難題了，就叫老子出面。不過，他還是覺得這些話很好聽，於是就笑著接受了任務，跑到秦國的軍營那裡開展外交工作。

燭之武來到秦國的軍營前，秦國的士兵以為是要飯的來了，對他還挺同情，這麼大年紀的人，還到處要飯，給了他一點剩飯叫他回去。現在要開戰了，你老人家最好待在家裡，不要亂出來玩。弄不好會玩出人命來的。

燭之武說：「我可不是來吃你的這個剩飯的。你看好了。我是鄭國的使者。是來跟你們老大談判的。」

那幾個士兵一看！老子長這麼大，當兵當了這麼多年，退役時間都到了，還沒見過這麼萎靡的使者。這老頭肯定是個瘋子。更不讓他進去了。

燭之武一看，就真的發瘋起來，突然就在軍營旁邊放聲大哭。

這個老傢伙人雖然已很瘦弱，但哭聲卻大得很，只放聲一哭，秦穆公就聽到了。

秦穆公一聽，說：「誰在外面哭？」

「是個瘋子老頭。說是鄭國的使者。使者我們見得多了。可從沒見過這樣的。」

秦穆公覺得有點奇怪，說：「把他帶過來讓我看看。」

燭之武繼續表演哭戲。

秦穆公說：「你為什麼哭？」

燭之武說：「我哭我們鄭國啊！我們鄭國就要滅亡了。」

秦穆公說：「你要哭你們鄭國，就到你們老大那裡哭啊，來這裡哭沒有什麼意義的。我們秦國是不會同情你們的。」

燭之武說：「我哭有兩個原因。第一個是為鄭國而哭。第二個是為國際人道主義而哭。」

秦穆公一聽，說：「簡直笑死我了。還有為國際人道主義而哭的？第一次聽說。」

燭之武說：「我現在這個眼淚就是為你們秦國而哭。」

秦穆公說：「你得了吧你。現在秦國有什麼好哭的？老子身體健康、神采奕奕，全國人民安居樂業，國際形象好得很。如果這也哭，那你的哭絕對是別有用心的哭。」

燭之武這回不哭了，臉色一變，冷笑起來：「秦國這次和晉國組成聯軍，要過來暴打我們鄭國，勝利那是絕對沒有問題的。可滅了我們鄭國之後，你們秦國有什麼好處？你打開地圖看看，鄭國在什麼地方？在晉國的東方。而秦國在哪個位置？在晉國的西方。秦國和鄭國差了一千多里，就算晉國按照合約，把鄭國一半分給秦國，可秦國能管得到嗎？到頭來，鄭國就全部歸晉國所有了。現在秦國雖然強大，雖然威風，誰都不怕，國內人民安居樂業，國際形象好得很，實力跟晉國沒什麼差別。可要是晉國吞併了鄭國，晉國的實力就會馬上狂漲。嘿嘿，晉國是什麼樣的國家？他雖然天天說這個是無賴國家，那個是流氓諸侯。其實真正的無賴和流氓是誰，你比誰都清楚。他連楚國都敢打，難道他強大了不敢玩秦國？你可以翻翻晉國的歷史，複習一下假途伐虢的典故，看看是誰別有用心！」

秦穆公本來對這次行動就不怎麼熱心，是來應付一下。聽了燭之武這話之後，覺得太有道理了，說：「你說的還真的有點道理。」

燭之武一看，忽悠成功，就繼續說道：「我提個建議，如果秦國同意不跟我們為敵，不幫忙晉國，我們就脫楚入秦的政策，當老大的二層機構，算是秦國在東方的辦事處吧。」

本來，這個承諾就不怎麼可靠，秦穆公稍為用腦子想一想就可以明白，鄭國的優良傳統就是忽悠別人，信用紀錄早已歸零。齊國和楚國就曾為了鄭國打了很多沒有一點價值的仗。你想想，連跟他接壤，一抬手就可以把他暴打一頓的楚國他都敢忽悠來忽悠去，秦國離他那麼遠，他還拿你當一回事嗎？他可以什麼條件都答應你，但到時他會什麼帳也不認。

只是，這時秦穆公早已不願花腦子翻這些歷史舊帳了，當場接受了鄭國的條件。而且他還派杞子帶著兩千人馬留在北門，算是保護秦國的「駐東方辦事處」。他以為他有兩千部隊在這裡駐紮，鄭國人就不敢亂來。

哪知，他的想法大錯特錯。

## 第二節　誤判與失策：一次外交災難

就在秦國宣布撤軍之後，鄭國又跟晉國達成協議，同意晉國的條件——其實這個條件也一點不苛刻，就是讓親晉國的公子蘭太子，以後當晉國的二層機構，只要晉國發出號召，叫他們打誰他們就踢誰。

負責監視鄭國的杞子知道後，當場氣爆，馬上派人跑過去把這個情況向秦穆公作了彙報。

秦穆公一聽，這個鄭國做得也太過分了，你要跟晉國和好，也過一段時間啊！過了一段時間，讓這件事冷下來，也算是給老子一個面子。

罵過之後，也沒有辦法，你要是真的把部隊開過去，路途實在太遠，而且要經過晉國境內。晉文公能答應嗎？晉國那麼多強人能放過秦國嗎？只怕還沒有跟鄭國接觸，秦國和晉國就先打了個你死我活，這對秦國和晉國是沒有什麼好處的。至少在晉文公還活著，那批跟著晉文公一起闖蕩的猛人還活著的時候，這個念頭只能動動，但絕對不能變成行動。

沒多久，晉文公真的死了，那一批晉國老臣也全都永垂不朽了，秦穆公認為，他的時代就要到來了。

秦穆公這些年來，想當霸主想得要命，如果知道那次幫周襄王能帶出那麼多效益來，他肯定不把那個機會轉讓給重耳。

這時，重耳一死，霸主的位子終於空出來，他打起精神，要把這個位子搶過來——否則，再等下去，年紀再大一點，就跟重耳一樣，才威風沒幾年，人生路就到頭了，實在沒有意思。孟明視和西乞術、白乙丙幾個憤青也天天說服他，說天天待在西北角這裡，也太窩囊了。不如殺到東邊去，做出幾件歷史性的事蹟來，那才過癮啊！

秦穆公的血壓馬上升高。

當然，還得找機會。

機會馬上就來。

是那個杞子創造這個機會的。

杞子的官雖然不大，腦袋機靈得很，找了個機會，把北門的鑰匙弄到手中，然後派人回去向秦穆公彙報：「鄭文公已經掛了，現在是公子蘭當第一把手。這個公子蘭比他的老爸還噁心，只把晉國當老大，已經把我們列為不受歡迎的人了。請老大趕快發兵前來，我們做好內應，一舉把鄭國搞定。以前，我們怕通過晉國的國境。現在不必擔心了。晉國的老大剛死翹翹，他們不會在國喪期間跟我們為敵。所以。老大放心放馬過來吧！呵呵，滅了鄭國，我們就派兵守著，讓鄭國成為我們的駐東方辦事處。」

秦穆公一看，這小子是個人才，等打完這一仗後一定要好好提拔，當場拍板：出兵鄭國。

他開了個會，宣布了這個決定。

可蹇叔和百里奚堅決反對。

反對的理由如下：

一、我們跟鄭國和晉國原來是簽過合約的友好國家，現在人家的國君與世長辭了，我們應該派代表團過去表示慰問才對，可我們卻去攻打人家。從道理上說，行不通；

二、鄭國離我們這裡太遠了，說是突襲，可走這麼遠的路，不走漏消息才怪？人家一有防備，這仗能好打嗎？

三、鄭國跟我們不相鄰，即使打下，我們能控制得了嗎？這種侵略戰爭打贏了，也等於白打，打輸了就徹底賠本；

四、也是關鍵的一點。我們大軍路過晉國國境，晉國能讓我們通過嗎？只怕還沒有到鄭國，就先爆發了秦晉之戰啊！

秦穆公這時腦子裡全是勝利的前景，哪聽得進這些話？說：「本來，老子老早就可以當這個霸主了。只因為沒想清楚，犯了錯，才把這個霸主送給重耳，之後，重耳就把我們當跟屁蟲看待了。現在好不容易等到重耳死了，我們再不珍惜這個機會，就永遠沒有機會了。」

蹇叔說：「老大一定要去，我們也沒有辦法。不過，這事一定要做得穩妥一點。現在國際形勢複雜多變，不能憑杞子的彙報就作這個決定。我們還是先派個代表團到晉國去，說是參加晉文公的追悼會，其實是看一看情況。如果情況真的對我們有利，我們就發兵過去。」

秦穆公說：「這要多少時間？現在老子沒有這個耐心了。搞定一個鄭國，還用花這麼多精力？還說什麼霸主，那不太搞笑了。老子決定了。」

他派孟明視為主將，派西乞術和白乙丙為副將，帶著大軍向鄭國出發，老子等你們的好消息。

可百里奚和蹇叔卻在那裡唱反調，說是等他們兒子的壞消息。

在誓師出發的那天，兩個老傢伙來到東門，對著大軍放聲大哭，一邊哭一邊用很老的聲音說：「現在我們看著你們出去，然後就跟你們永遠拜拜了。」

秦穆公知道後，很不高興——如果是別人，他肯定二話不說，叫刀斧手過去，當場處理，算是祭軍旗用的，可這兩個傢伙是當年他當成一號人才引進的，這些年也確實為他貢獻了很多腦力，如果真的咔嚓他們，實在有點不厚道，因此只派了幾個人過去，說你們老糊塗了，還是回去吧，在這裡流眼淚很難看。

這時，他們的兒子來了，對兩個老人說：「老爸都哭成這個樣子了，那我們就不去了。」

蹇叔說：「不行啊！我們在秦國領老大的薪資這麼多年，受到老大無限的重用，哪能不聽他的話？現在他叫你們去，你們就得去。就是明知犧牲也要去。」最後交待他們：「鄭國沒什麼可怕。但晉國很可怕。如果晉軍真要過來打你們，一定會在崤山那裡設伏。你們到那裡時，一定要小心。」

西元前六二八年，也就是秦穆公三十三年。

十二月，孟明視帶著大軍出發。

到了第二年的二月，來到滑國的邊界，再向前幾步就可以直達鄭國了。這幾個傢伙還是很有信心的——只要進入鄭國境內，什麼都好辦。歷史已經多次證明，鄭國軍隊不但人數不多，而且很好打，誰都可以拿來練幾腳。

可當他們信心滿滿的時候，有人把他們的信心徹底打回了老家。

那個人叫弦高。

弦高是個商人，而且是個愛國商人。

他是鄭國人，是鄭國著名的販牛商人，生意做得很大。

這時，他正趕著一批牛出來，準備到周那裡賣掉，突然發現前面怎麼有這麼多軍隊。他叫僕人過去看看，到底是哪一國的軍隊？如果是鄭國的軍隊，那是很好說話的——拿出批條，誰敢動牛毛一根，回去就有人動他們的腦袋。如果是別國的軍隊，得趕快閃人。

僕人很快就回來報告：「是秦國的軍隊！」

弦高不只很有商業頭腦，對政治也很敏銳——如果是別人，一聽說是秦國軍隊在前面，一定先把牛群轉移陣地，等大軍通過之後再出發。至於秦國軍隊要做什麼，關他什麼事——弦高卻不一樣。他很快就得出結論，秦國軍隊突然出現在這裡，肯定是要搞定鄭國的。鄭國要是被搞定了，他這個鄭國首富馬上就成為亡國奴。而且鄭國一滅，他的保護傘也就注定翻車。在這個社會上經商，沒有保護傘，能做得下去嗎？因此，在他看來，保護鄭國，就是保護他的生意。

他很快就想出了個辦法，直接來到秦國的軍營，說：「我是鄭國的使者。」

孟明視他們正計劃著如何來個突襲，在鄭國軍隊還在睡夢中露出勝利的微笑時，就把鄭國一把搞定，全面控制。哪知，宏偉規劃還沒有標上句號，鄭國的使者就來了。

孟明視一聽，不會這麼巧吧？但不管怎麼樣，還是先見了再說。

弦高進來，孟明視一看，還真像個高官，全身上下都是國際名牌，看來還真是鄭國的使者了。

他問：「你叫什麼？到這裡來有什麼事？」

弦高是見過大世面的人，一見孟明視這麼問他，就知道這傢伙雖然身強體壯，目光如炬，表情也很嚴肅，但腦筋肯定一般，是個可以忽悠的帥哥，就說：「我叫弦高。是我們國君叫我來的。老大知道秦國老大哥的部隊開到這了，就叫我來見見你們。以前我們兩國不是簽過條約，說鄭國永遠是秦國老大哥在東邊的辦事處嗎？這些年來，秦國老大哥好像忘記了這個條約一樣，都不過來看看我們，讓我們招待一下老大哥。現在你們來了，終於可以讓我們好好招待一下了。我現在帶來一批牛。這些牛都是經過嚴格檢驗過，絕對沒有狂牛症。你們可以放心地吃。吃飽了好去打仗。秦國子弟兵在東邊打仗，鄭國就是秦國老大哥的後勤部了。」

孟明視他們一聽，有這麼誇張？才來到這一天，他們就什麼都知道了。而且是早有準備了，否則，哪能這麼快就準備好牛，在這麼快地時間就送過來。肯定是我軍內部出現了奸細。

孟明視這時對弦高的話徹底相信，以為鄭國已經有所準備。鄭國的實力當然沒有什麼可怕。可鄭國向來是個無賴國家，別的本事什麼都沒有，但很有忽悠周邊大國為他打仗的本事。說不定，他們現在已經跟晉國或者楚國談妥，談了個讓人跌破眼鏡的條件，讓他們出兵幫他抵抗，那秦兵可就玩不起了。

孟明視馬上就認為，這一仗已經不能打了。可帶著軍隊跑了這麼多路，來到這裡什麼都不做，大家就像一隊龐大的旅遊團到此一遊，吃了很多的土特產，拉了很多的農家肥，然後就打道回府，好像說不過去吧？不但人家笑話，就是自己都覺得臉紅，就說：「謝謝你們了。我們是來攻打滑國的。不用你們幫忙了。」

這傢伙以為他這麼臨時作出的決定，實在是太高明了，可以向國際社會和秦國人民交待了。哪知，這個臨時決定，差點要了他們的性命。

滑是個小國，就幾個老百姓，長期把晉國當成唯一的靠山，向來劃歸晉國的勢力範圍。

孟明視一作決定，馬上就大軍一揮，不用半天時間，就把滑國的名字從歷史上抹掉，然後下令，把滑國的所有財富全部打包，運回秦國，讓大家看看，老子這次出征，雖然沒能把鄭國搞定，但一點沒有賠本。

他以為他這一招很聰明，其實全上了弦高的大當。本來，鄭國一點都不知道秦國的大軍已經開到，個個都還以為處於和平時期，大家放心睡大覺，有權有勢的可以抓緊時間腐敗，悶聲發大財，對秦國那是一點也沒有防備。弦高是一邊忽悠孟明視，一邊派他的夥計拚命跑回去向鄭國國君報告。鄭穆公接到報告後，也立即採取行動，派人代表他去看看杞子他們的動靜。果然看到這夥人都已經打包好行李，準備武器，一副時刻準備打仗的樣子，便派那個老頭外交家燭之武去對杞子說：「你們為我們在這裡站崗這麼多年，辛苦了。我代表鄭國人民對你們表示衷心的感謝。現在孟明視的部隊已經到了滑國，離這裡沒多遠啊，你們為什麼不去看看他們？難道他們沒有跟你們打過招呼？」

杞子一聽，就知道壞事了，用僵硬的笑容應付幾句，把老傢伙應付走了之後，馬上連夜閃人。

如果孟明視的智商高一點，行動果斷一點，把弦高扣下，下令大軍加速前進，再加上有那幾個內應，搞定鄭國的難度並不比滅滑國高。哪知，他完全沒有一點分辨能力，聽了弦高的一席話，之後又做了一個更加錯誤的決定。

他以為拿下滑國很聰明。

其實，這是最蠢的做法。

晉國聽說秦國突然在他的勢力範圍內動刀，把滑國搶得一窮二白，然後一路得意地回去，馬上就生氣了。

這時，晉國的統治者是晉襄公。

他的老爸和一大批老臣雖然都已經死了，但有一個猛人卻還活著。

先軫！

秦穆公這次敢冒險，就是以為晉國剛剛換屆，正是政壇重新洗牌的關鍵時刻，即使知道秦兵過境，也不會怎麼樣的。可以說，他的這個想法是沒有錯的。但錯就錯在孟明視突然改變計畫，把滑國搞定，大大地刺激了晉襄公。

晉襄公的能力和膽略雖然比不上他的老爸，但這時也是個有志青年，一心想繼承老爸的遺志，把晉國的霸主事業繼續進行到底。現在才一當政，人家就這麼上門欺負，哪能不生氣？而且先軫更是大喊大叫，哪有老大剛死就不能出兵的道理？堅決把秦國的囂張氣焰打下去。

晉襄公馬上叫先軫緊急進行部署，務必把秦國軍隊全數殲滅在晉國境內。

## 第三節　崤山之敗：國運轉折之戰

先軫完全可以稱為當時最強的軍事家，他打仗從來不蠻幹。他選好了最有利於伏擊的地點，等孟明視的部隊開過來。這個地點就是蹇叔早就說過的崤山。

孟明視的腦袋雖然不很發達，但也不是菜鳥，何況曾經得到過蹇叔的警告，因此到崤山時，就提高了警惕。

崤山的地形確實很適合設下埋伏：兩邊全是高山，一條路孤單地從大山裡穿過。

孟明視這時還是動了一下腦子，把部隊分成四個部分，分批通過崤山。如果真的有埋伏，敵人也就只能包圍一支部隊，另外四支部隊就可以從外圍衝進去，把那支部隊救出來，如果有可能，還可以對敵人來個反包圍。

這個部署，看起來可行性很強，好像完全可以破解敵人的伏擊。

如果他碰到的是一般的敵人，這個辦法肯定完全有效。

但他現在的對手不是一般的敵人，而是當代最偉大的軍事家先軫。

秦軍第一隊的隊長叫褒蠻子。這傢伙資歷雖然不深，但力大無窮，這次他跟著遠征軍出來，就是想狠狠地打一場硬仗，立了功回去好提拔當大官。哪知，只是白白跑了幾個月，一個像樣的戰鬥都沒有打成，現在就急忙收兵回去，覺得很不甘心。這時他走在前面，一點都不覺得害怕。

他轉過一個山腳，就聽到一聲鼓響！敵人來了，還有仗可打啊！

一隊人馬出現在他的面前，為首大將指著他問：「你是不是孟明視？」

褒蠻子正愁沒仗可打，突然看到敵人，馬上就興奮起來，大叫：「我是他的手下。你是什麼來頭？」

那人說：「我叫萊駒。」

褒蠻子大叫：「從沒聽說過你這號人。老子現在只想跟個名人對戰。你都長這麼大了，為什麼不努力出點名？現在弄得老子好失望。」

萊駒雖然不出名，但脾氣卻猛得很，你們這幫侵略者，現在都中我們的埋伏了，死路就在你們的腳下，還敢這麼囂張，便什麼也不說，大吼一聲，舉著兵器向褒蠻子衝過去，老子就是單挑也不怕你。

褒蠻子的力氣跟他的名字一個樣，看到對方殺過來，就知道這個對手太菜了，輕輕把長矛一擺，就格開萊駒的兵器，然後大喝一聲，兵器猛打，就把萊駒車上的橫檔一把打斷。

萊駒這才知道對方果然暴力，趕快讓到一邊。

褒蠻子勝了一場，心頭得意得很，呵呵，這就是傳說中的埋伏？這也算是埋伏？笑死我了。馬上派通訊兵回去向孟明視彙報：「老大預料的沒有錯。敵人果然有埋伏。不過，這些埋伏的敵人，一點抗打能力也沒有，老子已經把他們打敗了。你們可以放心地過來，一點沒有問題。」

孟明視也不想想，這個褒蠻子的腦袋瓜是什麼水準，居然百分之百地相信了他的彙報，下令大軍快步跟上，過了崤山就什麼都不怕了。

後面的三隊人馬都又合成一隊，向峽谷中蜂擁而去。

他們跑了一段路時，突然看到前面有一面大旗。大家仔細一看，是晉國的軍旗。有的人就罵：「暈啊！晉國人真是搞笑，插面大旗就想搞定我們？」

還有人說：「這個褒蠻子太粗心大意了，打完了人家也不把這面旗放倒。」幾個勤快的士兵就跑過去把那面旗放倒。

哪知，這面旗是先軫插在那裡的。他插的時候就下令：「那面旗幟就是軍令。大家看好，旗幟還在，就繼續埋伏；旗幟一倒，就全面出擊，衝下去，把秦軍給老子往死裡暴打！」

這時晉軍看到旗幟倒下，馬上喊殺連天地向山谷殺過去。

秦國的大軍在山谷裡擠做一團，本來行動就不方便，這時突然看到中了埋伏，更是擠得不成樣子——胖子擠成瘦子、瘦子擠成照片，哪還騰得出肢體來打架？

孟明視叫大家不要慌亂，要努力整出戰鬥隊形來，跟敵人死拚到底。現在褒蠻子已經在外圍，他會回來救我們的。

他的話還沒有說完，士兵們還沒有準備好，晉國大將狐射姑就大聲叫喊：「我向你們通報一下外面的情況。經過一場對戰，我們已經擄獲褒蠻子。你們不要指望一個俘虜來救你們了。」

孟明視一聽，這才知道，叫豬八戒當先鋒，是最大的失誤。他只得傳令向後，先撤出峽谷，找個有利的地形再打。

哪知，外面的晉兵更多、打法更缺德。他們才退出峽谷不到一里路，就見四面八方都是敵人，這才知道，被人家算計，實在是天下最難受的事。

秦兵只得又向山谷中擠壓過去。但前路已經被堵死，只得發揚攀登的精神，向山上爬過去。可山上還有敵人，見他們一靠近，就狠命狂扁。

總之，他們能找的出路，都不是出路，都布滿了敵人的伏兵。

連孟明視的信心也狂跌到底了，他一聲長嘆，對白乙丙兄弟說：「你們的老爸真厲害，老早就預料到這一著。可我卻沒做好準備。現在，你們趕快逃跑吧，我在這裡掩護你們。你們能逃回去就是成功了。」

這兄弟倆卻很夠義氣，說：「這是大家的責任，要死只有一塊死了。」

三個人都是當時有名的猛男，一齊向外衝殺，還真沒有人能擋得住。一番血戰後，衝出了山谷。衝出之後，也全睏了累了，卻沒吃沒喝的了。最後，癱軟在地上，又變成了人家的俘虜。

這一戰，秦國遠征軍全軍覆沒。

三個帶頭大哥連同那個大力士褒蠻子都被關在囚車裡，押到晉國的首都。

晉襄公聽說崤之戰取得大勝，也不管正在居喪期間，高興得滿臉是笑，穿著喪服就出來，大大地表揚了士兵一番，說大家能夠化悲痛為力量，同心同德，一切行動聽從指揮，取得了全殲秦國軍隊的偉大勝利。老子感謝你們。

大家一聽這話，都在那裡高呼萬歲，歡慶偉大的勝利。

褒蠻子在囚車裡一看這場面，就覺得噁心，馬上就發飆起來。這傢伙力氣大，只掙扎幾下，那輛囚車就撐不住了。

晉襄公一看，就覺得這傢伙是個麻煩人士，當場就叫來劊子手，先把他做了，免得讓他在晉國的土地上上演越獄大片。

晉襄公這時還很嫩，對處理這幾個俘虜一時還拿不定主意。但晉國的那個太后卻已經拿好了主意。

這個太后就是秦穆公的女兒懷嬴。

她雖然現在是晉國的大姐大，但她還記得自己的老爸是秦穆公，孟明視這三條好漢是他老爸目前最得力的部下，要是這三個人死了，她老爸的心情會很鬱悶。

這個美女還是有幾下子的。她想救這三個傢伙，並沒有直接就讓晉襄公看在自己的面子上放了他們，而是耍了個花招，對晉襄公說：「秦國跟晉國本來友好得很，什麼事都互相幫助。現在鬧成這個樣子，都是孟明視這幾個傢伙為了立功，帶著部隊出來蠻幹，破壞了兩國的正常關係，我老爸肯定會生氣。他一定恨不得親手砍掉這三顆腦袋。我們如果殺了他們，不但聲名敗壞，還會引起我老爸不滿。所以，不如放他們回去，讓我老爸親自處理他們。我們既能贏得個好名聲，又加強了秦晉兩國的關係。這才是雙贏。」

晉襄公哪會想到懷嬴會有其他想法，一聽這話，還真的很有道理，既殺了三個敵人，又獲得好名聲，因此馬上就下令：「把這三個傢伙放回去。」

這時，先軫正在家裡大吃大喝，慶祝偉大勝利——他前幾年把楚兵打了個滿地找牙，現在又把秦兵扁得全軍覆沒。諸侯中除晉國之外的兩個超級大國，都被他修理過，心情當然超級的得意，不喝他個三五斤，還真對不起這個成績。他想再喝幾杯後，就全身發熱地過去請老大把這三個傢伙砍了。

可正喝得爽快，有人過來跟他說：「老大把秦國的三個將軍都放走了。」

他把酒一放，狂奔到晉襄公那裡，瞪著可怕的眼睛問晉襄公：「那三個戰俘呢？」

晉襄公一看先軫這個神態，就知道自己犯錯了，就說：「是太后叫我放了他們，說是讓秦國處置他們更好。」

先軫一聽，腦子溫度突然上升，一口唾沫就狂噴出來，直直地打在晉襄公紅紅的臉上，然後大罵：「老子拚了老命才把這三個傢伙拿下。你就這麼放走了他們？你以為秦國老大會像楚成王那麼傻，把他們處理掉？告訴你，做夢去吧！晉國遲早會被這幾個傢伙玩一把的。」

晉襄公的脾氣超好，一邊抹著臉上那口很有分量的唾沫，一邊說：「不會那麼嚴重吧？現在他們都走了，還能怎麼辦？」

先軫大叫：「趕快派兵過去追他們。」

陽處父在旁邊，知道立功的機會又來了——去追三個剛釋放的俘虜，要比在戰場上打死一個士兵容易多了，馬上就說：「我去把他們追回來。」

先軫說：「你要是把他們追回來，記你一等功。」

陽處父一聽！一等功啊，一等功。馬上帶著手下，拿好兵器狂追下去。

孟明視他們雖然在戰場上腦子表現得有點遲鈍，但這時清醒得很，怕晉襄公突然反悔起來，那麻煩就大了，因此一出城就拚命狂奔，人家問他們為什麼跑得這麼賣力，他們也不答。

當他們跑到黃河邊時，果然看到後面有一隊兵馬追了上來。

三個人一看，只得大叫完了。前有黃河，後有追兵，往哪裡跑啊！

在他們準備一頭跳進黃河水裡時，突然看到岸邊有一艘船，三個人也不問問那船是誰的，就搶上前去。如果這個船老大不讓他們上船，那對不起，我們只好當殺人犯了。

哪知，船上的人態度好得要命，見他們上來，就說：「呵呵，我在這裡等了幾天呢！天天在船上吃了睡，睡了吃，既不出去也不打漁。弄得人家以為哥等的不是人，哥等的是寂寞呢！」

原來是百里奚越想越覺得自己的判斷是正確的，就偷偷地找到公孫枝，叫他在這裡等等，萬一孟明視那幾個人逃出來，也有個接應。

這時，陽處父他們正拚命狂奔而來，看到孟明視他們上了船，一邊猛跑一邊大叫：「請下船來啊！我家老大說，還有件禮物送給你呢！」

孟明視再怎麼豬頭也不會上這種小兒科的當，在船上說：「謝謝你家的老大了。那個禮物就當我送給你了。你可以拿去喝酒把妹。回去幫我轉告你家的老大，有機會再來好好地謝謝他。」然後手一揮，小船向河中划去。

陽處父一看，一等功就這樣離他而去。忙叫那幾個跟班找船追上去。哪知，河邊一艘船也沒有——估計這幾天，公孫枝肯定沒有白白地洗腳睡覺，而是把船家都趕跑了。

陽處父白跑了一場，回去向晉襄公彙報，說：「就差那麼一點啊！老大，要是你把那匹好馬送給我前去，肯定就追上他們了。有時候車輛配置不高，也是會誤事的。」

晉襄公這時想想，覺得把孟明視他們放回去，還真是極大的錯誤。聽陽處父說他還在河上大聲揚言以後會前來鄭重地感謝一下，心裡更加鬱悶。現在只能在心裡希望，秦穆公真的像太后說的那樣，把他們辦了。

## 第四節　晉國復仇行動

可秦穆公這個人雖然有點固執，但卻是個以人為本的老大，向來輕易不殺人。何況，現在手下也沒有什麼重量級的軍事人才，要是把這三個傢伙的腦袋咔嚓了，以後誰來幫他保家衛國？

因此，當孟明視他們幾乎是裸奔回來時，他一點不生氣，而且還把人才秀做到底，穿著孝服出來迎接，根本不給孟明視他們認錯的機會，就直接把責任攬到自己的身上：「這不能怪你們啊！是我拍板做的決策。而且你們的老爸也曾經堅決反對。可我那時一點也聽不進別人的意見。這才讓你們失敗。這個責任絕不能讓你們承擔。現在你們官復原職，繼續為國家做事。」

從這方面說來，秦穆公確實是個很稱職的老大。不說古代，現在很多地方政府第一把手，決策做錯了，誰肯這麼光明正大地承擔責任？

孟明視他們本來以為，這次拚命回來，不上軍事法庭，也得受到個行政處分摘掉官帽，直接降職為草民，哪知，不但什麼事也沒有，反而是老大在他們面前作了番深刻的檢討。心裡就只有感激了。

他們發誓一定為老大扳回這個面子。

三年後，也就是西元前六二五年，秦穆公三十五年，他們正式向秦穆公提出，讓他們帶兵過去攻打晉國。他們這時信心滿滿，認為一定能把晉國打殘，把上次丟的臉面爭回來。

他們的信心也不是憑空而生的，貌似有足夠的理由：

一、上次交手，是中了人家的埋伏，對方勝了算不得真本事；

二、晉國的頭號軍事天才先軫已經掛了，晉國已沒有了人才。

只靠這兩個理由，就可以什麼也不怕了。

原來，先軫因為上次一怒之下，在晉襄公的臉上狠狠地吐了那口唾沫，回去越想越覺得自己太過分了，老大的臉是一般人的臉嗎？是你吐口水的地方嗎？如果是別的老大，估計當天自己的腦袋就沒了（那時有個規矩，在君王面前是不能隨地吐痰擤鼻涕的。先軫不但吐痰了，而且還吐到國君的臉上，那是死罪）。可老大當天還得一邊擦自己的臉——他在旁邊連個紙巾之類的也不遞一下，反而還大罵不止。最後還是老大不斷地在自己面前認錯。這哪算是人臣啊！

先軫就覺得自己不該活在這個世界上了。可自己自殺，好像也不很合適。不久，狄國前來侵犯，他帶著部隊過去迎戰，在取得全面勝利的情況下，脫掉軍裝，裸奔出列，讓敵人的箭射到他的身上，光榮地犧牲在戰場上，算是幫老大處分了自己。

## 第四節　晉國復仇行動

先軫的光榮犧牲，是晉國人民的巨大損失。但晉襄公沒有辦法，只得又讓先軫的兒子先且居擔任總指揮，去迎戰秦軍。

這個先且居雖然不怎麼出名，但跟老爸打仗久了，也很有經驗——上次的崤之戰，他就是前線總指揮。

孟明視的性格跟他的老爸一點沒有差別，對自己的能力很有信心，一點也不把先且居放在眼裡。可他光有老爸的自信，卻沒有百里奚的那份謹慎。百里奚很自信，但做事從來不低估對手，因此很少有失敗。

孟明視一看不起先且居，就犯了嚴重的輕敵錯誤。雙方一接觸，他這才知道，晉軍的戰鬥力太強悍了。結果被人家一頓狠揍，雖然沒有上次那樣全軍覆沒，但敗得也叫人痛心。

他這時終於覺得自己這個臉實在丟光了，也不用人家提醒，自己就加班做了個囚車，讓身邊的人代理一下押解人員，把自己送回首都，接受秦穆公的嚴厲制裁。

可秦穆公卻好得不能再好，把孟明視又放了出來，說：「仍然不能怪你。要怪也怪我。下次我們再努力一點，把這個損失挽救回來。你繼續當你的官，做軍隊的第一把手。老子就不信打不過人家。」

秦穆公知道孟明視還是個人才的。只是這傢伙小時候跟不良少年混久了，身上全是黑社會老大的氣息，總以為自己天下第一，想打誰就能夠把誰扁殘扁死，打仗從來不肯花腦子，對待士兵也像黑社會老大對待手下一樣，因此士兵們也不肯為他賣命。這仗不輸才怪。

秦穆公知道，只要再給他機會，他一定會有所作為。給人家機會也就是給自己機會。

孟明視最後關起門來，進行了一次深刻的反省，最後決定改變自己的作風。

他把家裡的財產全部拿出來，當作撫卹金，送給陣亡將士，然後自己深入底層，跟廣大士兵打成一片，天天咬牙切齒要報仇。

在孟明視還在苦練基本功，天天嚷著要報仇雪恨時，晉國那邊的先且居倒先忍不住了。

這哥兒們知道秦國仍然讓孟明視當軍隊的第一把手，就笑了。

晉國雖然死了晉文公，但他們覺得自己仍然是諸侯的老大，是合法的霸主。是霸主就要讓人家聽到自己的聲音，要不斷地製造流血衝突。要流血，就得找人來扁，找個不聽話的諸侯來暴打一頓。可現在諸侯們都很遵守紀律，沒有不良行為，你要是硬打人家，這霸主仍然是霸道行為。晉襄公知道自己的力量還遠遠不能霸道。

沒有不聽話的，就找個仇家來出手。

選來選去，也只有秦國還算是他的仇家了。

前些年，孟明視不是帶著大軍連個門票也不買就過境去打鄭國，被教訓後還不改悔，繼續帶兵侵略晉國，雖然兩次都遭到可恥的失敗。但晉國仍然有理由說秦國亡我之心不死，是典型的流氓國家，得狠狠地打擊一下他們。

有了理由，什麼都好辦。

晉襄公馬上通知宋、陳、鄭三個國家，組成多國部隊，衝到秦國的邊境來，要與秦國大打一場。

按照先且居的預測，孟明視看到敵人衝上來，肯定會忍不住，帶兵過來硬碰硬。哪知，現在的孟明視

## 第四節　晉國復仇行動

不是過去的孟明視了，他叫大家只是守城，不許出戰，看看這幫多國部隊在城外能表演多久。

先且居派人不斷地到城下大爆粗口，把孟明視的幾代祖宗都數了一遍，弄得城裡的士兵都忍不住了，天天寫請戰書，要求孟明視下令出戰。

可孟明視卻不當一回事。現在是打仗，不是國際首屆粗話大賽，讓他們罵吧，罵累了自然沒有聲音。我們現在的任務不是跟他們對罵，而是練好軍事本領。

大家一看，這是孟明視的風格嗎？估計這傢伙已經被打得性格改變了，變成怕死將軍。以前該怕的時候不怕，硬是帶著兄弟們去送死，現在敵人欺負到家裡來了，你卻向烏龜學習，縮在城裡，好像那些敵人跟你無關。這樣的人不配領軍。

很多人就聯名上書，說國難當頭，再這樣下去，我們就要變成亡國奴了。為了秦國，請老大換人。孟明視不下臺，我們就要亡國了。

秦穆公說：「沒有那麼嚴重。如果真的讓孟明視下臺，我們才嚴重啊！」

局勢越來越糟，以晉國為首的多國部隊，最後發起猛烈的進攻，拿下了秦國的兩座城，然後大喊大叫地撤軍。

大家知道，秦國的西邊都是犬戎、西戎之類的部落。這些部落的老大都是好戰分子、麻煩人士，這些年來，被秦國不斷地狠狠打擊，多次落花流水之後，終於對形勢再次評估，知道不是自己能力太低，而是敵人太厲害了。於是，都不得不老老實實，夾著尾巴低調做人，讓秦國當他們的老大。

這時，他們看到秦國被晉國欺負成這個樣子，居然一點聲音不吭，讓人家占領兩座城池，也還老實地不做聲，連幾句嚴正抗議都沒有。就很傻很天真地認為，這個老大已經像個虛脫的男人了，除了那個骨架之外，什麼都沒有了，自己也可以欺負他們一下，說不定也能弄到幾個小城小鎮，擴大一下地盤。於是，都紛紛發表宣言，與秦國脫離外交關係。

秦國並不生氣。秦穆公知道這些部落雖然個個滿臉橫肉，鬍子長得比人長、比人家硬，但都是一群沒有遠大理想的傢伙，只要給點利益，立刻就把爽快的性格表現出來，又跟你稱兄道弟了。他拿出幾個美女，送過去，戎族的老大一看，橫肉馬上從臉上消失，笑呵呵地宣布，最近老子熱愛美女、熱愛和平，堅持只把妹不打仗的原則。西部邊境就什麼事也沒有了。

到了第二年，也就是西元前六二四年，秦穆公三十六年，孟明視決定對晉國開戰。

他對秦穆公拍拍胸脯：「如果這次還打敗仗，以後這個世界就沒有孟明視這號人了。」

秦穆公說：「我們都連輸三場了，老子相信這一場能贏！現在連西方的戎族們都不聽我們的話了，還得用美女賄賂他們。如果這次再輸，老子也覺得沒有活下去的理由了。」

孟明視集合大軍，舉行了隆重的誓師大會，然後向晉國出發。

大軍渡過黃河後，孟明視下令把船隻全部當場燒毀，對大家說：「這一戰不能勝利，我們通通壯烈犧牲。要是打贏了，自然會有船隻。」

大家看到穆公老人家也在軍中。連老大都這麼不怕死，自己還有什麼怕死的理由？

揭幕戰，由孟明視親自出場。

## 第四節　晉國復仇行動

晉國前些年把秦軍打得沒有渣，後來上門挑戰，連拿兩城，秦軍也是屁不敢放，這時雖然見孟明視親自前來，誰也不把他放在眼裡。個個哈哈大笑地衝了出來。

哪知，秦國的戰鬥力卻強悍得很，一陣衝殺，晉軍一個也跑不回去。

孟明視連續幾天猛打，不但奪回那兩座城池，還打下了晉國的幾座城。

晉國這才知道，現在的秦國不是原來的秦國了。

趙衰這時雖然已經老了，但頭腦卻很清醒，說：「孟明視近期以來保持低調，埋頭苦幹，這是很可怕的。如果他再次出馬，會很能打，我們最好不要跟他正面衝突。」

晉襄公知道趙老的話很對，就下令不許出戰。

孟明視帶著秦國大軍，在晉國領土上擺了幾天譜，天天高喊打倒晉國，到處遊行，瘋狂得很。但晉國就是不敢出兵來跟他們對戰。

秦穆公連續在晉國公款旅遊了多日，覺得這些景點也沒有什麼好看，玩得也有點無聊了，就帶著大軍來到崤山。

這是當年秦軍敗得最慘的地方，跟孟明視出征的軍隊全部在這裡光榮犧牲。

那一戰，秦穆公並沒有參與，這時他來到崤山，放眼過去，全是白骨累累。他知道這些白骨全是他的好戰士啊，就因為他不聽勸告，硬把他們派出去，最後都死在這個地方。

晉國打死了這些士兵之後，只顧慶祝自己的偉大勝利，根本沒有清理戰場。

秦穆公下令，把這些白骨全部收拾起來，埋葬好，然後在那裡舉行祭祀儀式，自己帶頭放聲大哭。大家都跟著大哭。

秦穆公好好地修理了一下晉國，讓晉國人當了一次縮頭烏龜，並且還拿下了幾座城池，面子大大的有，國際形象迅速恢復。

不過，他的頭腦還是冷靜的，知道晉國很大，實力很雄厚，雖然縮頭不敢出來，但你要吃掉晉國還是做不到的——如果繼續在晉國遊行下去，說不定哪天不小心還被他們來個反攻，再次大敗而回，那就實在不划算了。這種事，見好不收，後果會很嚴重。

於是他下令班師。

## 第五節　晉國戰略的全面轉向

秦穆公在這個位子上坐了三十多年。這三十多年來，他一心向東發展，把諸侯霸主當成終極目標來追求。而且他也確實有搶奪這個霸主的實力。可後來，不知怎麼搞的，一步也沒有向東方邁出，只停留在跟晉國玩來玩去的地步。倒是讓晉國賺到了極大的利益。

他最後總結出，他不成功而晉國成功的原因，並不是在於他沒有實力，沒有能力，而是因為晉國是姬姓，而他卻是嬴姓。東方那些諸侯雖然現在一點不威風了，但他們都講究出身，誰出身正統誰才有面子。

他們雖然不敢惹秦國，但卻把秦國當成西部的異族，一個都不願意跟著他們——除了晉國有什麼事，通知他們一聲之外，其他諸侯就是碰到天大的困難，也從不請他們幫一下忙。

秦穆公終於想通了，現在仍然不是向東方發展的最佳時機。

於是，他開了個會，再次討論這個大事。

由余說：「我們應該重新調整方針了。我認為，以後應該採取向東防禦、向西發展的策略。現在東方的這條路是行不通的。除非我們有可跟東方所有國家為敵的資本，否則，就是拚掉老命，也是白搭。不如先把西部的這些小國全面搞定。先把國土面積擴大，讓人口數量猛增，那才真的有用。而且，把這些戎族們搞定之後，我們的後院就什麼麻煩都沒有了。千萬別小看了這些小落部。在我們還強悍的時候，他們老實得像個農民，可一旦我們出現了麻煩，他們就會落井下石。」

秦穆公說：「好，就這麼辦了。」

在秦穆公著手進行西部大開發時，晉國又派兵過來，說是要報仇。可秦穆公根本不理。

後來，晉國的幾個強人趙衰、先且居、欒枝等都同時死去。晉國國力開始走下坡。過了不久，晉襄公也跟著掛掉。

晉國從此就亂了套。

晉國一亂套，對秦國來說，實在是一件好事。

如果在以前，秦穆公肯定又嘎嘎大笑著，去插手一下晉國的事務。但他現在根本不理這些事了，只是一心一意地進行西部開發，派兵過去，管你願不願意，聽不聽話，把十二個小國全部收編，所有土地全部收歸秦國所有。據當時的記載，他這期間，「開地千里，遂霸西戎。」連周朝也不得不認真對待了，派人送銅鼓過去，在表示熱烈祝賀的同時，正式發文讓他當西方永久的老大，以後西部地區，誰不聽話，就可以打誰。

秦穆公的這一次西部開發政策對秦國以後的發展是巨大的。

從此，秦國依託這個優勢，從來沒有在諸侯面前示弱過。

不久，秦穆公就完成了他的歷史使命，走向了人生的最後一步。

秦穆公生前雖然很轟轟烈烈，絕對算是個成功人士，可死的時候卻做了一件敗壞名聲的事情。

這傢伙很愛惜人才，生前只要認為誰是人才就一定要重用，哪怕這個人才多次失敗，他的重用也一點不打折。可到他老的時候，這個愛才之心比之前更嚴重，而且嚴重到變態的地步。這傢伙絕對有「與天鬥其樂無窮，與地鬥其樂無窮，與人鬥其樂無窮」的性格。他怕自己死了，到了陰間還鬥不過人家，就決定也帶幾個頂尖人才跟他過去，繼續「與地鬥」。

大家都知道，那時有個很可怕的制度——殉葬！

說白了，就是老大死後，怕他在陰間一個人無聊，得多讓幾個人跟著過去，一邊當他的生活祕書，一邊陪他聊天，讓他在陰間仍然過著美好的幸福生活。以前，很多老大死後，只帶著一批戰俘過去當工作人員，照顧他在地府的生活。秦穆公這些天來，當了一段西方霸主，感覺很良好，很想到陰間也弄個霸主當當。他做過很詳細的調查，過去很多君王死的時候，都只帶著一些下人過去，一點生活品質也沒有。因此，他就決定帶一批強人下去。他想，到了陰間，他要搞定別人那是容易得很，比在這個世界好混多了。

這絕對是件很缺德的事。不過，秦穆公聰明得很，他做得一點不野蠻，把幾個跟了他大半輩子的強人叫來，請他們大吃大喝，之後，問：「我們感情好吧？」

好！當然好。如果不好，能一起奮鬥這麼多年嗎？

他又問：「我們算不算生死兄弟？」

這些人雖然很聰明，但這時絕對沒有想到老大正在忽悠他們。而且這個忽悠絕對不是開開玩笑，而是要他們的命。這時聽到老大居然把他們當成生死兄弟，誰不熱淚盈眶誰簡直不是人了。本來這話就超級煽情，再加上喝了這麼多名酒，體溫已經明顯升高，心情處於高度亢奮狀態，馬上就說：「算啊！老大，我們是老大的死黨啊！這是大家都知道的啊！」

秦穆公說：「呵呵，聽了兄弟們這話，我也覺得大家今後可以同生，也可以同死了。」

這些人更加不計後果了，馬上說：「我們願意跟老大同生，更願意與老大同死！」

秦穆一聽，呵呵，終於全都上鉤了，還是知識分子好騙，幾句溫情喊話就全部打倒。當場叫人把這些話都當會議紀要記錄下來。如果在場的誰死了，其他人都跟著死。

這些人仍然沒有想到都中了老大的圈套，都在那裡大聲讚揚老大是千古以來，最偉大的君主，是最平易近人的老大。請問有哪個老大跟手下簽下過這樣的約定？不過，老大放心，為了讓老大萬壽無疆，我們一定要好好保重自己，像愛護老大一樣愛惜自己的生命。

這些人在這裡大談要愛惜自己的生命，哪知秦穆公一點不愛惜他們的生命。

沒過多久，他就真的死了。

直到他死的時候，那幾個憤青才知道，全上了老大的當了。

在他死的當天，馬上就有人提著刀按照當天的會議紀錄去找這幾個人，說是按既定方針辦事。

這個世上的路真多。

活路有很多條，死路也有很多條。

你們可以選擇適合自己的那一條。當然，如果你們放棄選擇，那國家就幫你們選擇了。最後，有的自我了斷，有的讓人處置。

據統計，秦穆公這次陪去「與地鬥」的殉葬總共有一百七十人，而且都是有能力的人。最著名的是奄息、仲行、針虎三個。這三人在當時並稱「三良」。

大家看到秦穆公這麼做，都覺得有點太不人道了，自己死就死了，還利用職權拉這麼多人墊背。這樣的人早就該死了。最後，秦國的詩人還創作了一首詩批評了秦穆公。這首詩叫〈黃鳥〉：

交交黃鳥，止於棘。誰從穆公？子車奄息。
維此奄息，百夫之特。臨其穴，惴惴其慄。
彼蒼者天，殲我良人。如可贖兮，人百其身！
交交黃鳥，止於桑。誰從穆公？子車仲行。

## 第五節　晉國戰略的全面轉向

維此仲行，百夫之防。臨其穴，惴惴其慄。
彼蒼者天，殲我良人。如可贖兮，人百其身！
交交黃鳥，止於楚。誰從穆公？子車針虎。
維此針虎，百夫之御。臨其穴，惴惴其慄。
彼蒼者天，殲我良人。如可贖兮，人百其身！

這首詩直接點了秦穆公的名，說他一點也不為秦國的後續發展著想，腦子裡全是自私的想法，把秦國的優秀人才都帶走，我們無窮憤怒啊！

不但百姓憤怒，就是他的子孫們對他的這個做法也很不滿意。最後給了他一個謚號「繆」。

繆是什麼意思？

名與實爽曰繆。

只是後來大家覺得這個字太不好了，就改了一下。古代的「繆」跟「穆」同一個音，就把他寫成「秦穆公」。穆可就好多了：布德執義曰穆、中情見貌曰穆。

不過，在我看來，秦穆公的生前還是配得上「穆」字的，但死的時候，就是「繆」字了。這兩個字加起來除以二，就是對秦穆公這一輩子的評價。

從這個評價上看，那時人的無恥程度還沒有現在這麼瘋狂，君王死了，還能站在公正客觀的立場下個評語。哪像現在這樣，除了死刑犯之外，所有的人一死，悼詞上沒有一個貶義詞，好像人一完蛋就是個完人。

# 第七章 忠與奸之間：晉國政局的暗流

## 第一節 朝堂爭鋒：晉國內鬥真相

秦穆公死翹翹之後，他的兒子嬴罃接班。這傢伙生了四十多個兒子，放在今天，簡直是個生子機器。兒子雖然眾多，可秦國這時居然沒有像別的諸侯國那樣，一到換屆就出亂子，不是哥殺弟，就是弟搞定哥，非得大剁一場好像白來到這個世界一樣。

嬴罃順利接班，就是後來的秦康公。你一看這個謚號，就知道這哥兒們還算是個好人，比他的老爸受歡迎。

他剛開始時，也想高舉秦穆公的偉大旗幟，把西部事業開發到底，不想再跟晉國發生什麼衝突了。

歷史上雖然到處說「秦晉之好」這個佳話。可從前面這些事件一看，你就知道，這兩個國家的老大雖然你泡我的女兒，我當你的女婿，交換了幾個老婆，可爭鬥的激烈程度並不比人家低，打架的規模更是比人家大。一個想占一個的便宜倒是真的。

後來，我們老把結親家說成是「秦晉之好」，把婚姻雙方比喻成秦晉兩國，難怪家庭大半不合睦，現在離婚率這麼高。

秦穆公才死沒幾天，晉襄公也跟著掛掉。

這時，晉國老一代大臣都已經去世——跟隨重耳的那一代人中，趙衰是活到最後的一個。這傢伙不但比那幾個同事活得久，腦袋也比那幾個傢伙靈活。早在多年前，他就積極地培養他的兒子趙盾。這時，那一幫強人一死，趙盾就成了晉國頭號大臣。

當然，趙盾成為晉國新生代的頭號強人也不容易。

當時，在晉國高層主要有兩個大家族，一個是趙氏，一個就是先軫家族。先軫雖然沒有跟晉文公在外面艱苦地闖過世界，不是海歸人員。但因為這傢伙是個軍事天才，打仗的本事了得，先後幫晉國把楚和秦兩個超級大國都狠狠地收拾了幾下，讓這兩個大國史無前例地老實起來。所以，晉國成為霸主，他的功勞是最高的。本來，與他的功勞有得一比的是狐偃，可後來，估計狐偃性格太強悍，又仗著自己是晉文公的舅舅，說話不怎麼客氣，有時不給晉文公面子。晉文公就受不了，因此，狐偃一派很快就衰弱了。

但先氏家族的權力指數卻一直持續，一點沒有下跌。先軫故意冒著敵人的炮火前進而光榮犧牲之後，他的兒子先且居又接過老爸的槍當上中軍元帥，成為晉國政壇第一人。地位在趙衰之上。那時，趙衰是中軍佐——本來，晉襄公是想讓趙衰當中軍元帥的，但趙衰卻發揚謙讓品格，力挺先且居，說，我的軍事能力不如先且居，還是讓他當吧！晉襄公同意。當時的權力格局是：

## 第五節　晉國戰略的全面轉向

中軍將：先且居

中軍佐：趙衰

上軍將：欒枝

上軍佐：胥臣

下軍將：箕鄭父

下軍佐：荀林父

這六位將佐當時是晉國最有權勢的人。可這個布局定下來沒幾天，先且居、趙衰、欒枝、胥臣就都掛掉了，一年之內缺了四名軍中高層。其他的人就都把眼睛睜得又圓又大，死盯著那四個位子不放。尤其是中軍元帥那個位子，誰搶到手誰就是老大，晉國的事就是自己說了算，在晉國說了算就等於在諸侯國中說了算，跟現在的美國總統一個樣。

如果按照慣例，應該是箕鄭父和荀林父當上一二號人物，再從下一個梯隊中選拔四個人上來。繼續按照論資排輩的老原則，這四個人應該是：先蔑、士穀、先都、梁益耳。

身為青壯派代表的趙盾連最後一個名額都撈不到。

他還得等。可他能等到嗎？

老的不讓新的上，新的不甘心等待。

於是，老黨和新黨就開始了權力鬥爭。

先且居的兒子先克，知道要是這次他們這一派人沒誰入選，先、趙兩個傳統家族會被新的家族玩完。他很想上位，但他的資歷太淺，比趙盾還低一輩，因此就站起來，力挺趙盾。其他新人也都團結起來，與老黨抗爭。

兩派一爭，弄得晉襄公很頭痛。這哥兒們的性格很好——當年，先軫一氣之下，把一口唾沫吐到他的臉上，他還是紅著臉陪笑著，不但一點不怪罪他，還繼續讓他們父子當政——先軫死了，先且居接班。這種人的特長就是和稀泥，哪邊也不想得罪。

可這時必須得罪一方，總不能讓兩個人都當中軍元帥，輪值拿公章吧？

那時，邊界還很和平，動用軍隊也像現在一樣，找個說得過去的節日之類，舉行一個盛大的閱兵儀式，然後順便宣布一下軍隊統治者的任命。

晉襄公決定於西元前六二一年，萬物復甦的春天，在夷舉行一次盛大的閱兵式。並且進行軍隊統治者的調整。具體方案是：讓士穀做中軍元帥，梁益耳為中軍佐；箕鄭父做上軍主將，先都做上軍佐。

新派人士一見這個方案，個個都頭大了。再不力爭就徹底沒戲了。

先克直接去找晉襄公，表達了強烈的不滿，當然，他不能像他的爺爺那樣，一口唾沫有力地吐出去，而是只說了那麼一句話：「狐家和趙家的功勞，好像老大都選擇性地記憶衰退了。」他的原話是：狐、趙之勳，豈可廢也？

晉襄公一聽，覺得又太有道理了。他不用翻開回憶錄，也知道，狐趙兩家為他們家作出了巨大的貢獻。不過，他更加知道，先克說這話並不是為狐趙兩家鳴不平，其實是在為他們先家抗議的。他一想，論起來，先氏家族才是第一功勞。既然他提出這個想法，也讓他進入管理階層吧！於是，他又修改了這個方案：任命狐射姑（賈季）做了中軍主將，趙盾為副將，其他人員為：

上軍將：先克；

上軍佐：箕鄭父；

下軍將：荀林父；

下軍佐：先蔑；

從這個權力分配上看，政治新銳們已經搶到了前三把交椅，老黨代表只排在後三名。

這個先克看到自己膽子一大，就有搞頭，馬上就威風起來，乾脆再把那幾個老派欺負一下，在堇陰那裡進行了一次土改，把蒯得的田地也搶了過來。

他這一招太狠，對他的形象造成了很大的負面影響，老派們一氣之下，聚在一起，一致認為，再這樣被他們欺負下去，還有什麼活路。看來那句「哪裡有壓迫哪裡就有反抗」是真理。於是他們就決定來個揭竿而起，推翻新人政治。老派們雖然年紀大，經驗豐富，可手中已經沒有權力，光憑經驗是打不過槍桿子的。第二年就被先克他們全都鎮壓下去了。

如果按照這個權力布局進行下去，趙盾仍然沒有戲。那時可不像現在這樣，規定幾年一個任期，任期一滿就退下來，平時過著退休的生活，打打麻將，出席一下茶會，讓人家記得原來你曾經是個統治者。那時可是終身制的。只要你在那個位子工作時，沒有出現過站錯隊的政治錯誤，基本上都能夠在職到死的那一天。現在狐射姑跟趙盾的年紀一樣。按照常規來說，趙盾這輩子基本上沒戲了。

可是，又出現了一個意外。

那時還有個德高望重的老臣還沒有回來。這個德高望重的老臣叫陽處父。陽處父雖然沒有像狐偃和趙衰他們那樣有人氣，但這傢伙當時的位子卻十分重要。他的職務是太傅，也就是晉襄公的老師。從晉襄公的表現可以看出，這傢伙絕對是個聽話的好學生。

陽處父以前是趙衰提拔上來的（在晉國，趙衰雖然不是最頂尖的人才，但絕對是經營人際關係的大師），前段時間他出差不在家，因此沒有參與這次政壇的重新洗牌。等他回來之後，一看，狐家拿了頭獎。狐偃這傢伙生前對他並不怎麼友好，而且狐射姑也是個囂張的人，性格太過強悍，說不定哪天會利用職權把自己搞定，因此二話沒說，就對晉襄公說：「趙盾比狐射姑更加德才兼備。」

襄公一聽，老師都說趙盾比狐射姑強，那趙盾肯定比狐射姑強了。

於是，又舉行閱兵式。這次閱兵的結果是，趙盾當上中軍元帥，而狐射姑成了趙盾的副手。

晉國就這樣在一系列的權力鬥爭中，進入了趙盾時代。

趙盾當上頭號大臣不久，那個不斷在人事布局中暈頭的襄公也掛掉了。

老大一掛，就必須推出另一個老大。

這次確立老大的權力由趙盾掌握。

趙衰雖然多次跟秦國打仗，但他當時卻很想成立一個親秦的政府，因此就堅決主張立公子雍當老大。

## 第五節　晉國戰略的全面轉向

公子雍是晉文公的弟弟，當時在秦國混飯吃。

晉襄公臨死前交待趙盾，讓夷皋當接班人。

可趙盾卻認為這個夷皋太嫩了——現在才七歲，剛到入學年齡，哪能做一國之主？大家不光要記得老大的遺囑，更要記得我們的歷史，記得我們的鄰居是誰。我們的鄰居是秦國。而歷史已經告訴大家，只要我們的老大一弱，秦國就會打進來。如果姬雍當老大，不但能讓國內出現安定團結的大好局面，也能跟秦國重新恢復友好關係，繼續把霸主事業開創下去。

但狐射姑不同意。雖然他也認為現在國際形勢複雜多變，實在不宜讓一個小孩子當老大，那會很危險，但卻不同意讓姬雍回來。理由就是秦國現在是我們最大的敵人，哪能低下姿態去求一個敵人？不如讓姬樂回來。

他當場羅列了兩大理由。

趙盾全部一一駁回。

最後趙盾又很民主地問大家，到底是贊同我的意見，還是贊同狐射姑的意見？

大多數人都同意趙盾的意見——這些人都是政壇老手，別的本事不怎麼樣，但混官場的本事都精得要命，凡是誰的職務高誰的意見就是正確，凡是誰的職務低誰的話就是屁話，千萬不要附和，一定要附和，就一定會站錯隊。結果如何？不用舉例。

於是，趙盾派士會到秦國去，請姬雍回來當國家統治者。

哪知，那個狐射姑也是有性格得很，你不同意是你的事。有時候也不是誰官大誰說了算的。於是，也派人去請姬樂回來。

趙盾知道後，當然很生氣。這傢伙做事很果斷，也不再開會討論了，直接派個殺手過去迎接。

姬樂和姬雍一樣，本來從沒有想過自己能當老大，而且都認為，如果留在國內，一不小心就捲入政治拚殺的漩渦，那可就不好玩了，因此老早就跑了出來，想當一輩子老外。哪知，現在突然請他們回去當老大。兩個人心中都覺得很得意。

誰知，這個得意還沒有告一段落，兩個人就都被玩完。

而且都是趙盾搞定的。

姬樂才回到半路，就被趙盾派出的殺手一把搞定。

狐射姑這才知道，趙盾很腹黑。但他也想黑一下：你派殺手，我也派殺手。

於是這個倒楣人物登場。

這個人就是陽處父。

狐射姑恨趙盾恨得要死，恨姬雍也恨得要死，可他既沒有派殺手去殺掉姬雍，也沒有叫人去砍趙盾，而是把目標鎖定陽處父。

人一倒楣，你想躲都躲不掉。

本來，陽處父並沒有參與很多事，但因為狐射姑把他列為趙盾的死黨，說他是趙盾的得力助手。老子把你的死黨搞定，你還能活躍到什麼時候？

陽處父近來吃好喝好睡好，做夢也想不到有什麼倒楣的事會發生在自己身上，因此一點防範意識也沒有，每天按時餓了吃、睏了睡，堅持上班養精神、在家養花草，努力把生活過得貴族一點。哪知刺客突然光臨，他來不及一聲慘叫就完事了。

不過，這個凶手雖然殺人很熟練，但逃跑的能力太菜，完成任務之後，卻被人家當場抓獲歸案。

如果是另外一個人，肯定會對這個凶手來個嚴刑拷打，逼出幕後人士。

趙盾知道肯定是狐射姑搞的鬼。趙盾雖然智商不低，但性格卻很奇怪。有時黑得變態，有時又寬大得要命。他到了這時，突然認為，現在是穩定壓倒一切，什麼事都盡量不要擴大化。因此，就叫人把凶手處理掉就算了，不再追究下去。

你一看，就知道趙盾這時腦殘得不輕。

他比誰都清楚，狐射姑殺陽處父這一刀的真正矛頭是對著他，別的事當然可以盡量避免擴大化，但這事也可以大事化小小事化無嗎？

但他硬是不管。

他以為他不管了，這事就算完了。但狐射姑卻認為還沒有消停。他怕趙盾現在雖然放他一馬，但說不準哪天突然臉一黑起來，他的安全係數就會直接為零，因此，在凶手被砍之後，他也立刻跑路，連家裡的人也不通知一聲。

趙盾這時的表現善良得很，對大家說：「狐射姑是有責任的，但他的家人是無辜的。如果讓他的家人留在這裡，有點違背以人為本的原則。所以，還是把他們都送過去，讓人家團圓啊！」居然很友好地把狐射姑的家人都送去給狐射姑。

其他人當然什麼意見也沒有——反正不涉及自己的利益。

處理完這件事，貌似主要敵人都已掃清，可以穩定壓倒一切了，公子雍就可以笑著把屁股放到老大位置上了。

哪知，還有人攪局。

於是公子雍又接著倒楣。

這次攪局的人不是別人，是那個穆嬴。

穆嬴在晉襄公死了之後，馬上從第一夫人變成太后級別的寡婦。這個美女經歷的事很多，知道自己的兒子如果被廢，以後就慘了，而且不是一般的慘，會慘到沒有活路的地步。

她就拉著她的兒子來到朝堂，大哭起來，吐血跪求大家應該按照晉襄公的遺囑去做，讓她的兒子繼承國君的位子，而且還婆婆媽媽地羅列了一大堆道理：「襄公的遺囑，你們不當一回事，這裡明明有他的兒子，你們個個無視，卻跑到國外請人來當國君?你們這是什麼意思啊？是不是我這個兒子犯了什麼錯？如果尿褲子也算錯誤的話，那他是經常犯錯的。」

可朝堂上的那一群男人，卻一聲不吭——反正都不關我的事。不管怎麼折騰，立誰也不會立到自己，誰上來當老大，自己也只是當當官，離權力中心遠得很。誰上來，老子只負責鼓掌通過，然後回去洗腳睡覺。

穆嬴一看，大家個個臉色麻木，知道這場一把鼻涕一把淚是白演了。她很快就知道，這裡的人雖然多，貌似個個都有表決權，個個嘴巴都能說話，其實是誰也說了不了話。現在只有趙盾的話才算話。

於是，她又拉著兒子，跑到趙盾的家，把悲情牌直接打到趙盾面前。

這次她把話說得特別狠，說：「趙盾，現在大家都知道，襄公死前是很清醒的，他清醒地吩咐你，讓你當我兒子的監護人，保護我兒子當上老大。現在大家更知道，誰上誰下不是老大的遺囑說了算，而是你說了算。我現在就問你一句話，你到底讓不讓夷皋繼位？如果你不讓，就請你現在馬上砍掉我們母子倆的腦袋。」

趙盾一聽，就發傻起來。這傢伙雖然最近掌權，但長期跟著老爸，從老爸那裡得到豐富的經驗，最知道在官場上混的風險。別看這個大姐級別的美女，現在在你面前流著眼淚，可她的背後還有很多看不見的力量，再加上狐射姑那一派人，如果聯合起來當他的反對派，他就難受了。

他這麼一想，立場馬上急遽改變，當場同意了穆姬的請求，說：「那就照太后的意思吧！」

於是，夷皋成了晉國新一屆統治者，就是歷史上的晉靈公——當然，後來的歷史事實證明，趙盾沒有堅持原則，對晉國產生了很大的負面影響。當然，對後來的趙韓魏幾家卻越來越好。

夷皋一得勢，那個公子雍就直接進入倒楣期了。

## 第二節　趙盾的堅持與盲點

本來趙盾派先蔑為迎接姬雍代表團的團長，先蔑的一個朋友說：「這事看起來很光榮，其實危險得很，如果順利了，姬雍順利地當了第一把手，你可能會被提拔一下，可他能順利嗎？現在國內有法定接班人，有穆嬴勢力，天天在四處活動，活躍得要命。事情還沒有到最後時刻，表面上和諧得很。可一旦有一方無路可走的時候，事態就會迅速擴大化。趙盾看起來很有原則。其實這傢伙態度轉變速度比現代化還快。所以啊，你最好不要出面。」

先蔑一聽，覺得有理，就跑到醫院要了一張證明，說是得了流感，醫生要求一定要請假休息，而且要是把流感帶到秦國去，對兩國的雙方關係大大不利。因此就沒有去，讓副團長士會當代理團長，率代表去了秦國。

秦國自從秦穆公定下西部大開發的策略方針之後，就不想再插手中原諸侯的事了。更何況他們吃透了插手晉國內政事務的虧，徹底知道，不管是什麼人當晉國的老大，都不會當他們的傀儡，因此對晉國更加不想理。前些時候，晉國就是派兵過去騷擾邊境，他們也不當一回事。何況是晉國的國君交接事務。

可晉國硬是派人過來，接公子雍回去。秦康公就不好再不理了。秦國到底是當時的超級大國之一，再怎麼低調也不能低調到什麼也不理的地步。而且秦康公跟晉國的幾個國君關係還不錯——尤其是跟晉文公。

當年，秦穆公開始扶持晉文公把他接到秦國來時，秦康公就與這個舅舅兼姐夫建立了親密無間的友好關係——秦穆公為了跟晉國搞好關係，先是娶了晉文公的姐姐。這個姐姐就是秦康公的母親，後來秦穆公為了加固這層關係，又把女兒嫁給了晉文公，一下就把雙邊的關係搞混——不過，不管這種世俗關係怎麼混亂，但秦康公與晉文公的關係卻還是很好的。當秦穆公帶著大家送晉文公回國，來到渭陽時，雙方再次隆重地舉行了道別儀式——過了渭陽，就是晉國的地盤，按當時的規矩，是不能再送過去了，只得在這裡拜別。

在大家拜別時，晉文公和秦康公還互相送給對方一首詩呢！

秦康公的這首詩叫〈渭陽〉，後來還被人們收入當時的詩選集：

我送舅氏，
曰至渭陽。
何以贈之？
路車乘黃。
我送舅氏，
悠悠我思。
何以贈之？
瓊瑰玉珮。

根據那些詩評家們的賞析，說是康公突然想到已經掛了的母親，看到舅舅就更加懷念母親了。最後送給舅舅一輛豪華座駕，一塊玉珮。據說，這是第一次把玉當作分別的禮品，為日後禮品的開發作出了貢獻。當然，當時送玉的意思主要是歌頌舅舅的品德像這塊玉一樣，高尚得很，舅舅一定不會忘記我們秦國對他無私的幫助，會繼續保持兩國的兄弟關係。

雖然後來的事實證明，重耳的高尚是有限的，而當霸主的欲望是無限的，把這種有限的高尚投到無限的欲望中，跟杯水車薪沒什麼兩樣。後來，雙方打得比誰都激烈。

但秦康公還是想得很開，國與國之間，原來就是這個關係，好的時候是兄弟，臉紅的時候，就是不共戴天，號召全國人民都要吃對方的肉。因此，他對晉文公的印象還是不錯的，把晉文公的這個兒子也當兄弟。這時，看到晉國代表團前來迎接姬雍回去當老大，心裡當然高興，又派軍隊送他回去。而且認真汲取了晉文公的經驗教訓——當年晉文公回國時，只有那幾個死黨跟隨，保鏢力量太過薄弱，差點被呂省搞定。如果不是勃鞮突然醒悟，當了政變的叛徒，歷史上就沒有晉文公了。所以，秦康公還說：「現在多派個警衛隊給姬雍，加強安全。」

秦康公為姬雍想得很周到，但他做夢也想不到，趙盾卻在這個時候徹底變卦。

趙盾宣布讓夷皐當國君之後，立刻召開緊急會議，問大家如何處理姬雍回來這件事？因為姬雍不是一個人回來，而是有秦國的軍隊。

很多人都認為，就派人去跟他說，因為襄公的遺囑一定要讓夷皐當老大，我們沒有辦法，你就不要回來了。叫他從哪裡來滾回哪裡去。這事不就完了？

可趙盾卻不同意，這傢伙當場黑了起來，大聲宣布：「如果讓姬雍當老大，秦國代表團就是晉國的朋友，是我們的貴客，他們來了，讓他公款吃喝賭嫖，一定要把他們招待到滿意為止。現在我們不讓姬雍當

## 第二節　趙盾的堅持與盲點

老大，秦國的人就是晉國的敵人。我的意見就是：對待朋友要像春天般的溫暖，對待敵人要像秋風掃落葉般的無情。我主張，什麼話都不說，發兵過去，打！先把他們猛扁一頓再說。大家有意見嗎？」

當然沒意見！

趙盾親自帶著軍隊連夜出發，在令狐那裡碰上了姬雍的隊伍。

姬雍正得意著，在心裡想著即位的第一天，要發表一個什麼樣的就職演說，好好地打造形象。這時看到前面有兵車開到，全是晉國的大兵。

護送他的秦國軍隊看到晉兵這麼隆重前來，心裡都笑了：「晉國人太膽小了，在自己的境內還這麼隆重……」

哪知，笑聲還沒有收尾，人家直衝上來，輕重兵器都往秦國士兵的頭上砸。

他們這才知道事情壞了，姬雍當場犧牲。

士會拚命逃出，投靠秦國。

秦康公的脾氣再怎麼好，也生氣起來。你想想，本來，老子老老實實在這裡，從沒惹過你們，是你們自己派人過來叫我們送姬雍回去，然後卻把我們的軍隊打得一個不剩回來。這不是忽悠什麼是忽悠？老子堂堂一個超級大國的國君，還不生氣，秦國還當什麼老大！

這個詩人老大大爆了一頓粗口之後，決心好好地收拾一下晉國。

不過，秦康公雖然大發脾氣，但卻不是個亂來的人，他知道，晉國當了這個麼多年的霸主，現在雖然因為剛剛換屆，國內政治局面未穩，國際形象有下滑的趨勢，但實力並沒有受到什麼損失，要把他們狠狠地收拾一頓，嘴上講講還可以，但真正要打，還得小心一點才是。

因此，罵過之後，他就冷靜下來，等一等機會，一定要給晉國好看。

趙盾雖然把夷皋的潛在對手都弄得一個不剩，但他覺得自己的潛在對手似乎越來越多。開始，他很想表演一下寬大的胸懷，讓大家不要恨他。狐射姑走人後，他把狐射姑的全家送過去讓人家團圓；後來，先蔑受不了他的反覆，也跟士會一起逃到秦國，他又把這兩人的家屬都一個不少地送到秦國。

狐射姑、士會、先蔑都是晉國政壇老手，在晉國的官場混了很多年，朋友不少，敵人也多。那些朋友對趙盾的處理方式都說好。可那些敵人就不服了。憑什麼啊，都叛國投敵了，還這樣優待他們。看來趙盾這傢伙不是腦袋進水，就是吃錯了藥，否則怎麼會這麼做？按他們的意思是，最好派幾個恐怖分子到狐射姑那裡，進行個恐怖行動，把這幾個叛國的傢伙全部搞定，即使覺得這樣做有點不合適，也應該把他們的家屬全部關到牢裡，讓全國人民知道，叛國投敵是沒有好下場的。哪知，趙盾卻如此優待這些人。

那幾個人本來只是恨先蔑他們，但恨先蔑他們已經沒有什麼實質上的用處，因此就把矛頭轉到趙盾的身上，覺得這傢伙敵友不分，絕對會演變成一個禍國殃民的奸臣，不如把他殺掉算了。如果真的把他殺掉，大權就會落到他們的手中，那時他們想殺哪個叛國賊就殺哪個叛國賊，誰的意見也不用問了。

於是，就成立了一個打倒趙盾的聯合戰線，天天在一商討如何打倒趙盾。

趙盾雖然立場反覆，但絕對不是個智障人士，對政敵向來提高警惕，沒幾天就知道這幾個傢伙正在陰暗的角落裡算計他。

## 第二節　趙盾的堅持與盲點

趙盾雖然很寬大，但他也很腹黑，他可以寬大到讓人想不通的地步，也可以黑到讓你覺得變態的程度。

他立即叫荀林父把那幾個為首的傢伙抓起來，先讓他們在監獄裡蹲著，想怎麼密謀就請繼續密謀。他卻去找夷皋，讓這個老大宣布那幾個傢伙死刑——這比他直接宣布好多了。

本來，他的這個辦法很陰險，也很老練。可夷皋卻一點也不陰險，一點不老練。

下班之後，夷皋回到後宮，見到他的母親，說：「趙盾叫我明天宣布殺五個人。我從沒見過殺人，明天想去看看熱鬧。」

穆嬴雖然是個女子，可玩政治卻有一套，一聽兒子這麼一說，就知道趙盾是想把責任推給自己的兒子，他斬除了政敵，卻讓自己的兒子當冤大頭、背黑鍋。這個世界金鍋銀鍋多背幾個不要緊，但黑鍋一個也不能背，她馬上對兒子說：「這是他們幾個人不合，一個想殺一個，跟你一點關係也沒有。他們想殺，讓他們殺去，你不要宣布這個決定。而且，一口氣殺五個大臣，也太多了吧？一開這個頭，沒幾天大臣們就會全被消滅了，以後誰來當人民公僕為我們做事？」

這個晉靈公後來雖然很壞，但這時還是很聽母親的教導的。

第二天，上朝時，他對趙盾說：「母親不同意殺人。要是一口氣殺五個，我們就沒多少人了啊！以後上朝一點也不好玩。」

趙盾一聽，讓小孩當老大還真的麻煩，說：「老大，你還年輕，很多事都不明白。這幾個傢伙都不是好人。他們犯的不是一般的強姦殺人放火罪，而是顛覆國家罪，是要先把我搞定，再把你搞定的。我們不殺他們，他們就要殺我們啊！這幾個人是一定要殺的。」

他一揮手，也不再問晉靈公的意思了，叫相關部門把那幾個傢伙從監獄裡帶出來，押赴刑場，按時砍腦袋。

趙盾突然搞出這一手，弄得大臣們集體人心惶惶，都怕哪天這個黑老大突然發飆起來，那可一點不好玩。

而幾個向來緊跟晉國的小諸侯，大概覺得老跟在晉國屁股後面，已經一點不新鮮了，現在看到晉國內部又這麼互相打來殺去，早已沒有什麼精力管他們了，因此就慢慢地疏遠，準備偷溜，還自己自由身。

秦康公這些年來，把眼睛睜得很大，死盯著晉國的動靜，發現了這個情況後，知道時機已經來了。這次秦康公決心很大，想跟晉國大打一場，如果能來一次世界大戰就更好了。為了把事情鬧大一點，弄得轟動一點，他想跟魯國聯手起來，跟晉國攤牌。

秦康公派西乞術帶著禮品到魯國進行外交活動，而且直接說明一起搞定晉國的想法。他的這個策略本來沒有錯，聯合一個國家去扁另一個國家，不光在古代，就是在現代，不光在亞州就是在歐州，都在流行。可他找的對象卻大錯特錯了。魯國現在雖然一點也不強，但魯國是周公子孫的封國，是大家都知道的禮儀之邦，是文明程度最高的諸侯。而秦國是什麼?在魯國人眼裡，跟那個公開大叫「我乃蠻夷」的楚國沒什麼本質的區別。如果一定要說有區別，就是秦國沒有這麼大喊大叫過。可你不大喊大叫過，人家仍然把你當作「蠻夷」對待。魯國現在別的資本已經全部被套牢，就只剩下這個「禮儀之邦」的招牌了，如果再不愛惜，他們就什麼都沒有了，因此西乞術一提出要建立外交關係，魯國國君就一口否決，當場叫西乞術

## 第二節　趙盾的堅持與盲點

把禮品帶回去，說我們不需要這些物質。我們現在靠精神食糧養活全國人民。

秦康公一看，你們不配合，老子就怕晉國了？老子單挑給你們看看。

他帶著部隊突然出擊，打下了羈馬。

趙盾下令發兵抵抗。部署如下：趙盾率領中軍，荀林父作為輔佐。郤缺率領上軍，臾駢作為輔佐。欒盾率領下軍，胥甲作為輔佐

這次大戰，趙盾提拔了個人才臾駢。這傢伙知道現在秦軍士氣很高，不能跟他們直接玩，因此建議：秦軍雖然來勢很猛，但不能打持久戰。我們就堅持防禦政策。不久他們就會拍拍屁股集體閃人。

趙盾說，就這麼辦。

秦兵在那裡天天下戰書，可是趙盾就是不理。

秦康公也覺得頭痛起來，天天在這裡大喊大叫，有什麼意思？軍隊的作用是打仗，不是來喊口號的啊！他問士會：「我們現在怎麼辦？」

士會是從晉國過來的，對晉國的情況了解得很，說：「這肯定是臾駢的主意，想讓我們在這裡天天跳著，跳到沒有糧草的那一天。不過，還是有個辦法。趙盾有個堂兄弟，叫趙穿，是晉襄公的女婿。趙盾對他很好很相信他。這傢伙卻很狂妄囂張，一點軍事能力也沒有，但又愛搶風頭，想打仗。現在他最不服臾駢當上軍佐，肯定天天在發牢騷。我們可以派部隊去對上軍進行襲擊，如果把趙穿打敗也是個勝利。」

秦康公一聽，馬上同意這個方案，派部隊閃電行動，猛烈襲擊晉軍的上軍。等晉軍猛醒過來時，襲擊部隊已經跑得不知道去向。趙穿還在拚命追擊，但卻連敵人的樣子都看不到，回來之後，就大發脾氣：

「我們軍人是做什麼用的？就是來打仗的。現在倒好，敵人都打到家門來，我們還不攻擊，難道就天天這麼等嗎？你們翻開歷史看看，有哪場戰鬥是靠等取得勝利的？等死的戰例倒是多得很。」

手下的人勸他說：「有時候是要有點耐心的。這叫謀略。」

趙穿大叫：「別跟我說謀略。告訴你，老子從來不研究那些形而上的東西。現在老子決定出戰了。」於是趙穿什麼都不管，帶著他的部隊就向晉軍發起衝鋒。

趙盾知道後，馬上就知道，這個小兄弟上了敵人的當，如果不趕快去救，他馬上就會從晉國的上軍將變成秦國的俘虜，叫道：「要是趙穿被敵人抓住了。秦軍就是俘虜了我們的一個正卿啊，就可以算是偉大的勝利了。他們回去就有交待了，可我拿什麼回去向晉國人民交待呢？」你一聽就知道這話是忽悠人的，趙穿被抓了，是趙盾無法向趙家交待而已。

趙盾下令全部出戰。

可到了這時，秦軍也感到有點吃不消了。雙方只作了一次短暫的接觸，就全部退回。

秦軍部隊的糧草已經沒有多少，士兵們這些天來大喊大叫，弄得身體也有點疲憊，天天發牢騷說想回家看看了。

秦康公知道這仗已經不宜打下去了，就派了個使者過去，對趙盾說：「今天打不成，雙方都沒有做好準備，一點也不過癮。明天我們再好好地打一場吧！」

這個使者比所有的使者都菜，抗壓性超級差，一邊說話，還一邊眼睛亂轉——估計是從小偷轉行來的。

## 第二節　趙盾的堅持與盲點

臾駢一看，就知道秦軍沒戲了，在使者走後，對趙盾說：「我剛才注意到那個使者了，眼神不安，聲音顫抖，怕得要命。估計秦軍現在已經在撤軍了。我們把他們再逼到黃河邊，等他們行動時，就可以大敗他們了。」

誰一聽到這個方案，都會說是好方案，趙盾當然也說好。

可有時候，好方案也要看是什麼人提出來，那個方案才可以化為行動、取得效果。如果這個方案是趙穿提出來的，秦軍可就麻煩了。

但現在是趙穿的敵人提出來，那就不一樣了，好方案就只停留在方案層面上了。

趙穿一聽到臾駢的話，就覺得噁心，跟那個胥甲站起來反對，而且反對得空前的強硬，用身體擋在營門那裡大叫：「這是什麼打法啊？我們那麼多剛死剛傷的兄弟，都丟下不管，算什麼仁義之師？專門玩忽悠的把戲，沒有等到約定的時間就打人家，算什麼威武之師？這仗堅決不能打，就是真的取得偉大勝利也不能打。」

趙盾向來喜歡這個趙穿，就決定不偷襲了——反正也滅不了秦國。於是叫停了所有部署。半夜裡，偵查員報告：秦軍全部開溜！

總之這次戰鬥，如果按照臾駢的方案執行下去，晉國取得輝煌勝利是肯定的。可最後卻壞在趙穿這個豬頭身上，不但讓敵人取得一次勝利（雖然這個勝利只是贏了一個面子，沒有多大實在的意義，但畢竟是勝利），反而在有取勝把握的時候，放走了敵人，讓勝利的機會白白丟失。

大家都知道，讓敵人取得勝利的是趙穿，讓敵人輕鬆撤軍的也是趙穿——當然還有個配角胥甲。

如果不處分一下這個趙穿，那是說不過去的。

趙盾天天大叫以法治國，但他卻不想處分趙穿。可是他知道，如果不做一下表面文章，無論如何是說不過去的——本來，他想下令讓胥甲當替罪羊。可因為趙穿當時大聲嚷嚷，堅決反對，因此全國人民都認定趙穿是主角，而胥甲只有當配角的資格。所以，替罪羊也找不到。

人家問他，這個責任如何追究？他說，肯定會追究的。這麼一說，就拖了幾年。直到西元前六一〇年，晉國跟鄭國恢復邦交，就把趙穿的職務全部免去，算是嚴重地處置他了。而且還把他派到鄭國去當人質。大家都知道，人質是個很危險的職業，兩國稍微有點不和諧，大家動刀動槍之前，第一個就是拿人質來折磨。不過，大家也知道，幫晉國去做人質，安全係數高得很。

趙穿只在那裡當了一年的人質，就像某個準備提拔而到基層鍛鍊鍍金的儲備幹部一樣，宣布人質任期已滿，我正式退場。

他回國之後，趙盾說他在當人質的過程中，遵紀守法，表現良好，為晉國樹立了良好的國際形象，為兩國關係的發展作出了正面的貢獻，是立了功的。但因為他以前的錯誤，這次只提拔，不表彰。

於是，再翻起舊帳，叫相關部門重新把那件放走秦軍的案子拿到臺面上，追究下去。趙穿已經被處分了，但胥甲卻還逍遙法外。為了嚴肅法紀，絕對不能放過一個違紀人員。

結果，胥甲被免職，並剝奪當晉國公民的權利。胥甲最後只得跑到衛國去，領了一張衛國的綠卡。誰都知道，現在最值錢的綠卡是晉國的而不是衛國的。

誰都知道，這都是趙盾做的好事——保住了自己的老弟，卻把異己分子踢出國外，是赤裸裸的政治秀。

但大權在人家的手中，你有什麼話說？現在不是法律說了算，而是權力說了算。

## 第三節　士會登場：關鍵轉折的軍事謀士

秦康公撤軍之後，覺得這次占的便宜實在太小，成績一點不可觀，就又帶兵過去。

他這次去打晉國，仍然讓士會當嚮導。

士會是晉國人，在晉國的官場混了很多年，對晉國的情況很熟悉，再加上這傢伙的智商很高，做起把敵軍帶進村的工作，那是超級的勝任。

秦軍在士會的帶領下，只要進軍，就取得勝利，沒幾天就接連拿下了幾座城池，投資不大，但利潤可觀。

秦康公每天看著戰報，心情得意得很，覺得自己真會用人。

趙盾就不高興了。可他有什麼辦法？沒來由地把一個高級人才硬塞給秦國，現在他帶著秦兵，重新打回老家，誰也不是對手啊！

他這才知道，士會真不好對付。不把他搞定，他們真的沒有活路了。

趙盾不吃不睡地想了幾天，還真的被他想出辦法來。

他開了個會，說：「晉國幅員遼闊，邊界線長，軍隊忙不過來。這樣吧，以後來個邊界承包責任制，誰的地盤誰負責。誰要是保不住地盤，讓外國侵略者入侵，那中央就收回他的地。大家認為這個辦法可以吧？」

當然可以。誰說不可以，現在你那塊地盤就可以上繳中央了。

趙盾又說：「不過，如果一下子全面進行，好像也不太好，還是先試做吧！等取得經驗後，再全面推廣。就先從魏城開始吧。」

魏城現在的城主就是魏壽餘。

魏壽餘一聽，馬上請求：「不行啊！現在魏城與秦國連在一起，秦兵天天攻打那裡。中央突然就把那裡的邊防轉讓給我們，我們能受得了嗎？而且，我又不是軍人，從沒打過仗，現在叫我去守邊界，這不是開玩笑是什麼？老大，要嚴肅一點啊！」

趙盾說：「現在我嚴肅得很。你要是覺得自己不是那塊料，守不住那裡，我也不勉強你。你可以交出權力，我派人去接收。」

魏壽餘當然不會交出權力，就不說話了。

趙盾說：「你在三天之內把方案交上來，同時做好城防工作。否則，不光要你的權力，還要你的腦袋。」

魏壽餘知道趙盾黑起來沒有最黑只有更黑，平時倒沒有什麼，做什麼事好像都以人為本，可生氣起來，後果就不是一般的嚴重了，因此當場也不敢說話，帶著一臉的鬱悶回到家裡。

人一在外邊受氣，回到家裡就什麼事都不順心。

老婆不如意，身邊的人也看不順眼，個個都像在跟他作對似的。他一見到誰，什麼都不管，首先都大爆一頓粗口，把你罵一頓之後再說。

到後來，他還把那個長期跟著他的廚師叫來，說今晚的飯為什麼這麼難吃，看來不打你幾下，你不知道這個世界還有老子的存在。

廚師看到他突然黑手高懸霸主鞭起來，急忙叫：「你怎麼無緣無故打人？到底講不講人權啊？」

魏壽餘大叫：「老子今晚就是無緣無故要打你。老子就是一點人權不講。趙盾都敢無緣無故為難我，對老子不講一點人權。老子為什麼要講人權？有本事你去趙盾那裡告狀。老子才不怕。反正老子是跟趙盾作對到底了。」然後把那個廚師打了個體無完膚。

廚師的地位雖然不高，但地位不高並不表示他沒尊嚴。

你想想，就一條狗被打成這個樣子，都還會跑路，何況一個人？一個堂堂國家一級大廚師。老子在這裡幫你煮飯炒菜的時間也不短了，從來都是清正廉潔，從不剋扣菜錢，那幾個小夥計天天偷拿雞蛋，你一句話不說，卻把老子打成這個樣子，老子不報仇才怪。

這傢伙很會炒菜，對政治也很敏銳。

他把魏壽餘的話從頭到尾複習了一遍，馬上抓住幾個關鍵詞，然後打好腹稿，跟到趙盾那裡，說：「我們家的老闆說要跟你作對到底，被我聽到了，他就把我打成這個樣子。」

趙盾一聽，這魏壽餘果然不是個好人。得趕快把他抓起來。於是立刻派韓厥過去，務必把魏壽餘抓獲歸案。這傢伙現在的防區正與秦國連在一起，他要是當起叛國賊來，我們的損失可不少啊！

韓厥馬上領兵過去。

哪知，魏壽餘卻精明得很，看到廚師跑了，就知道趙盾會馬上過來把自己解決掉的，再不抓緊時間逃跑，就沒機會逃走了。

這傢伙逃跑的功夫還是不錯的，但他的人品卻實在太差了，只顧自己逃出去，家人都留在那裡。最後，韓厥把他家裡的人都抓了起來，全部關到監獄裡去。

魏壽餘一口氣跑到秦國，當面向秦康公表達了棄暗投明的心願。

秦康公一開始有點不信，但他相信士會，偷偷地問士會：「你看他是真的來投降嗎？」

士會說：「這個，我也不敢說。叫他拿出一點誠意來。」

魏壽餘說：「我當然有誠意啊！」接著拿出一個文件袋來，對秦康公說：「這是魏城的戶口冊子，還有魏城的城防地圖，現在全交給老大了。這本來是我的領地，現在全交給老大了。」

秦康公仍然有點懷疑，又問士會：「是不是准許他投降？」

士會本來有話要說，可看到魏壽餘兩眼淚汪汪地看著他。兩人以前是同事，經常在一起喝酒，如果再

## 第三節　士會登場：關鍵轉折的軍事謀士

為難人家，實在有點不夠意思了，就說：「老大，魏城是河東一帶最大的城市，要是歸我們所有，那以後我們就有向東發展的跳板了。不過，有一點不好說的，就是魏壽餘雖然一心一意投降，願意當老大的手下，只怕魏城的那些地方官有點難搞。」

魏壽餘馬上說：「老大放心。那些官員全是我的死黨，個個都聽我的話。老大，你趕快派軍隊過去，駐紮在附近，我進城去說服他們。不用放一槍一彈，魏城就是老大的了。」

秦康公這時對魏壽餘已經沒有一點懷疑了，想到這樣就得到一座魏城，決定親自出馬。

他們帶著部隊來到了指定地點，順利地安下營寨，派幾個偵察兵過去看看。

偵察兵回來彙報：「前面也有一支部隊駐紮。不知道是哪一國的。」

秦康公一看魏壽餘，說：「你不會忽悠我們吧？」

魏壽餘說：「現在晉國剛剛執行國防改革，叫城主自行負責防地。魏城的人看到我們的軍隊來了，就派兵過來。這沒有什麼奇怪的。」

秦康公一聽這話，也不用腦子想一想，更沒有對偵察兵說：「再探。再確定一下情況。」而是全盤相信了魏壽餘的話，說：「我們該怎麼辦？是不是打過去？」

魏壽餘說：「哪用打過去？現在請老大派一個人跟我過去，宣布我已經棄暗投明，叫他們也跟我一起當秦國的子弟兵，他們肯定會跟過去的。」

秦康公說：「好。別人去老子不放心，士會你就過去吧！」

到了這個時候，士會已經知道，魏壽餘所做的一切都是在忽悠秦康公，其目的就是要把自己叫回來。他有點不想回去，可他又覺得自己原來是晉國人，是晉國把他培養成一個有用人才。晉國這些年也沒有做過什麼對不起他的事，可自己這些年來，老帶著秦軍打自己的國家，實在有點不像話了。所以，就決定跟魏壽餘回去。

士會很聰明，知道自己的家人還在秦國，要是這麼裸奔回晉國，秦康公生氣起來，把他全家老少都押赴刑場，然後排頭砍去，那可是一點不值得，就對秦康公說：「老大，這個任務我不敢接受。晉國是什麼人？我們上當的次數還不多嗎？這可是個陰險狡猾的國家啊！我要是過去，他們不放我回來，那可就不好辦了。到時，晉國人罵我是叛國賊，老大又說我是反覆無常之徒，要砍我的家人。我這虧就吃大了。反正我是一個怕死的人，老大還是換人吧！」

人的腦子一進水，往往就會傻到底。如果到了這時，秦康公稍微想一下，就會有所醒悟。可他太相信士會了，也太想要魏城那塊地盤了，因此想也不想，很豪放地揮揮手，說：「你儘管去，放心去。老子相信你的能力，你肯定會成功。就是退一萬步來說，即使發生了你所說的事，老子也不會怪你。如果晉國真的不讓你回來，老子把你的家人全放過去，夠意思了吧？」

當然夠意思。

可繞朝卻反對：「士會原來就是晉國的高官，現在放他回去，他還能回來嗎？我看魏壽餘這個投降是有蹊蹺的。還是小心一點才對。」

秦康公這時大氣得很，說：「你沒當過老大，你就不知道『用人不疑、疑人不用』的道理。要是老這麼懷疑來懷疑去，還能做成什麼事？我就常常教導你們，不管做什麼事，都要大膽一點，才能取得更大的成功。而且，他要是真的想回去，我們硬留也是沒用的。」

魏壽餘一聽，差點完蛋了。這個繞朝的級別再大點，老子可就白白表演了。他看到秦康公徹底把繞朝的話駁回，就跟士會說：「我們過去吧。這事不能太拖拉了。」

兩人走了不遠，正擔心秦康公突然反悔，就聽到後面真有馬蹄聲傳來，不由同時暗叫：「果然不好了。」

回頭只見是繞朝一個人追了上來。

繞朝看到兩人那個樣子，知道自己的判斷百分之百的沒有錯，就跟了上來，對士會說：「老兄，不要怕啊！我是來送別的。這些年來，我們是同事，經常在一起喝酒，關係還不錯，也算哥兒們了。現在你走了，總得送點東西做紀念吧？可你又不提前跟我說。現在我身上又沒有別的東西，就給你這根馬鞭吧！你趕緊用這馬鞭加速狂奔啊！不過，你要記得，秦國人不都是腦殘人士，可以讓你愛怎麼忽悠就怎麼忽悠。現在是老大厚道，才讓你過去的。不要以為老大真就是這個智商。」

士會急忙下馬，接過馬鞭，向繞朝行了個禮，很嚴肅地說：「我不會忘記你的話的。」然後揮起馬鞭，加速而去。

過了黃河之後，果然有個小帥哥前來迎接。

這個小帥哥是趙盾的兒子趙朔——趙盾當權才沒幾天，內部政務還沒有整頓清楚，倒先把自己的兒子提拔上來，到軍中掛職鍛鍊。

現在晉國仍然是諸侯的霸主，但晉國的實際最高統治者卻變成了趙盾。姬家的天下逐步變成趙家的自留地。那個穆姬靠眼淚保住了自己兒子的國君地位，以為自己很聰明，然而後來的歷史證明，她的這一把眼淚在搞定姬雍的同時，也把晉家的天下斷送了。你想想，在那個最能體現叢林法則的春秋時代，如果不立一個成熟而有能力的人當老大，卻讓一個小孩來當國君，不培養權臣還能做什麼？開始時，趙盾估計還在為姬氏著想，他想立那個姬雍雖然也有自己的私心在裡面，但出發點還是為了姬氏的天下，並沒有想到以後要讓趙氏以及另外幾個大臣瓜分晉國這個蛋糕。

當然，現在最鬱悶的是秦康公。他派士會去招降，就在那裡等著好消息。可這消息等起來真久。

他派人過去看看情況怎麼樣了。

偵察兵回來報告：「士會過去之後，晉國一個帥哥將軍帶著部隊上來，把他帶走了，現在什麼消息也沒有。」

秦康公這才知道，果然上了大當。但這個大當是自己硬要上的，一點不關別人的事，要生氣也只能生自己的氣。這哥兒們的為人還算不錯，記憶力也不錯，生完氣之後，還記得自己的諾言，說既然做好事就做到底，老子最討厭做事半途而廢。把士會的家小全部免費送回晉國。士會那些不願回去的家人，都改姓劉，繼續待在秦國。

當然，他這個做法比起趙盾來，要高明得多。趙盾那個做法簡直沒有一點道理。秦康公知道，士會是個人才，趙盾這麼大力把他挖回去，並不是要殺他，而是要重用他。以後士會將會影響趙盾的決策。所以，讓士會對自己產生好感，對秦國是有好處的。而且，把那一群老老少少扣在秦國，除了天天用秦國納稅人的錢去養他們之外，沒有別的用處，倒不如把他們送過去，自己還有個好名聲。

## 第四節　錯在他？歷史的模糊責任

趙盾弄回了士會果然值得。秦晉邊界又安靜了下來。

趙盾覺得權力基礎又進一步穩固了。

趙盾比誰都記得，晉國現在還拿著霸主的大印。如果不履行霸主的職責，這個大印就會變成橡皮圖章——前些時候幾個諸侯紛紛跳槽去巴結楚國就是明顯的跡象。

趙盾決定重新履行霸主職責。

霸主有哪些職責？

歸納起來有如下幾條：

一、尊王。用當時的話就是：明天子之禁。這話的解釋就是：號召廣大諸侯在霸主的帶領之下，團結在天子的周圍，高舉大周的偉大旗幟、為建設一個和平穩定的世界而努力。當然，解釋權歸於霸主，霸主說誰不團結，誰就不團結，就可以帶著多國部隊向不聽話的諸侯開刀。

二、攘夷。夷就是周邊的少數民族。包括蠻、狄、戎等等部落。這些部落雖然教育程度不高，不但天天隨地吐痰，開口就大爆粗口，貌似很質樸，其實野心卻不小，天天想打到中原來。當然，如果他們只是老實地待著，讓這個想法在心裡醞釀，然後狠狠地吐完那口痰之後，洗腳沉睡，第二去勞動，那也沒什麼。可這些人身體好得要命，戰鬥力很強悍，打起仗來一點不純樸，很多與他們接壤的諸侯，都天天叫苦。所以，齊桓公一當上霸主，就把「攘夷」當成霸主的主要責任。那些小諸侯之所以願意當霸主的跟班，相當程度就是看在這兩個字的面子上。

三、禁抑篡弒。這個也很好理解。當時，周天子影響力減弱，傳統禮制式微，公子們個個都覺得自己的能力大得很，自己的抱負大得要命，應該去實現自己的抱負、表現自己的能力。可法定接班人又不是他。沒有辦法，就槍桿裡面出政權，把合法的解決了，誰還敢說老子不合法？於是，在很長一段時間內，政變成了諸侯國內最流行的詞。齊桓公當霸主後，就決定扭轉這個歪風，誰敢政變，他就敢打死誰——他雖然搞定了幾個政變菁英，可最後他的五個兒子卻亂得比誰都厲害。

第三點對霸主很有好處，可以牢牢地把干涉他國內政的權力拿在手中。

四、制裁兼併。那時，諸侯之間已經開始亂套，憑藉手中的實力，到處兼併，強迫周邊的小國宣布破產，然後自己全面收編。所以，齊桓公宣布這個行為是赤裸裸的霸權主義行徑，必須堅決制止。以後誰再有這個行為，全諸侯就共誅之。

當然，在實際執行中，也是要看現實情況的。如果是鄭國之類的小國，跟哪個諸侯發生了邊侵摩擦，那是可以把多國部隊開過去，猛扁一頓；如果是楚秦之類的國家兼併了哪個小國，也只是嚴正抗議一下，然後就沒有下文了。

## 第四節　錯在他？歷史的模糊責任

趙盾把這些章程拿過來複習了一下，然後又把當時的形勢拿過來一比照，齊國和魯國這段時期都先後發生過弒君事件，正好出面去主持一下公道，復興晉國的霸主事業，晒一下自己的能力。

哪知，他才計劃到齊魯大地去大出一次風頭，晉國內部就先出現了反對聲音。

而且這個反對不是一般的反對，是晉靈公有意見。

先是齊國發生了殺人案——當然，如果被殺的是個小百姓，誰也不在乎，可死的卻是他們的國君。這是弒君奪位。

大家雖然對其他規定記得不怎麼清楚，但對這個弒君行為的處分是很清楚的：必須由霸主帶著多國部隊去把凶手拿下，然後再確立一個新的老大。

趙盾知道這是個重新稱霸的大好機會，馬上發出號召，組織維和部隊向齊國出發。

哪知，齊國的政變者卻狡猾得很，派人帶著好玩的東西偷偷來到晉國的首都，送給晉靈公，請靈公把趙盾叫來。

晉靈公一看，這東西真好玩。能送這種東西的人真不該打。馬上派人過去叫停趙盾的行動。

趙盾沒有辦法，如果繼續前進，就是不聽老大的話，不聽老大的話是什麼後果？他比誰都明白。當然，齊國知道趙盾也是不能得罪的，你現在用一個玩具忽悠了晉靈公那個小孩，扯了趙盾後腿，讓趙盾記在心裡，對你也是沒有好處的。因此，又送了晉國很多錢財，說只要晉國老大哥放過這一馬，以後齊國永遠做晉國老大的小弟、鐵桿粉絲，老大哥指向哪裡，我們就打到那裡。這也夠意思了吧？

趙盾沒有辦法，只得收下這堆隆重的禮物。

這個禮物一收，晉國的財力沒有增加多少，但國際影響力馬上跟著下跌。

雖然趙盾到處大聲宣布，下不為例。

可真的能下不為例嗎？

魯國那幾個強人就不信。那時魯國的第一把手叫姬惡——這名字也太嚇人了，一點不像是文明古國出來的人。

他的名字叫「惡」，其實他一點不惡。那個東門遂和叔得臣比他惡多了。這兩個傢伙太討厭老大的名字，就找了個機會把他做掉了，然後讓姬接——這個名字也是傻眼得要命——「姬接」讓人一聽，還以為是「姬妾」呢——當了國君。

有人提醒東門遂，這麼做，晉國會找你麻煩的。

東門遂說：「現在晉國除了那面大旗之外，還能做出什麼來？齊國能做出的事，我們為什麼做不出？」

趙盾本來這次要做出霸主的樣子來的。哪知，他把準備工作都做得扎扎實實了，東門遂向齊國學習，幾個玩具又把那個好玩的晉靈公搞定。

趙盾這麼高調舉起霸主的偉大旗幟，又不得不收了起來，最後只得到了一筆可觀的錢財，霸業資本又跌了幾個百分點。

這樣一來，晉靈公居然成了霸主事業最大的障礙物，讓趙盾鬱悶得很。

晉靈公還是個小孩時，趙盾覺得不好管理，跟一個小孩商量國家大事，天天向他彙報工作，然後從他那裡得到最高指示，這種兒戲，真的一點不好玩。可現在他大了，更不好玩。

晉靈公雖然生在帝王家，活在幸福中，但卻胸無大志，什麼事都不想做，人家把公文送給他，他連個同意也懶得簽，叫大家拿去給趙盾趙大人處理——他要是都管不了，老子更沒有辦法。

趙盾這時的思想還很正直，一心為晉國著想，所以覺得自己對晉靈公有教導的責任，因此就免不了經常對他語重心長。

晉靈公和很多學生一樣，覺得老師和家長的開導很煩。因此，每次一見到趙盾，心裡就鬱悶，就想躲著。但在晉國，你可以躲過任何人，但你能躲得過趙盾嗎？

所以，晉靈公很生趙盾的氣——老子都把大權交給你了，你還想怎麼樣？你覺得管全國人民還不過癮，還要管我的私生活才好玩？

跟很多昏君一樣，總會有個反面人物的跟班，跟他在一起。

現在這個反面人物的跟班叫屠岸賈——他的叔叔就是那個到了晚年才突然覺悟的屠岸夷。

這類人，在歷史記載裡，向來都把他們歸類於「小人」。不過，你千萬不要以為小人物的力量也小。這些小人物雖然歷史地位不高，但他們所在的歷史環節卻很關鍵——往往是在權力最核心的那一點上，抓住機會，突然發揮作用，有時幾乎能轉動歷史的方向盤。

當初，屠岸夷那一刀要是成功，歷史能有晉文公這號春秋霸主嗎？

估計連渣都不見。

當然，很多小人也不是有志青年，一開始就想做出什麼扭轉歷史的大事業來，他們只是跟在老大的身邊，做老大最貼身的跟班，迎合老大，幫老大服務——這些人的服務品質一般都很高，年年被評為老大最滿意獎，沒有多久就成了老大的頭號心腹。老大那些見光死的事，都由他去完成，而且完成得比老大預期的還好。

這些人做壞事，不但有實踐精神，而且比誰都有創意。

屠岸賈知道晉靈公的愛好，馬上大興土木，做了一個桃園。

這個桃園裡邊種了很多桃花。當然，如果只種桃花，一點不好玩。他還在裡邊安排了很多美女。晉靈公進去一看，老子交桃花運了，呵呵，西邊的太陽就要下山了，把妹的時光就要到來了。這裡真是把妹的好地方。

從此就跟屠岸賈在裡面，把把妹喝酒當頭等大事。

當然，老是喝酒把妹，久了也無聊。他們還發明了打鳥活動。

那時的園子不像現在大官的園子，圍牆高得要命，只有鳥才能飛得進去，人到底在不在裡面，只有鬼知道。那時的老大在很多方面，都還是公開透明的，不怕人民的監督。這個桃園也一樣，沒什麼圍牆。晉靈公和屠岸賈在裡面輕鬆地玩，大家在外面輕鬆地觀看，自覺地當他們的鳥迷，看看誰打的鳥多。

打鳥打得多了，晉靈公又覺得無聊起來。他一無聊，就想換一下別的方式，有一點新意。

## 第四節　錯在他？歷史的模糊責任

他眼睛一轉，看到牆外有那麼多鳥迷，就突然來了靈感——這哥兒們叫靈公，還真的很有靈感，說：「我們打鳥打得多，就不那麼刺激了，不好玩。現在我們就打鳥迷。當然，如果只打中鳥迷的頭，不算本事，打中眼睛才是最大本事。我們比比看，誰打的眼睛多。」

兩個人抓起彈弓，就向圍牆外亂射。

那些鳥迷本來都是他們的粉絲，並不知道他們現在已經改變了目標，還在那裡喊加油。哪知道，子彈全射向他們。這兩個選手別的功夫不怎麼樣，可打彈弓的技術卻厲害得很，完全是奧運金牌的水準，子彈一射出，就跟小李飛刀一樣，彈無虛發。

前排鳥迷都大喊大叫著捂緊臉，拚命狂奔——這才知道，觀看體育比賽，搶到前排，有時就等於搶到倒楣。

這些鳥迷都不是菜鳥，一看到這個樣子，知道自己成了活靶子——這個世界什麼職業都可以做，但這個當活靶子的職業最不能做。一下就跑了個精光。

兩個選手哈哈大笑，打人真的比打鳥好玩，難怪人類動不動就來個世界大戰。

這事在他們看來很好玩，總結了一個晚上，還覺得不夠刺激。

趙盾就覺得嚴重了。老子天天在這裡喊為百姓服務，帶領大家緊密團結，為人民福祉而努力。你卻在那裡拿人命開玩笑?你以為這很好玩?要是老百姓突然醒悟，高舉反抗的大旗來，可就不是一般的申訴事件了，攔也攔不住。攔不住的結果，就是我們這群既得利益者集體下臺、被另一個既得利益集團砍掉腦袋。如果你覺得這個後果還不嚴重，這個世界就沒有什麼後果嚴重了。

第二天早上，趙盾就跑到宮裡，準備把這些大道理向晉靈公當面灌輸。讓他知道，再這樣下去，亡國絕對不是遙遠的傳說。

跟他過去的還有那個士會。

哪知，他和士會還沒有見到晉靈公，卻先看到幾個宮女抬著一只籮筐出來，籮筐上面還露出一隻手，像在跟誰說再見。

兩人一看，以為晉靈公又玩了什麼新鮮的花招，就過去看，原來那隻手是隻死人手，籮筐裡有個人已被砍成好幾塊。

兩人問：「是誰的屍體？不會是屠岸賈的吧？」他們很希望是屠岸賈的屍體。希望是屠岸賈在玩得高興時，冒犯了老大，老大一生氣，就把他殺了。

宮女說：「宮中的廚師。」

「為什麼殺廚師？難道他向老大下毒了？」

兩人還真的希望這個廚師對晉靈公下毒，把他毒死了，也算是為民除害。

可一個廚師哪有這樣的覺悟？

是晉靈公說他燒熊掌時沒有燒透，圖謀折騰國君，所以就把他剁了，放在這個籮筐，讓我們抬出去丟進垃圾桶裡。

兩人一聽，當場都氣爆了，該殺的人不殺，卻跟一個廚師過不去。真該好好地教訓他一下了。趙盾就

## 第四節　錯在他？歷史的模糊責任

想直接過去教訓他。

士會說：「還是我先過去吧！實在說不動了，你再過去。」

哪知，晉靈公卻精明得很，一看到士會進來，就知道又來語重心長了，沒等士會發話，他就先做了個深刻的反省：「我知道做錯了。這是人命，不是狗命，是不能亂殺的。亂殺人是不對的。上天是有好生之德的。所以，從現在開始，我會認真學習各項方針政策，認真對待每一條生命，絕不再犯這個錯誤了。」

士會一聽這話，說得頭頭是道，自己還有什麼話說？但什麼都不說，好像又不對，就隨口說了幾句。這幾句話晉靈公連一個標點符號都聽不進去，但卻為歷史貢獻了一句成語「知錯能改，善莫大焉」。他的原話是：人誰無過？過而能改，善莫大焉。然後退出來，把情況跟趙盾說了。

趙盾卻不信。

沒幾天，晉靈公又駕著車去桃園。

趙盾早就等在那裡了。

晉靈公一下車，就看到趙盾跪在那裡，就問：「呵呵，相國來得這麼早？有什麼事啊？不管什麼事相國你就全權處理吧！老子現在莫談國事。」

趙盾可不管你談不談國事——你都莫談國事了，誰還談國事——當場就把晉靈公近來的表現一一列出來，然後逐條猛批，說老大這樣做，像個國君嗎？歷史上有哪個國君像老大這樣？如果一定要有，那就只有周幽王了。老大要是再這樣下去，我們晉國就會亡國。為了晉國的前途，今天我是寧願得罪老大，也要強烈要求老大重新做人。現在改正還來得及。

晉靈公這時已經跟那些玩網路遊戲的網友們一樣，實在是上了癮，寧願斷指也不能停止。他雖然看到趙盾的臉色已經難看到極點了，但還是請求：「相國啊，就批准我再玩這一次吧？下次堅決不玩了。以後這個桃園就向全民開放，當晉國的重要景點來開發。好不好？」

趙盾說：「不好！」堵住大門。說你不回去，我也不回去。

這時屠岸賈發揮了他的作用，對趙盾說：「趙大人啊！你勸老大勸得太對，太有道理了。大家都知道，趙大人這是一片好意，是為老大和全國人民著想。不過，既然老大都到這裡了，今天也沒有什麼大事，就給老大一個面子吧！」

趙盾沒有辦法了，只得讓他們進去。

你想想，經過了這麼一番波折，他們就是進了桃園，心情也不痛快了。晉靈公這時雖然貪玩，但並沒有其他想法。他只是一邊走一邊嘆氣：「真鬱悶啊！」

屠岸賈的小人氣魄馬上高漲，說：「老大，這可是最後一回了。這麼個好地方，以後就成了晉國開放的景點了。百姓們可以天天到這裡來玩，我們卻來不了了。老大啊，明天開始，你就得天天待在宮裡，無聊了喝悶酒，弄不好還得接受趙相國的督促。」

晉靈公說：「你想想，有什麼辦法對付？」

屠岸賈說：「辦法倒是有一個。只是太絕了。」

晉靈公說：「好啊！越絕越好！」

# 第四節　錯在他？歷史的模糊責任

屠岸賈說：「要想讓趙相國不再婆婆媽媽，只有滅了他的口。我有個大力士，叫鉏麑，絕對是個優秀的刺客。我們派他過去，殺掉趙盾。不就什麼事都結了？」

晉靈公一聽，老子只貪玩，怎麼沒想到這個辦法。還是你厲害。就這麼辦了。老子當了這麼多年的老大，從沒拍板過什麼事。現在就拍這個板了。具體行動，你全權負責。老子只等好消息。

屠岸賈馬上回去向鉏麑交代任務

鉏麑是個大力士，殺人是他的職業。可現在是法治社會，以人為本，所以已經好久沒有開展這方面的業務了。這時聽說去殺人，馬上就亢奮起來，愉快地接受了任務。

行動的時間定在半夜五更。那時人們睡得正香，成功率大。

鉏麑一大早就直奔趙家。才四更天，趙家的門就開了。

鉏麑像電影裡的江湖高手一樣，竄到趙家院子裡的那顆大槐樹下躲著，等待機會。

趙盾已經起來，而且一點不設防。這情況對鉏麑來說，比他預想的容易多了，只要衝進去，大刀一揮，就可以順利完成任務，一點難度都沒有。

這時，趙盾已經把朝服穿好，然後坐在燈下，披閱公文，提前辦公。

鉏麑一看，這可是個真正的人民公僕啊！這麼早就開始為民操勞了。殺這樣的人好像不太對。這傢伙雖然天天跟屠岸賈在一起，混屠岸賈的飯吃，在個人生活上很合拍，但想法卻不太一樣。他這時看到趙盾不是個壞蛋，是個不該殺的人，因此就把刀收了起來，不再進行任務。

他把刀收起來後，又想，都在屠岸賈那裡大碗喝酒、大塊吃肉了這麼多年，昨晚又把胸脯拍得很響，表示一定完成這個任務。可現在又不去完成，實在不夠意思。現在是對得起屠岸賈就對不起趙盾，對不起趙盾就對不起全國人民；對得起全國人民，就對不起屠岸賈。

最後，他選擇了對不起自己，大叫一聲，把他那顆大頭往大樹那裡一撞，當場把自己秒殺。

趙盾跑過去一看，這個突然覺悟的刺客已經死了。他一句話也不說，叫人把鉏麑的屍體就地埋在樹下，然後像沒事一樣，繼續上朝。

晉靈公和屠岸賈一看，都傻了。

屠岸賈回到家裡，怎麼耐心等待也等不回鉏麑，知道這個計畫已經泡湯了。

兩個人既然決定要殺掉趙盾，就不會就此住手。

刺客不行，就採取別的措施。

晉靈公看到趙盾繼續沒事一樣上班，處理國家事務，還以為是趙盾沒有識破他們的殺人計畫——鉏麑肯定是膽子太小，偷偷開溜了。他跟屠岸賈一商量，認為，這種重大的歷史事件，交給人家去做，是不能做好的，是不能讓人放心的，還是自己親自動手的好。

他們就想了個計畫，請趙盾來喝酒。當然，他們並沒有選擇在酒裡下毒，而是在宴會現場周圍埋伏了很多武士，只等他們把趙盾灌醉，然後大家從後面衝上來，亂刀亂剁，把這個可恨的傢伙砍死。

趙盾還真沒想到，晉靈公還要殺他，一接到通知，就按時去吃國宴大餐。

## 第四節　錯在他？歷史的模糊責任

趙盾看到晉靈公主動請他，還以為老大可能有點進步了，開始有點理想了，因此很高興，決定好好地喝個痛快，把關係經營好。

晉靈公雖然人品不怎麼樣，但智商卻不低，一看到趙盾這個樣子，就知道他上當了，高興得要命，算計別人的遊戲也很好玩啊，看人上當的神態多過癮啊！就讓你多喝點，再把你搞定，也算對得起你幫老子打這麼多年工，讓老子有時間玩啊！

趙盾一點也看不出人家要搞定他，可他的司機提彌明卻發現情況大大的不對頭。這傢伙是個司機，社會地位低，只有帶老闆來赴國宴的資格，卻不具備參加國宴的條件，就在一邊很無聊地張望。

這一看就看出蹊蹺來了，後面全是拿刀的武士，個個滿臉橫肉，全是準備殺人的神態。他就是用腳拇趾去想，也知道這些人要殺的就是他的老闆。

他馬上就跑了過去，不顧禮節地對趙盾說：「老闆啊！臣下跟老大喝酒是有分寸的。你這麼大吃大喝，已經超過了做臣下的底線。再喝下去就沒有禮貌了。人家就討厭你了。」他一邊說著，一邊拉起趙盾。

趙盾本來就不是菜鳥，再加上晉靈公已有派人刺殺他的前科，一聽到這話，馬上就醒悟了過來：這傢伙原來是要在這裡把老子做掉。連鞋也不穿了，直接跟著提彌明跑出來——當時，吃飯是很講究的，大家都脫下鞋，跪著一邊吃一邊聊。這個姿勢雖然有點難受，但他們認為這是全世界最有禮貌的姿勢。

晉靈公看到計畫又要泡湯了，忙叫旁邊那條大狗上陣，去把趙盾咬死當速食。

趙盾的膽子真大——讓人懷疑後來的趙子龍就是他的第N代子孫，看到大狗衝上來，居然大笑：「用狗不用人，你這算什麼人啊？」

晉靈公也哈哈大笑：「老子同樣有人。」手一揮，那些埋伏了大半天的武士衝了出來。

趙盾和提彌明揮著寶劍，一邊戰鬥一邊退走。

提彌明的武力指數也不低，他殺了那條狗之後，又殺了幾個武士，最後自己也死了。

晉靈公和屠岸賈都哈哈大笑，以為你有多猛，原來也就是這個樣子。現在你的保全完蛋了，你還能玩下去嗎？兄弟們，趕快衝上去，給老子狠狠地剁。

大家都做足剁死人的姿勢衝上前去。

有一個傢伙特別賣力，只幾步就衝到了最前面。

趙盾一看，這傢伙的力氣真大，就是提彌明還活著都不是他的對手啊！看來，這次真的死定了。

晉靈公看到那人的表現出色，原來老子手下還有這樣的人才，以前怎麼沒有發現？呵呵，等他殺了趙盾，要大力表彰他。啊，誰知道他叫什麼名字？

有膽子小不敢衝上前的人趕快過來說：「報告老大。這位兄弟叫靈輒。呵呵，他力氣大得要命。現在他出手，我們都可以當觀眾了。我們看看他的表現。」

哪知，靈輒衝到趙盾面前時，突然返轉過來，大刀朝跟他跑過來的武士亂砍。

那幾個武士本來是想過來亂剁一下趙盾過癮，做夢都想不到自己的大刀還沒有剁出去，腦袋卻先被人家剁了下來。

大家一看，到底是怎麼回事啊？這個靈輒今天怎麼吃錯了藥，殺自己兄弟來了？都停在那裡觀看，這

## 第四節　錯在他？歷史的模糊責任

個發了瘋的靈輒還能做出什麼事來。

靈輒把趙盾一拉，衝了出來。

大家這才知道，不是靈輒吃錯了藥，而是他們吃錯了藥，讓他把趙盾救走了。可他為什麼要救趙盾啊！跟他同事這麼多年，從沒聽他說過跟趙盾有什麼關係。

趙盾也不知道。他問靈輒為什麼救他。

靈輒說：「我是為了報答你啊！五年前，是你救了我。」

原來五年前，趙盾到首陽山打獵，住在翳桑，看到路邊有一個大漢倒在路邊，差不多快死了。趙盾那時心情很好，就發了一回善心，問他得了什麼病？

大漢說：「我已經幾天沒有飯吃了。餓得快要死了。」

趙盾說：「給他飯吃。」

大漢吃過之後，果然馬上就好了起來，不過，他只吃了一半，把另一半包了起來。趙盾問他為什麼要包起來？

原來這傢伙幾年前進城當人家的僕人。可僕人一點都不好當，從來沒有假日，待遇又低得要命，老闆又都拖欠著薪資。這些年，工作是天天做，薪資卻沒有領到，全是白打工。他想到家裡還有母親，不知道現在母親怎麼樣了，就跑了出來。可不久就餓倒在這裡。這時他想把一半的飯留著，拿回去給母親吃。

趙盾見大漢人品不錯，就又給了一些乾糧和現金。當時，他連大漢叫什麼名字也沒問。但大漢卻記住了他。

說到這裡，誰都知道這個大漢就是靈輒了。

靈輒後來又進城。這次他沒去當僕人，卻當了晉靈公的侍衛。靈輒永遠記得趙盾救了他，因此他這次也拚死救了趙盾。

趙盾脫險之後，突然想起，自己這麼跟老大唱反調，跟造反有什麼區別？人家追究起來，他還有活路嗎？

他帶著他的兒子趙朔向國外狂奔，打算避難一輩子。

可趙穿卻不願意。

趙穿正打獵回來，看到趙盾父子倆正在跑路，就問他們怎麼回事？要鍛鍊身體也不用跑得這麼急啊！也該換一套運動服啊！這也太沒形象了吧？

趙盾把事情跟他說了。

趙穿一聽！你這就跑了？你先走你的，不過，我有辦法讓你再次回來。

他的辦法簡單得很，就是徹底讓晉靈公這個老大消失。因為趙盾一跑路，晉靈公和屠岸賈就會掌權，他們一掌權，第一件事，肯定是要趙家全體死無葬身之地。

晉靈公伏擊趙盾不成功之後，居然也不再追擊下去，而是急著跑到桃園那裡玩。把趙盾打跑了真開心，誰也不會再說老子了。

哪知，還沒有高興幾分鐘，趙穿就進來了，還帶著一群武士。

他這時居然忘記了趙穿也姓趙，說：「這裡安全得很，還用帶這麼多士兵嗎？老子每次來，都不帶多少人呢！有些事，可不是人越多越好玩的。」

趙穿大喝：「把這個傢伙做了！」

那一群武士衝上前，大刀向晉靈公的頭上砍，晉靈公的頭也不是特殊材料做成的，只一刀就砍下了。

趙穿搞定晉靈公時，晉靈公的侍衛隊也在那裡，可並沒有一個衝出來履行職責。

趙穿搞定晉靈公之後，馬上叫人去請趙盾回來。這時趙盾還在狂奔途中，聽說晉靈公死了，就又回來繼續當國家實際最高統治者，並叫趙穿去把另一個公子請回來當老大，這個公子的名字很難聽，叫姬黑臀，估計他小時候很苦，褲子非常短缺，屁股被太陽晒得很黑。不過，姬黑臀比他的前任國君強得多。這位新任晉國老大就是歷史上的晉成公。

趙盾一掌權，那個古怪性格又表現了一回。趙穿本來建議他把屠岸賈也廢了——以前晉靈公那些害你的詭計全是屠岸賈貢獻的，這樣的人還留他做什麼？

趙盾卻不同意，要給人機會改過自新嘛！

趙盾覺得殺了晉靈公就已經不對了，為什麼還要殺屠岸賈？

屠岸賈這時乖得很，努力跟趙家建立良好的關係。趙盾以為這傢伙終於痛改前非，重新做人了。就更不願意殺他了。哪知，他這次卻留下了一個重大的禍根。最後這個禍根就差那麼一點，讓他趙家全面滅絕——此是後話，暫且不表。

趙盾現在關心的是人們對他的評價。

那時國家都設有太史。太史的工作就是每天幫國家寫日記，把大大小小發生的事都記錄下來。

趙盾有一天翻閱紀錄，要看看太史怎麼寫自己。

他一翻開，就看到那一句「趙盾打死老大。地點：桃園，時間：秋七月」，不由當場氣炸，馬上叫人家把太史董狐叫來，說：「這個你寫錯了吧？」

董狐一看，說：「沒錯！」

趙盾差點跳了起來：「大家都知道，晉靈公死的那天，我還在河東一帶跑路，還怕人家殺我呢！我怎麼能殺他？你沒有吃錯藥吧？你這不是在製造冤假錯案是什麼？而且這個冤假錯案還要寫進歷史啊！」

董狐說：「你是最高統治者，那時的國家大事是你說了算。雖然你在跑路，可你並沒有宣布放棄權力，也沒有跑出國境，所以大權仍然在你手裡。這件事看似跟你無關。可是你回來之後，並沒有處置凶手。這也說明這個凶手跟你是保持高度一致的，跟你自己派去沒有本質的區別。所以得這麼寫。」

趙盾一聽，還真的沒辦法了。你想想，連屠岸賈那樣的人他都不殺，他能殺趙穿嗎？

趙穿還不知足，覺得自己立了這麼大的功勞，應該大力提拔了。現在提拔誰都是趙盾說了算。哪知他等了很久，雖然趙盾做了多次的人事調整，提拔了一大批人進入管理職位，可就是沒有趙穿的名字。

最後，趙穿忍不住了，主動提出這個要求，人家比我的功勞小、資歷比我淺多了，都紛紛上位了，我還是在基層掛這個職務，有點不合適吧？

趙盾說：「你是永遠升遷不了的。」

趙穿知道自己永遠沒有希望了。沒有希望了的趙穿，最後就鬱悶，一直鬱悶到死去。

趙穿死後，他的兒子又向趙盾提出繼承老爸的職務。可趙盾說：「你一點功勞都沒有啊！不能走這個後門。」

趙盾的這個做法，大家都心服口服，對他的名聲很好。可對後來趙家的發展就不那麼好了——如果趙穿這個敢把皇帝拉下馬的人還活著，後來趙家肯定不是那個樣子。

趙盾本來想藉著弒君的罪名，到齊魯大地出一口氣，重新把霸主之位拿到手，哪知，自己卻先背上了這個罪名，一下子底氣全沒了。

## 第五節　趙盾與趙衰：忠臣的兩種樣貌

這一段時期，對於秦國和趙盾來說，還算是幸運的。

晉國弄了這麼幾個波折，實力不斷地打折，那些諸侯都改變方向，加盟到楚國那裡去了——雖然楚國沒有宣布自己當霸主，沒有召開過諸侯大會。但晉國的話已經不靈了。

秦國自秦穆公死後，也不怎麼活躍了。跟晉國玩了幾下，有勝有負，總結起來，雙方就跟兩個人賭博一樣，今天你贏，明天我贏，最後是誰也贏不了誰。當然，國與國之間的關係，不是簡單的賭徒之間的關係。現在，甲方進入疲軟時期，要是乙方突然出現個猛人，那麼甲方就有被搞定的可能。尤其像秦晉兩國，都是當時的超級大國，又都把對方當成自己的競爭對手，如果讓對方抓到機會，後果是說有多嚴重就多嚴重。

可在晉國內亂不斷時，秦國的國君也過得很安穩，沒有再表現出一點侵略性。秦穆公活得太長，在位時間久，因此他的兒子秦康公當老大的時間就不多了。秦康公只在位十二年。

本來，秦康公還有點給晉國製造麻煩的野心，可後來老了，手下也沒什麼得力部下，也就漸漸地表現得熱愛和平起來。他死後，他的兒子秦共公當老大。你一看這個秦共公的謚號跟那個曹共公同一個字，就知道，這哥兒們也不是什麼傑出的老大。幸虧這哥兒們只在位五年，什麼成績也沒有做出來就死翹翹。於是他的兒子秦桓公繼位。

秦國不過來鬧事，對晉國而言，實在是一件天大的好事，得以過了一段安穩的日子。

晉國的體制跟其他諸侯不同。晉獻公時期，各國的公子們已經拉開了互相殘殺的序幕。晉獻公不想讓自己的地盤也出現這個現象，就接受了士蔿的建議，把公子們都派到國外去，當駐外大使，免得在國內搗亂，殺來殺去。因此，除了老大之外，晉國的宗室沒有誰當權，所有官員都是外姓的。這個政治體制改革，從歷史角度看，是很進步的，但對晉國而言，前景就不大妙了。當然，如果老大們個個是晉文公，手下又有狐偃、先軫、趙衰等一干猛人為他拚命，給他來個幾十年，估計統一大業都可以搞定，可晉國後來的國君們，再也沒有晉文公轉世。晉獻公成功地把公子們打發到國外去，免了一些公子之間的打殺，卻造就外姓三大家族，一個大家族是趙氏家族，一個是魏氏家族，一個是韓氏家族。

## 第五節　趙盾與趙衰：忠臣的兩種樣貌

大家已經知道，後來這三個家族把晉國這塊蛋糕全部瓜分，變成趙、魏、韓三個新諸侯。這三家最先發展起來的，是趙家。

當然，晉獻公在進行「逐群公子」的體制改革時，也怕大權落入某個強人的手裡，因此又作了個規定，實行軍政分離。也就是說，主持政務的，不能拿軍權；主持軍務的不能參政。以前，狐偃執政時，先軫當軍隊第一把手；後來，先且居當軍事強人，趙衰當執政大夫。

這種兩權分立一開始看起來很有效。可到了趙盾之後，就全變了。

趙盾利用晉靈公年紀小的機會，把軍政大權抓在自己的手上，成為晉國的政治寡頭。本來，以他當時的權勢，要培養一下他們趙家的勢力，打造趙氏的江山，讓趙氏繼續把這個寡頭當下去，完全有能力的。哪知，這傢伙的性格決定了趙氏是個悲劇家族。

趙盾的個人成就，比他的老爸大得多了。可他做人卻比他的老爸差多了。趙衰生前，最拿手的好戲就是經營人際關係，哪個人都沒有得罪。一有時間就把晉國政壇派系劃得清清楚楚，然後設計搞好關係的種種辦法，把各個派別的關係都打好。

先看看他是如何對付那幾個傳統勢力家族的。

與他同時代的幾大政治勢力主要有：狐、先、欒、郤、胥等等幾個。真的算起來，這幾個人當中，資格與能力能與他一較高下的只有狐偃。兩人都跟晉文公一起逃難過，一個是晉文公的舅舅，一個是晉文公的連襟兼女婿——在狄國時，重耳娶了妹妹，趙衰搞定姐姐，回來後，重耳覺得趙衰超可愛，又把女兒嫁給他。先軫的軍事能力雖然比他高，但不是晉文公那批海歸人士，而且曾經出現過站錯隊的失誤，當秦穆公派兵護送晉文公回國時，他居然帶兵出來抵抗。所以，要是趙衰想壓制他是很容易的。

但趙衰有自己的想法。

趙衰知道，他這一代在晉文公這麼強而有力的統治者手下打工，你就是當上頭號大臣，也沒有多大的作用。而且弄不好，還得幫他背黑鍋。因此，他一開始就堅決推辭頭號大臣的任命。

晉文公回來做的第一件事，就是軍事政治體制改革。而且這個改革還是趙衰提出來的。也就是把全國軍隊分成上、中、下三軍。中軍元帥是軍中第一號人物，其他的都在中軍元帥的帶領下。

晉文公不但同意了這個方案，而且任命趙衰為中軍元帥。可趙衰卻不同意，推薦先軫當中軍元帥，而他只當第二把手。

不久，上軍元帥狐毛去世，晉文公說趙衰你當上軍將吧！

趙衰說，讓先且居當吧。他能力夠！

先軫死後，晉襄公對趙衰說，你來當中軍元帥吧！沒誰會有意見的。

趙衰說：「讓郤谷當。郤谷雖然五十歲了，但相貌好，學問佳，可以為你打造一支有教養的軍隊。沒受教育的軍隊是愚蠢的軍隊啊！」

這決定讓郤家又高興得要笑翻。

可郤谷大概笑得太猛，沒幾天就含笑九泉了。

其他的強人個個都是趙衰舉薦出來的。這些人對他除了感激之外，沒有別的想法。

這傢伙的人際關係好到什麼程度？

連那個太監勃鞮也被他拉進自己的關係網裡，到處說趙衰的好話。至於那個陽處父，他更不放過——那時陽處父只是太子的老師，手裡除了教材之外，沒有什麼大權。但趙衰知道他位子的重要性，也天天請他喝酒把妹，硬是把他變成自己人。使得陽處父在關鍵時刻力挺他的兒子，直接塑造了趙氏家族的權力。

大家後來都發現，在趙衰生前，沒有跟任何人發生過不愉快的事情，不但為晉國推薦了有用人才，而且還得到了大家的尊敬，為趙氏日後打通了巨大的人脈資源。即使在趙家面臨徹底敗亡時，仍然有人捨得為他們去犧牲，讓他們的家族再次壯大起來。

可趙盾就不同了，這傢伙的性格確實古怪。一面不斷地黑臉得罪人，一面卻不斷地寬大處理自己的敵人。

如果對其他人寬大一下，倒沒什麼，可他對那個屠岸賈的寬大，後果就嚴重了。這個屠岸賈不管放在哪個時代，殺掉他，人家都會說你對。可趙盾就是不殺他——當然，如果想表現一下自己的寬大，可以留下這個傢伙的性命，但也可以來個驅逐出境，把他送到敵國去，讓他到那裡發揮一下作用，也是正確的。但趙盾不但不殺他，不但不趕走他，反而讓他繼續在晉國裡面當官。這種人在政壇上的生命力又特別頑強，一旦站穩腳跟，他是不會再讓你有打倒他的機會，不再讓你有抓他把柄的時候了。到時你再想打倒他，根本找不到理由。

屠岸賈對趙家恨得要死。當然，當趙盾還活著，還拿著權力大棒時，他天天陪著笑臉。可趙盾一死，他就立刻恢復了原來的面目。

趙盾總共在晉國當了二十年的執政大臣。他在這二十年間，主要給自己兩個任務。一個是恢復晉國的霸主地位，一個是培植趙家的勢力，讓晉國繼續成為趙家的天下。

第一件事，開始時做得極端不順利，主要是晉靈公的干擾。後來，他藉助趙穿讓晉靈公退出歷史舞臺，然後又立了晉成公。

這樣，內部的干擾倒是沒有了。可國際局勢又發生了變化。

秦國在長期與晉國的爭鬥中意識到，光靠自己的實力跟晉國硬碰硬，是不會有什麼效益的，因此必須高舉那面「全世界諸侯聯合起來」的大旗，才能把晉國這個敵人打垮。秦國先跟魯國聯繫，但魯國看不起秦國，堅決不理會秦的號召。

秦國沒有辦法，把中原諸侯分析了一下，這些諸侯雖然國力並不強盛，被霸主們當小弟耍，但卻清高得很。

他們說，我們雖然弱，但我們有文化。

秦國的高層知道，他們沒有共同語言。現在有共同語言的看來只有楚國了。從秦穆公開始，秦國就已經開始著手與楚國的外交關係。只是那時楚國更神氣，覺得這個天下誰怕誰，對任何國家都採取不理睬的政策。

直到西元前六一一年左右，秦楚的關係才開始發展。雙方聯手消滅了庸國，實現了秦楚之間的強強聯合。

另外，趙盾雖然能力強，也有野心，而且徹底統一了內部立場，但就在這個時候，那位更加有能力有野心的楚莊王出現了。

楚莊王是宣布晉國霸主地位直接歸零的歷史人物。

處於這樣的國際環境下，趙盾的本事再大，也折騰不出什麼花樣來了——在他執政期間，雖然勉強維持著晉國的霸主地位，但這個地位卻是個搖晃的地位，不再那麼說話算話了。

第二件事，也就是對趙家後代的培養上，趙盾做得也很失敗，遠遠不如他老爸那麼成功。

趙衰死的時候，已經把趙盾提拔到政治核心，離權力中心只有幾公分了，最後幾個死黨一攪局，就讓他直接成為中軍元帥。基本上，他在奪權過程中，沒做過多少努力。

可到趙盾的時候就不同了。他的兒子趙朔雖然老早就被他安排到軍中，可直到他死的時候，還沒有把趙朔提拔到接班的位子上。他臨死時，破格提拔的是他的另一個死黨郤缺。

那時郤缺是上軍將。按照慣例接替他的是排名第二的中軍佐荀林父。

這兩個人都是趙盾的心腹。但他考慮到，荀林父是個老實人，雖然年紀豐富，經歷很多，但腦筋不會轉彎。而郤缺就靈活多了，而且對自己很忠心，讓郤缺來執政，會照顧他的兒子。

後來，郤缺果然利用職權，說胥克身體不好，把他拉下臺，讓趙朔當上下軍佐。

趙氏這時就已開始進入谷底。

大家不記得吧？趙家跟秦嬴原來是一家人。可現在卻是鬥得最厲害的兩家人。當然，現在是趙家為晉家而努力，而秦嬴卻是為自己的事業在開拓前進。

在趙氏不斷地衰落時，另一個人卻冒出頭來，大步走向歷史的舞臺。

# 第八章　楚莊問鼎：南霸主的霸氣與困局

## 第一節　家庭老師與未來國王

這個人就是楚莊王。

楚國的爭霸歷史是春秋諸霸中最悠久的。他們老早就宣布脫離周朝的管理，大聲說自己是蠻夷，跟你們根本不是同類，為自己不斷鬧事找到了合理的理由。而且他們開始時，也屢屢得手，把周邊的小諸侯國全部擺平，有的讓他們當自己的跟班，有的就直接收編。如果按照他們這個宏偉規劃繼續執行下去，統一中國那是遲早的事。

不幸的是，齊桓公和管仲這對黃金搭檔出現了。這對黃金搭檔把維護中原民族的權益放在他們事業的第一位，先是把北方那幾個鬆散的少數民族打垮，讓燕國強大起來，成為北方最有力的屏障，然後又聯合其他諸侯跟楚國進行對抗賽——對抗賽打了數次，取得了好幾次平手。這些對抗賽看起來，不分輸贏，但對楚國而言，是失敗的。因為有齊國的阻擊，他們向中原發展的步伐終於停了下來。

等到齊桓公和管仲都掛掉了，齊國連自己國內的事都成為難題，解決不了，楚國認為機會歷史機會終於向自己這個方向傾斜了。

於是楚國高調宣布稱霸，並出兵跟齊桓公指定的霸主接班人宋襄公對抗，把宋國打得沒有渣。連宋襄公也是先被俘虜再受傷，然後掛掉。

楚國高層那時很得意，覺得楚國的霸主事業已經到來，擋也擋不住。

可偏偏在這時，晉文公這個老頭又出現。

晉文公雖然大半輩子活得比齊桓公艱難，畢生大部分的精力都花在跑路上，算起跑路成就來，誰也不是他的對手。可當他入主晉國後，卻做得比齊桓公更猛。不但敢跟楚國對打，而且在城濮那裡把楚國打了個大敗，連楚國頭號猛人也不得不自殺，直接讓正處於霸業巔峰的楚國老實起來，變成良民，不敢到處惹事了。

歷史往往會開玩笑，你不去國外鬧事，家裡就容易出事。

可當時楚成王不明白這個道理。他以為他不鬧事，天下就太平了，楚國也可以和平，等晉文公那個老頭永垂不朽之後，他們就可以捲土重來，到處威風了。

哪知，他的計畫沒有什麼漏洞，但他的兒子卻受不了。

他的大兒子叫商臣。當時很多諸侯在確立接班人時，始終堅持「立嫡立長」的原則，但楚國卻表現得很有性格，硬是來個逆向操作，讓年幼的小孩為太子。楚成王都當了四十六年的老大，除了日理萬機處理很多國內外大事外，還有精力應付很多小蠻腰美女。

他開始時，覺得商臣很不錯，就決定讓商臣當了太子。他問令尹子上——楚國的官名也很有楚國特色，當時中原諸侯都來個大夫之類的，連秦國也是大夫制，但他卻把頭號大臣叫令尹——老子想讓商臣當接班人，你覺得好不好？

子上說不好！

為什麼？

兩個理由：

一、老大的情婦太多，說不定哪天又改變決定。你改變多次其他計畫，那是沒有問題的，但改變這個決定，會出亂子；

二、商臣長得太殘忍，不是好人。這種相貌有搞定老大的可能。

楚成王不聽，還是讓商臣當了太子。可沒多久，他果然像子上說的一樣，覺得商臣又不可愛了，那個公子職更可愛。他又決定讓更可愛的公子職當太子。

商臣是長子，按照當時楚國慣例，他是沒有資格當太子的。可現在他的老爸吃錯了藥，硬是讓他當了。他一當上太子，最怕的是老爸突然又一拍腦袋，換掉太子，這可一點也不好玩。他就天天提防，到處派出特務，幫他打聽情報，仔細研究老爸近期的動態，看有沒有動他的可能。

沒多久，他還真的得到消息，他的老爸現在頭腦正發熱，準備讓他的弟弟公子職當太子。大家都知道，小道消息有時精確得跟祖沖之的那個圓周率一樣，有時又一點不著邊際。

他不敢自己作出判斷，就把他的老師潘崇叫來，問說這個消息可不可靠？怎樣才能確定這事是真是假？

這時你就知道替兒子選老師是多麼多麼地重要。

潘崇大概在被任命為太子太傅時，就有打進決策圈子的遠大理想了，因此這些年來一面當好太子的老師，一面緊盯楚成王的政策，對楚成王的事知道得比商臣更深入。

他對商臣說：「容易得很。你去請江芈過來吃一頓飯就可以弄清楚了。」

你不知道江芈是誰吧？根據郭沫若大師的考證，她是楚成王的妹妹，嫁到江那個地方，所以叫江芈。一講到這裡，你一定猜得出，這個江妹妹肯定是個美女，而且肯定跟她的哥哥有一腿，程度跟當初齊襄公差不多，而且情節肯定比齊襄公還惡劣——齊襄公在老妹嫁出去後，基本上已經不能有什麼關聯了。而這個江妹妹卻是嫁在本國，因此除了某些週末假日能回家看望老公之外，基本上都在宮裡上班。因此，楚成王有什麼想法，她都是在第一時間知道的。

當然，潘老師又說了，光請吃飯還不行，還得在飯桌上對她不客氣，看她反應如何。如果她一點脾氣也沒有，那說明小道消息是胡扯的；如果她生氣起來，那這個小道消息的真實性比頭版還真。

這個老師厲害吧？楚成王花錢請了這個家教，本來想讓他把兒子培養成才，哪知他卻專門出主意教商臣跟自己作對。

商臣一聽，老師就是強，一頓飯就解決了問題。

他馬上請他的姑姑來吃飯，按照老師的計畫，狠很地得罪了姑姑。

江美女這些年來，當楚成王的生活兼機要祕書，風光得要命，哪個想升官發財的，都走她的門路，一天到晚聽到的都是好聽話，今天說她是「最美女孩」、明天又說她是「最美祕書」，再過幾天又是「天仙美眉」，讓她天天生活在笑容裡。今天這個姪兒居然把她請來這裡，專門侮辱一頓，這氣她受得了嗎？

江美女馬上耍起脾氣來，大罵商臣：「你這個豬頭，一點也不懂禮貌。難怪老大要廢掉你。你等著吧！」

商臣當然不能等，馬上就向老師進行了彙報，問老師怎麼解決？

潘崇很冷靜，一點不著急，問：「你想想，能不能當公子職的手下？」

商臣答：「不能！」

「能不能逃到國外去？」

「不能！」

「能不能把他們搞定？」

「能！」

「那就搞定！」

在師徒兩人進行這翻簡潔的對話時，楚成王一點都不知道，他的兒子和老師正密謀要他的腦袋呢！

他還在叫廚師幫他弄那隻熊掌，準備吃了熊掌去美女那裡狠狠地泡一泡——世界老是這麼和平，也不錯哦！

他對商臣一點不設防。

不設防的結果就是商臣的計畫進行得太順利了。他只帶著太子宮的警衛隊就直接打到王宮中，把他的老爸團團圍住。

他老爸一看他的臉色，知道子上說的一點也不錯。他知道，想叫這個兒子放過他是不可能的，因此，只有一個請求：「兒子，你想殺老爸，老爸也就認了。不過，老爸臨死有個請求。讓老爸吃完那塊熊掌後，再動手吧！」

這個要求過分吧？

一點不過分。就算是敵人都還能夠答應。

但商臣說：「不行！」

楚成王只得瞪著兒子，說：「你真殘忍！」

據說，楚成王被殺死之後，那雙眼睛還沒有閉上。

商臣一看！還在跟老子作對？下令替這個該死的老爸謚號：靈！看你怕不怕老子？

「靈」這個字看起來很不錯。可在謚號裡的解釋是什麼？

不勤成名曰靈；死而志成曰靈；死見神能曰靈；亂而不損曰靈；好祭鬼怪曰靈；極知鬼神曰靈。

這麼多個意思，沒一個是褒義的。

楚成王仍然瞪著那雙眼睛，你連老子的命都要了，最後一塊熊掌都不給老子吃，現在連公正的謚號也不給。老子瞪死你。反正現在老子有的是無窮無盡的時間。

楚國本來是個巫術盛行的地方，商臣更是個百分之百的唯心主義者。他可以不怕活著的老爸，但不能不怕變成鬼了的老爸。於是只好讓步，改謚曰：成！

安民立政曰成。

完全可以稱為楚國的英明領袖了。

於是，楚成王的眼睛才閉上。

商臣殺老爸就是為了當上老大。因此，一處理完老爸，他馬上就宣布就職。就是楚穆王。

楚穆王一上臺，馬上改變老爸的和平政策，趁著晉國內部不穩定的時候，向周邊諸侯派出部隊，誰不服打誰。

那幾個諸侯看到晉國已經衰弱，根本沒有能力當自己的保護傘了，都紛紛轉到楚國的旗下，聽楚穆王的話。

可楚穆王繼位沒多久，戰爭還沒有打完，生命就已經結束。

西元前六一三年，楚穆王死去，他的兒子繼承了王位。

於是又一個猛人登場。

## 第二節　酒色與權謀：楚莊王的雙重人生

這個猛人就是楚莊王。

楚莊王剛當老大時，也許是因為權力未穩、還缺乏一批鐵桿手下，也許是覺得以後就要日理萬機家事國事天下事太多了，沒時間享樂，就抓緊時間拚命喝酒把妹，什麼事都不管。

本來大家看到老大年紀輕，又長得那麼酷，精力旺盛，一副做大事的樣子，而且他當太子的時候，也從沒有什麼不良行為，算起來還是德才兼備的，現在坐上老大的位子，成了楚國的領袖，肯定會帶領大家繼續霸主事業。哪知，酷哥當了老大之後，突然天天泡在宮裡，除了腐敗生活樣樣行之外，什麼事也不做。

這是什麼行為？

典型的敗家行為。

再讓他這麼玩幾年，楚國不完蛋才是怪事。

有幾個有點責任心的大臣，覺得自己不站出來說幾句話，提醒一下楚莊王，有點過意不去了，就對他說：「老大啊！我們上一代老大努力很久，差一點就把霸主的位子弄到手了。可現在又讓晉國搶去了。老大要是再這樣下去，我們可就國將不國了……」

楚莊王一聽，說：「你們這話是什麼意思？老子怎麼像聽外星人的語言一樣？」然後就出去打獵，晚上才回來，把剩下的精力放到美女們的身上，過癮得很。

那些人還在繼續言無不盡地勸他。

他一聽就說：「我煩了！」然後宣布：「老子將發表一個政策。」

大家一聽，頓時有了信心。因為他們私下作了個統計，酷哥上任三年了，到現在居然還沒有發過一個公文，更沒有宣布過一項命令。這時看到他大叫要發表政策，以為他們的言無不盡已經產生了作用，個個都笑了——有時多點嘴對國家對人民是有貢獻的。

哪知，楚莊王的這個政策很簡單，只一行字，叫幾個美女拿出來，放到朝堂上，大家一看，都倒抽了一口冷氣，一下子全身發涼。

那行字的原文是：有敢諫者死無赦。

原來全是針對他們的多嘴。天啊！這張嘴差點要了這顆腦袋。

沒人敢再說話了。

楚莊王看到大臣們個個嚇得發白的臉，嘎嘎大笑，宣布：「老子心情好，喝酒把妹的時間提前幾個鐘頭。」

於是，繼續將腐敗生活進行下去。

在其他人都嚇得處於無語狀態時，伍舉受不了了，大不了被砍下腦袋，他直接進入後宮，說有事見大王。

楚莊王前段時間剛選到兩個美女，一個是鄭姬，一個是越女，看到伍舉大步進來，就問他：「你也想喝酒？我們比比看，誰更厲害，拿酒來啊！」

伍舉說：「我不是來喝酒的。」

楚莊王說：「這裡是喝酒把妹的專門場所，你不來喝酒，來做什麼？」

伍舉說：「剛剛聽到一個謎語，我解不開，想請老大猜看看。」

楚莊王一聽，原來是玩腦筋急轉彎來了。也罷，天天把妹喝酒，也太沒有新意了，加一點智力遊戲，鍛鍊一下大腦也是不錯的，就說：「什麼謎語？說出來，老子能猜就猜，不能猜就拿到朝堂上，召開全體大會，大家來討論一下。我就不信，堂堂楚國的公務員就沒有這樣的人才。」

伍舉一聽，差點吐血，但還是說：「這個謎語很簡單，只有幾句：有鳥在於阜，三年不蜚不鳴，是何鳥也。」

楚莊王一聽，臉色當場嚴肅起來，然後大笑：「三年不蜚，蜚將沖天；三年不鳴，鳴將驚人。」

伍舉一聽，再看看小酷哥的臉，突然發現，這時的小哥酷一臉的志向遠大。原來小酷哥是在玩我們，原來他是有想法的啊！

楚莊王當然有想法，而且他比楚穆王還有野心。他剛當上老大時，就發現，楚國的權力鬥爭實在太厲害了。他那時才二十歲不到，大家都不把他放在眼裡，分成幾個派別，其樂無窮地鬥著。當時大權被四個人像劃蛋糕一樣瓜分。

這四個人分成兩派，一派是楚莊王老爸留下的政治遺產，屬於老派，代表人物是令尹子孔（不是孔子）和潘崇。潘崇是什麼人，就不用多說了。總之商臣當了老大，什麼都聽他的。子孔是楚國的傳統大家族，也是楚國王室一支，一直壟斷著令尹這個位子。

另一派是少壯派，主要代表是楚莊王的兩個老師。

如果論起實力來，老派是軍政大權都拿在手裡，青壯派只是一群經常出鏡的憤青，天天喊口號要做一番事業，聲音很大，但要是真做事，肯定鬥不過老派。但他們不甘心，他們現在唯一的資源就是楚莊王這塊招牌。

楚莊王一看這個局面，就知道，如果自己出頭，那肯定是成了炮灰。因此一繼位就裝傻，不管是哪一派，自己都看不懂。當然如果光坐在那裡直楞楞地裝傻，誰會信你？於是，只有喝酒，天天喝醉，喝得誰都不認。你們鬥你們的吧，不要煩我。他要等待時機。這個時機，就是等這兩派人鬥得你死我活的時候，再來收拾局面。那時局面也只能讓他來收拾了。

機會很快就來了。

他還沒有喝出感覺來，那夥人就忍不住徹底翻出底牌。

西元前六一三年，也就是他即位的第一年，晉國又在無聊當中組織了一群多國部隊，要跟楚國玩玩。

而楚國周邊傳統勢力範圍內還有群小國。這些小國的國名第一個字都有一個「舒」字，歷史上就把他們統一叫做「群舒」，看起來好舒服，其實一點不舒服。這群小國相當於那些太平洋島嶼國一樣，只有一點實力，夾在列強之間，誰強一點就跟誰。這時，晉國一發出號召，群舒馬上就不穩定起來。

如果只有某個舒不穩定，那也就罷了，可是群舒都不穩了，對楚國的打擊是很大的。人家問楚莊王該怎麼辦？

楚莊王只喝酒不回答。

子孔和潘崇是當時最高統治者，就帶著大軍去討伐。

另外兩個憤青一見，兩人出城而去，這城中的大權不就落在他們的手裡了？呵呵，激動人心的時刻來得太突然了。他們簡直高興呆了。哈哈，這郢都的天下不就成了他們的天下了？

當然，他們高興了幾秒鐘之後，就回到了現實。首都雖然由他們控制，但軍隊卻全讓兩個老派帶走。他們要是打回來，自己還不是一樣完蛋？因此就全體動員起來，加固首都的城牆，準備跟他們唱反調，

子孔和潘崇知道後，馬上帶著軍隊狂奔回來。

兩個憤青一看，回來的真快。不管怎麼樣，都擋不住兩個老傢伙的進攻的。因此，他們就決定採取第二個計畫，派個刺客過去，半夜去割下子孔的頭。

這個刺客估計長得很兇，但夜間行動不太機靈，才到人家的房前，就被發現了，連人帶凶器一併抓獲。

在家苦等好消息的兩個憤青知道刺客沒有完成任務，臉都發青了。這兩個人雖然有做事的膽子，但卻沒有做事的本事。幾次行動宣布失敗之後，就再也想不出其他辦法來了。在這個時候，沒有辦法就是絕望。

兩人一絕望，第一個反應就是跑路。

他們知道，要是自己跑路，跑得就很被動，恐怕沒跑幾步就會被人家抓住。因此，他們決定把楚莊王也帶上。

這兩個傢伙很傻很天真，他們以為大王在手，就可以用這個招牌來發號施令，讓大家站到他們這邊。哪知，大家老早就知道他們是什麼角色，知道他們把大王劫持出去後，個個站出來表態，嚴厲譴責他們的卑劣行徑。

當他們逃到商密時，戢梨與叔麇就跟了上來，硬是把兩人搞定，然後把楚莊王帶了回來，宣布「二子」之亂在熊侶的帶領下，勝利平定。其實大家都知道，楚莊王在這段時間過得全是酒色生活，什麼也不做。

按道理說，到了這個時候，楚莊王完全可以站出來，讓酒色告一個段落，正常上班辦公了。可他仍然沒有出面。因為子孔和潘崇的權力仍然太大。要扳倒這麼一大堆大權在屋的老派，沒有幾個心腹行嗎？現在朝中雖然有很多人，而且個個都是楚國的高官，可這些人說不定全是老派的鐵桿啊！他連培養心腹的機會都沒有。

他沒辦法找到心腹，但其他人倒是陪著笑臉向他靠攏過來。

這時，那個劉須一臉笑容地出現了。這傢伙的特長是溜鬚拍馬，而且做得很突出，很快榮膺「溜鬚大夫」的光榮稱號。他知道大王愛美女，便馬上找到兩個大美女鄭姬和越女，把她們送給楚莊王。

楚莊王一看，忠臣沒有浮出水面，奸臣倒先冒泡。但他沒有做聲，大聲表揚劉須：「劉須，我心之腹，賢臣也！」

大家一聽，見過驚人的，還沒有見這麼無言的。集體暈倒！

唯獨楚莊王沒有暈倒。

他沒有辦法，只得裝傻，天天腐敗，等著死黨的出現。只要有幾個核心人物，再慢慢地發展，他就什麼都不怕了。可他一連喝了三年的酒，把王宮裡的五糧液都差不多喝光了，一個不怕丟腦袋的死黨都沒冒出來。

直到這時，才看到伍舉挺身而出，他終於把自己的想法通通告訴伍舉，請伍舉放心，他會給楚國人民一個交代。

伍舉一聽，當場信心滿滿地退了出來。他以為第二天老大就會召開全體大會，宣布一個五年計畫，要把楚國建設成一個強大的霸主之國，讓全國人民在諸侯國那裡都可以威風得沒有譜。

可等來等去，一點動靜也沒有，老大繼續發揚不怕喝醉不怕腎虧的腐敗精神，在王宮裡猛喝猛泡。而且一連幾個月都不上朝。他透過其他管道一打聽，說老大近來玩得比以前更瘋了，生活過得沒有最腐敗、只有更腐敗了。

伍舉也沒有辦法了，碰到這樣的老大，你還有辦法算你厲害。

那個蘇從又跑進去，說要跟老大好好談談，說服他。

哪知，他還沒有開口，楚莊王卻先大喝一聲：「你不是文盲吧？沒有看到老子的政策？老子當了三年老大，才發表一個政策，你都記不住，還有臉來說服我？」

蘇從說：「我當然不是文盲。我知道，我講完之後，就會被殺掉。但如果能讓老大覺悟，我死了也值得。我的話就說到這裡了，你殺我吧！」他的原話是：「殺身以明君，臣之願也。」

楚莊王一聽，好啊！又來了一個死黨。好！老子宣布，從今天起，改過自新，重新做人。當場把伍舉和蘇從提拔進決策層，制定所有的方針政策，順便把若敖氏的權力分走了一些。若敖家族當然不高興了。

## 第三節　問鼎天下：霸權的野心初現

正好秦國也向楚國提出了聯合的想法——楚莊王當然很高興地接受了。聯合對他們只有好處沒有壞處。現在楚莊王的目標是打敗晉國，把霸主大旗拿到手，他的頭號敵人不是別的國家，而是晉國。如果你再拒絕跟秦建立友好關係，讓秦晉又聯合起來，楚國能打得過秦晉兩國嗎？人家不強強聯合打上門來，你就偷笑了。

兩國迅速進行了一次聯合行動，與另一個少數民族一起把庸國搞定。

庸之戰本來並沒有在楚莊王的計畫之內的。可當時楚國發生了百年不遇的大災害，全國上下陷入了嚴重的饑荒。楚莊王也有點傻眼了——老子以前天天喝酒把妹，倒是年年風調雨順、五穀豐登，什麼災害都沒有。可老子才上班不到一年，老天爺就不給面子，真不好辦啊！

楚國這麼多年來，雖然年年威風，把周邊國家弄得沒有一天能睡好覺。這時，那些周邊的少數民族戎部落看到全楚國都餓成這個樣子，楚國的國力肯定跌到底了，就組織力量打過來，一路順利得很，沒幾天就打到阜山，把部隊駐紮在大林那裡，天天叫喊不滅楚國、絕不收兵。

如果是在往常，楚國只派一個部隊過去，就可以把這些麻煩分子收拾。可現在軍隊口糧問題都不能解決，還談什麼打仗？

楚莊王就想：「老子打不過你們，難道躲一下還不行嗎？」他想一口氣跑到阪高，看你們還追不追？

蔿賈說：「不能跑。我們沒有糧食都能跑，為什麼人家就不能跑？人家吃得飽，比賽起來，比我們的腳步還快呢！而且現在這個形勢很危急，不光是戎族們衝過來猛砍我們，就連麇國和百濮這兩個小國都在打我們的主意，估計都已經全軍動員要向楚國進軍了。不如去攻打庸國，就可以把糧食搞定了。這兩個小國看到我們還能進軍，肯定就不敢來製造麻煩了。」

楚莊王說：「就憑我們目前這個力量？」

蔿賈說：「我們不是剛跟秦國交好了嗎？可以跟他們聯手啊，還有巴族部落，現在還跟我們保持高度一致。」

秦國現在正沒事做，一聽楚國的使者說一起去消滅庸國，馬上就答應。

楚軍立即宣布出兵。那兩個已經做好戰鬥動員的小國果然就怕了起來，悄悄地讓部隊退回去，不敢亂來。

當然，楚軍的目標是庸國。

楚莊王知道，這一戰打的不光是殲滅戰，更是政治戰，是一邊戰鬥一邊把民心更加團結起來——而且這些工作可不是喊喊口號，拉幾條標語就可以了。現在全國人民都餓得沒有性感只有骨感，誰還聽你的口號、看你的標語。只有拿出糧食來，人家才會跟著你。因此，他在向庸國進軍的途中，每到一個地方，都下令打開倉庫，讓大家一起來吃飯。

沒多久就到了句澨，再向前走一步就是庸國的地盤了。

本來，大家一看庸國這個國名，以為肯定是豬頭國家，什麼能力都沒有，只不過象徵性地打一下，就可以把他們徹底打趴、繳械投降。

哪知，庸國的國號雖然沒有性格，一點英雄主義色彩也沒有，可軍隊卻強悍得很。楚軍的前線指揮官廬戢梨帶著軍隊向庸國的方城發起猛攻。他以為早上發起衝鋒，中午就可以在方城裡開飯了。哪知，庸軍一點不庸，看到敵人衝上來，並沒有在城裡消極防禦，而是積極地衝殺出來，勇敢地和楚軍正面作戰，最後把楚國打退回去，而且還抓到了楚軍的一個高官揚子窗。

揚子窗倒是厲害，被關了三個晚上之後，居然越獄成功，順便還在方城裡做了一次全面的偵察，然後才逃出來，向楚莊王彙報：「敵人數量真多！我們得再大量增加部隊才行啊！」

但師叔反對。理由是：「庸國的部隊戰鬥力雖然強悍，但腦子都很簡單。我們靠力氣跟他們硬碰硬，肯定是不行的。所以，得跟他們玩智力。他們勝了一場，現在肯定很驕傲，我們就再讓他們勝一場，讓他們的驕傲更上一層樓。他們就以為我們的戰鬥力已經徹底喪失了。到時，我們突然發飆，他們就會完蛋。」

楚莊王一聽，同意師叔的意見。他們接連跟庸國的部隊打了七場，每場都主動認輸，輸得庸國全國人民都認為楚國的部隊是豆腐兵，不用牙齒就可以吃掉了。於是都沉浸在得意的驕傲情緒之中，防備自然鬆懈下來。

這時，秦國和巴人的部隊也已經來到。

楚莊王宣布總攻時機已到。他把軍隊分成兩個部分，一支由令尹子越帶領，從石溪出發，另一路由子貝帶領從仞出發，跟秦巴友軍一起，向庸國發起最後的攻擊。終於滅了庸國。另外那些蠻族一看，楚國還真強悍，也就徹底打消了鬧事的主意，向楚國表示以後一定響應老大的號召。

搞定了國內的民族矛盾，楚莊王把目光投向了中原市場。

三年後，他再拿宋國開刀，把宋國打了個遍地找牙。

這時，他知道，他的老祖宗們雖然世世代代努力，要到中原當一回老大，而且國力也不比齊國和晉國弱，可折騰到現在，也跟那個泥鰍一樣，硬是掀不起大浪，除了製造了很多的新聞效應外，什麼利益也沒有得到。主要原因是那句「我蠻夷也」。自己把自己當作另類，人家就是死也不服你啊！如果再堅持老祖宗那種蠻幹精神，到頭只有蠻幹到死，沒有別的收穫。因此，要想到中原去混，而且要混出名堂來，必須努力學習，重新改造世界觀，在意識形態上與國際接軌，人家才接受你啊！

所以，他認為，想稱霸，必須先學中原文化，做文明人。

## 第三節　問鼎天下：霸權的野心初現

當然，這口號高喊幾聲是很容易的，可做起來很難。

而且他習慣了當楚國的老大，身上的習氣一下子是改不掉的。當他三年後打敗宋國，向中原諸侯展示了強悍的軍事力量後，又決定把部隊繼續開過去，把陸渾的戎族也收拾一下。這個戎族不在楚國的境內，但他仍然要打。

因為，戎族是最讓中原諸侯頭痛的部落，雖然只有一點實力，但卻跟個電腦病毒一樣，時不時發作一下，弄得你很不高興。可是中原那幾個諸侯又沒有徹底清除這些病毒的能力。而霸主的主要責任就是為諸侯搞定戎族。當年齊桓公順利當上霸主，大家都笑呵呵地跟在他屁股後面，最主要的原因就是齊桓公狠狠地收拾了一下戎族，保住了中原一帶的穩定。

晉國當上霸主後，也多次把戎狄打敗過，而且還徹底消滅了幾個狄國，讓戎族在中原徹底衰弱下去。現在中原一帶的戎族已經不那麼囂張了。但楚莊王認為，要取得中原諸侯的信任，你就得去打一下他們最討厭的人。因此，戎族雖然不怎麼胡鬧了，但為了政治需求，還是要打你。誰讓你的名字叫戎。

搞定陸渾戎之後，楚莊王覺得自己做得太對了，覺得不狠狠地晒一下自己的威風實在有點浪費。他在經過洛陽時，周王派了個代表姬滿過來慰問——打敗了經常給周王製造麻煩的戎族，周王當然得出面招待一下他。在姬滿發表一大篇代表周朝向你表示親切慰問的客套話之後，楚莊王就哈哈大笑，問姬滿：「聽說洛陽城裡有好大一個鼎啊！不知道它的實際重量有多少？」

如果放在今天，這話什麼也不是，估計姬滿還會帶著他到洛陽城裡的那個景點看看。

可在當時就不同了。這個鼎是中央王朝的象徵，只有周王朝才配擁有。你一問這個東西的重量，那不等於向中央挑戰了？

姬滿馬上站起來，對楚莊王進行嚴厲的駁斥，說這個東西你是沒有資格問的。

楚莊王這才知道，自己有點亢奮過頭了，這麼問鼎中原，又把沒受教育的那一面表現出來。最後，只得把傻裝到底，說原來是這樣。聽了你的話，獲得了知識啊！然後就回去了。楚莊王雖然覺得很沒有面子，但他這一次的威風，卻被歷史牢牢地記住。歷史上把他的這次舉動稱為：問鼎中原！

他在那裡威風地問鼎中原時，那個子越卻在背後鬧起事來，占領了楚國的首都，然後派兵過來，要在半路上搞定楚莊王。

## 第四節　神箭手養由基

你不知道子越是誰吧？

這傢伙也是楚國若敖的帶頭大哥。也就是那個子孔家族裡的代言人。這個若敖氏現在看起來，陌生得很。可當時在楚國卻威風得沒有譜。

這得從很久以前說起。

楚國剛開始時，還真的很沒有文化。其他諸侯國再怎麼小怎麼窮，國君都有個謚號。可楚國人實在得很，人都死了，還管這個做什麼？浪費文字資源。直到熊儀當老大後，覺得有點文化還是好的。就以若敖為號。

## 第四節　神箭手養由基

他的兒子鬬伯比就用老爸這個號當他們的姓。

若敖雖然當不了楚王，但卻得了個特權，就是世代都是楚國的令尹。你想想，如果一個家族幾代人都是國務院的總理，這個家庭的權勢不比天還大才怪。誰想動他們一點手腳，他們不大發脾氣把你打翻在地再踏上一隻腳，他們還是若敖氏的人嗎？

楚莊王親政之後，就不斷地把他們的權力一點一點地削弱。他們很生氣。

這時，若敖氏的子楊、子越兩人分別擔任令尹和司馬，主宰楚國軍政大權。

子越是個很有野心的傢伙。他的伯父前令尹子文老早就勸他的老爸：「必殺之。是子也，熊虎之狀，而豺狼之聲，弗殺，必滅若敖氏矣。」——這傢伙身上猛獸的特徵太多，說明還沒有進化完畢，肯定會鬧出大亂來，最後會滅了我們偉大的若敖家族。

可他的老爸不同意。

後來，子文臨死時，還對子越說：「如果不趕快跑路，你就會完蛋。」接著大哭起來：「鬼猶求食，若敖氏之鬼，不其餒而？」這話的意思是，人變成鬼後，都還得混口飯啊！我們以後可就變成餓鬼，加入陰間的丐幫了。他這話的含義是，不久的將來，大家都會因為子越這個傢伙而被滅族。沒有了子孫後代，誰來燒擺供品給他們？

但子越不信邪，很快就當到了司馬——全國軍隊的總司令。兵權都掌握在老子的手中，老子還怕誰？熊侶這小子算什麼？比喝酒，比把妹，老子比不過他。可比玩人命，老子徹底鄙視他！

於是繼續威風！

楚莊王對若敖早就看不順眼，戒酒戒色之後，讓幾個心腹分了若敖氏的權。最後找了個機會，把那個子揚給廢了，提拔子越當令尹，而讓若敖氏的死對頭叔孫敖當了司馬——直接拿掉了他的兵權。

矛盾終於不可調和。

子越恨楚莊王恨得要死！居然跟老子玩「明升暗降」的把戲，老子要搞定你。於是時時想把那個傳說中的政變拿來試試。只是老覺得沒有機會。這時等到楚莊王出國擺譜後，就覺得機會來了，馬上按計畫行動。

楚莊王雖然很討厭子越，認定他遲早要跳出來跟自己攤牌，但絕對沒有想到他會在這個時候起事。

他正在為自己問鼎的事臉紅時，前方有人報告：「老大，前面有一支軍隊攔著。」

他一聽，什麼？有部隊攔？這不是到楚國的地盤了嗎？怎麼還有部隊擋老子的路？看看是哪一路的，叫他快快讓開。現在老子鬱悶得很。

老大，他們不讓開，說就是要攔老大，還說要把老大搞定在這裡。他們還說，他們是鬭令尹的人馬。

楚莊王一聽，什麼都明白了。他的部隊剛剛打仗跑回來，個個都累得要命。而老傢伙的部隊老早在這裡等著要大剁他們。這仗能打嗎？

但不能打也得打啊！結婚是雙方願意了才辦手續，打仗可不是雙方都自願了才打。

鬭越椒要的就是這個結果！你如果怕打仗，那你就投降吧，脫光你的衣服，以裸奔的姿態到老子前面認罪，請求老子處分，老子處分過後，你還得來個謝主龍恩呢！

## 第四節　神箭手養由基

楚莊王是什麼人？他當然不會選擇投降，更不會選擇跑路。你想打，老子就跟你打。

當然，是不能硬來的。

他先派蘇從過去跟鬬越椒談判，都是自家人，有話好好說啊！你想怎麼樣，說說條件嘛！

鬬越椒大聲說：「回去告訴熊侶。老子只有一個條件，就是剁掉他腦袋。如果他答應了，老子馬上收兵。」

這傢伙還在這裡囂張地擺譜，大喊大叫著要剁死熊侶。卻不知道他正在上人家的大當。

楚莊王利用這個談判時間進行了他的軍事部署，而且贏得了時間。

談判結束時，天已經黑了。鬬越椒當然不會夜戰，所以這個戰鬥只有等到明天才開打。

楚莊王精選了一批特種部隊，埋伏在橋下，然後叫大部隊明天撤軍。

他的這支特種兵裡有一個神箭手，叫養由基。這個名字雖然古怪，但卻曾是史上最厲害的神箭手。

第二天，天才放亮，鬬越椒就把士兵們叫起來，然後叫大家以最快的速度咬幾口早點，馬上拿起兵器，向敵人發起衝鋒。呵呵，勝利是屬於有準備的人。我們勝利在望啊！

他們拿起武器準備衝鋒時，就看到河對岸的政府軍也已經起來了，但卻亂得像一鍋八寶粥。鬬越椒大叫「衝啊！」

於是，大家一起高喊「打倒熊侶」的口號衝殺出來。

政府軍就不再亂了，而是馬上向後狂奔。

鬬越椒一看，想跑路？你們就是逃到國外，老子也照追。

他帶著大軍衝過大橋，全面追擊。

這時，楚莊王正躲在橋下。他躲了整整一夜，好不容易才盼到天亮，好不容易才等到鬬越椒狂追過去。他馬上叫大家站起來，以最快的速度衝到河對面，然後又以最快的速度開始行動——拆橋！

那時的橋可不是現在的跨海大橋，那時的橋全是木頭建造的。跟豆腐渣工程的品質沒有什麼差別，破壞起來，一點難度也沒有。

楚莊王的特種兵只幾下就把那座河橋全部廢掉，站在河邊高呼。

鬬越椒一聽，轉頭一看，還真的上了這小子的當。原來老子追的都是小兵，那小子卻已經溜回去了。他的目的是搞定楚莊王而不是全部消滅這些政府軍。如果讓楚莊王回到首都，一發出號召，他就什麼都完了。他急忙大叫，前進的方向改變，前進的方向改變。現在前進方向是向後退。

大家正衝得過癮，突然聽到這個命令，好不容易才收住勇往直前的腳步，老大不是說這次一定要拚命，一個不留地消滅敵人嗎？怎麼又突然下這個向後退的命令？

鬬越椒大叫：「敵人拆橋了。先搞定破壞橋的人！」

如果這時，他不殺回馬槍，馬上選擇跑路，這條性命還是可以保住的。可他硬要衝回去，要搞定拆橋的士兵。

他叫大家不惜一切代價，渡河過去。對岸就幾個敵人，只要到達對岸，勝利就是我們的了。

## 第四節　神箭手養由基

他只看到對岸的敵人數量不多，但他不知道，楚莊王這時才嫌身邊的人太多了。

楚莊王現在只需要一個人。

養由基。

養由基就是在這個時候登場。

養由基是中國歷史上有名的射箭高手，在當時就被稱為「神箭」、「養一箭」。那個「百步穿楊」、「百發百中」的故事都是他製造出來的。傳說有一次他當著大家的面表演箭法，在一百步外對著一排柳葉射擊，從一號靶射到一百號，箭箭皆中，大家都大聲叫好。他也得意地享受著粉絲們的尖叫聲。只有一個老人站在那裡，臉上全是冷笑，好像他剛才的表演全是兒戲一樣。

養由基不服，問老人：「你不服？」

老人說：「呵呵，你的基本功還真不錯。可以教你怎麼射箭了。」

養由基一聽，當場大怒起來，可又不好當場發作，只得假裝很有度量的樣子，說：「呵呵，原來老人家是高手。我還真看不出來呢！」心裡卻說，看你那對眼睛，估計那幾片柳葉現在在哪裡都搞不清呢，還教我？

老人卻說：「呵呵，我可不是教你射箭的技術啊！像你這樣把箭拉來拉去，累了大半天，是百步穿楊，百發百中了。我只想問問你，如果再射幾箭，你累了睏了，一箭射歪，結果會如何？前面那一百發就全廢了。你還是神箭手嗎？那時你就不是一個神話，而是一個笑話了。」他的原話是：非吾能教子支左屈右也。夫去柳葉百步而射之，百發而百中之，不以善息，少焉氣衰力倦，弓拔矢鉤，一發不中者，百發盡息。

養由基一聽，這就是境界啊！老子差的不技術，而是境界！

跟所有武俠小說裡的主角一樣，情節一到這個地方，他就成了神話般的高手。

養由基厲害到什麼地步？

據說，有一次一隻白猿跑到王宮裡來搗亂，每當楚莊王在處理重要國事，牠總是跑出來拍拍窗子，或者吱吱幾聲叫大王加油，我代表白猿界的公民免費充當老大的啦啦隊。

楚莊王煩得要命，要求宮裡的侍衛搞定白猿，不用活捉。哪知，這傢伙靈活得要命，大家忙活大半天，箭是射了不少，射得大家的手臂都發痠了，牠卻仍在那裡向大家招手致意，好好玩哦！

最後，大家說：「看來除了養由基，沒誰可以把牠射下來了。」

楚莊王把養由基請來，指著白猿說：「你可以把牠搞定吧？」

養由基說：「太容易了！」拿起弓，連箭都不搭，只拉了下，嘣的一聲，那隻白猿就摔了下來。

大家一看，真是神了。連箭頭都不用。你為什麼這麼神啊！

養由基說了一句後來武林高手常說的話：「境界！手中有箭，不如心中有箭，心中有箭，不如心中無箭！」

大家聽不懂。但不懂是你的事，反正他就這樣說。他說的就是正確的。

於是，養由基就成了楚莊王的貼身保鏢。

這時，楚莊王又讓他出場。

楚莊王說：「你的任務就是只放一箭。命中那個老傢伙。」

鬬越椒哪知楚莊王會有這個安排？其實鬬越椒也是個神箭手，他在河對岸看到楚莊王時，也來個斬首行動，直接向楚莊王射擊。第一支箭呼地穿過鼓架，射在銅鉦上；接著又射出第二箭，穿過車蓋。但楚莊王一點也沒有事。

士兵們一看都怕得要命，這傢伙的箭術真厲害啊！誰站在這個地方誰就會死。都想退出戰場，躲命要緊。楚莊王一看，軍心要不穩了，馬上大叫：「我們先君當年搞定息國時，拿了三箭神箭。這個子越偷了兩支，現在他已經用完了。其他箭是射不到這裡來的。大家放心啊！」

子越連射了兩支箭之後，真的睏了累了沒有再射。這傢伙以為自己是天下第一神箭，除了他之外，誰也不能射這麼遠。

他不相信，哪個人能把箭從河對岸射到這裡來，而且還命中他的十環。

但他忘記了，別人是不能的，但養由基能。

養由基一箭射來，命中鬬越椒的額頭，鬬越椒當場死亡。

鬬越椒的部隊是一支沒有向心力的隊伍，一看到帶頭大哥當場犧牲，馬上就亂了套，連為誰去戰鬥的目標也沒有了，誰還去戰鬥？

於是，都集體繳械。

楚莊王「遂滅若敖氏。」藉了這個罪名，把楚國最強悍的權力家族全部打盡。他到了這個時候才算是坐穩了江山。

如果這次鬬越椒稍微冷靜，結局就不一樣了。可這傢伙光有造反的膽量，光會抓住造反的時機，卻沒有把握好細節——大機會是狠狠地抓住了，但卻在細節上粗心大意，最後上了楚莊王的大當，造反不成，反而全面崩盤，外加丟了腦袋。如果他在碰到楚莊王的軍隊時，就當場下令進攻，叫廣大士兵們衝過去，沒頭沒腦地打。估計楚莊王早玩完了。可他硬是跟蘇從談判，而且談到天黑，雙方都餓得眼睛發黑了才宣布談判破裂。然後在第二天才進攻。

他那時想得很簡單，反正你的軍隊都已經累壞了，已經沒有了士氣，本來士兵人數就不多，外加那一大堆傷病人員，整個軍隊算起來，非戰鬥人員比戰鬥人員還多呢，什麼時候開打，你總得輸。因此，就跟你談判一下，在你遭到可恥的失敗前，先玩你一下，讓心情好起來。

哪知，最後卻上了大當，人家根本不用多少部隊跟你硬碰硬，只用一個養由基就把你搞定。

你想不到，但人家想到了，你就完蛋。

楚莊王這次勝得雖然有點驚險，有點沒有道理。但勝利了，不管什麼道理都是你的。

消滅了鬬越椒，楚莊王終於鬆了一口氣。鬬越椒是他老爸遺留下來的權臣，在他老爸還活著時，倒還遵紀守法，可他老爸一死，他就不老實了，欺負他年紀輕，藉機擴大令尹的權力，幾乎把他全部架空。幸虧他一眼就看透了當時的形勢，很能沉得住氣，不光夾著尾巴、天天低調做人，而且還狠狠地把自己變成

## 第四節　神箭手養由基

一個酒色老大。以天天喝酒把妹的方式來等待時機。後來，雖然他掌握了政權，削弱了令尹的權力。但鬬越椒更不服氣了。兩個人一時之間，你拿我沒有辦法，我不敢動你的手腳，但都在時刻準備著，來個閃電出擊，把對方打倒。

現在終於成功引爆了這個定時炸彈，內部政敵徹底肅清，楚莊王當然要高興地慶祝一下。

慶祝大會在首都隆重舉行。

大家從白天一直喝到晚上，還在大喊大叫地喝著。

楚莊王宣布：「老子以前是個酒鬼，這是大家都知道的事。可後來改過自新，算起來已經有六年不喝酒了。今天就破個例，猛喝一次，不醉不散。」

為了營造一個輕鬆的喝酒環境，刺激大家的娛樂神經，楚莊王還把他最近剛泡到手的美女叫到現場，一來晒一晒自己把妹的成績，二來也讓大家高興高興，再次掀起大吃大喝的新高潮。

這個美女叫許姬，長得如何，史學家們沒有看到，因此也沒有具體相貌描寫。但我想能讓楚莊王這個酷哥看上、並當著大家面前晒出來的，肯定十分漂亮。

楚莊王對許姬說：「妳向兄弟們敬酒吧！」

許姬就起身，拿起酒向大臣們敬酒。突然一陣大風猛吹過來，大廳上的蠟燭全部熄滅。整個大廳一片漆黑。

正在敬酒的許姬突然覺得有人拉住她的衣袖，接著一雙粗糙的雙手又握住她的小手，摸得很投入。

這個許姬也不是一般的美女。如果是一般的美女，這時肯定就會大聲叫喊：「流氓！」。可她並不喊，她只是用另一隻手在黑暗中扯住那個傢伙帽子上的紅纓，然後掙脫出來，跑回楚莊王那裡，在楚莊王的耳邊說：「剛才有人吃我的豆腐。我把他的紅纓扯了出來。等點亮蠟燭了，我們就可以查出是誰了。我聰明吧？」

楚莊王當然說她很聰明，但楚莊王卻做得比她更聰明。他聽完許姬的話後，馬上下令：「先不要點亮蠟燭。剛才在黑暗中，老子突然想，今晚的宴會應該是一個載入史冊的宴會。既然載入史冊，這個宴會就應該有個名字。否則就是載入史冊，人家也記不清這是個宴會。老子也想好了名字。現在正式命名為脫纓大會。所以，大家都把帽子上的紅纓扯下來，才符合大會的主旨。」

大家一聽，大王肯定是喝暈了，什麼名字不好取，卻取脫纓大會。老大要是再醉一點，估計這個大會就是脫褲大會了。

但老大的話就是命令，他就是脫你的頭皮，你都沒話說，脫一個纓算什麼？

等大家都把帽纓脫下來之後，楚莊王這才大叫：「點火！」

好笑嗎？

大家覺得一點都不好笑。

但楚莊王覺得效果很好。

散場之後，許姬還為這事鬧情緒，人家都欺負你的情婦了，你卻一點不在乎？你是不是想鍛鍊腦力？想把案情弄得複雜一點再破案？

楚莊王哈哈大笑：「老子根本就不去破這個案子。妳想想，大家都喝到那個地步了，也就是說，都已經喝到差不多神智不清了，突然看到妳這個美女出現，他們不激動還是男人嗎？老子也不需要一批太監去打仗啊！而且，本來說好了，只喝到傍晚，是老子又要求大家繼續喝下去。要追究責任，老子可是排在第一位。再說了，大家好好地喝酒娛樂，突然來個現場搜捕流氓，那不是太不夠意思了？」

## 第五節　夏姬亂世：絕色與禍水

內部的反對派全部肅清後，楚莊王決定向中原發展，把霸主的牌匾拿回楚國掛幾天。

如果是他的前輩們有這個想法，就會什麼都不管，什麼理由也不找，直接下令發兵，先找個鄰國練練手，等他們的多國部隊殺上來，再看看形勢，如果可以打就發揚連續作戰的作風，跟他們硬碰硬；如果形勢不利，就直接跑路——反正有大江大河作防護，誰也不敢打進來。

但楚莊王不這樣做，他必須學習一下中原的文化，雖然出兵把人家打到殘廢得不能自理的地步，但仍然要找個天大的理由，說自己打的是正義的戰爭，出的是正義之師——手腳可以缺德，但嘴上不能無恥。

這就是齊晉霸主成功的祕訣。如果你手腳和嘴上一樣，都不缺德，你就是那個宋襄公；如果你手腳跟嘴上都無恥，你就是之前楚國那些統治者——仗是打了很多，勝利也不少，但一次霸主也輪不到你做。

而且，這個世界最好找的理由，就是打人的理由，只要眼睛一睜，隨手一抓，就可以抓到一大把足以扁死某個諸侯國的理由。

楚莊王發現了這個道理之後，鄭國就把這個機會送上門來。

鄭國本來就靠近楚國，以前每次楚國要鬧事時，也總是從鄭國下手，向來不問個為什麼，上來先一頓暴打，打得你叫苦連天之後，再問你痛不痛。等齊啊晉啊那幾個保護傘來時，再退兵。打得是很過癮，但卻樹立了一個無恥的楚國形象。

楚莊王可不再那麼傻了。

他也想把人家打殘後，還被誇讚是見義勇為的好青年。

這年，鄭國出現了個「食指門」事件。

事件的開始很搞笑。

鄭國的大夫公子宋和公子歸早上起來，一路上朝。

半路上，公子宋就吹噓，說他的食指有特異功能，只要食指一跳動，晚上肯定有大餐。正吹噓著，他的食指就跳動起來。他把食指拿出來給公子歸看。公子歸一看，還真的在那裡跳著，不像是假裝的。但他還是懷疑，難道今天真的有大餐？

公子宋說：「等著瞧！」

兩人來到大殿上，就看到一隻大黿在那裡。公子宋問人家，這是什麼意思？

人家說是老大準備拿來殺了，讓大家聚餐。

兩個人全都笑了。

鄭靈公問他們為什麼笑？

公子歸把原因向鄭靈公說了。如果鄭靈公聽過之後，笑笑也就罷了，後面什麼事也沒有。哪知，鄭靈公卻不服，在這個地方，是老子說靈才靈，可不是你的食指說靈就靈的。

當然，大黿是要殺的。可殺了之後，鄭靈公叫大家按坐次坐好，宣布大黿國宴開始。服務生先遞上一碗，鄭靈公嘗了一口，說：「好吃！」然後叫服務生上菜，從下座上起。

上到最高位時，還有兩個人，但服務生說只有一碗了。

這兩個人就是公子宋和公子歸。

兩個人只有一碗湯，怎麼辦啊！

鄭靈公說，給姬歸吧。

公子宋就乾瞪著眼，心裡罵服務生連小學數學都不會，這才幾十個人都數不清楚。

當然，如果事情只到這裡，大家有湯喝湯，沒湯就當觀眾，也許這事也就結束了。

偏偏鄭靈公還沒有完，喝過幾口湯，餐巾紙一抹嘴，對公子宋說：「我老早就叫隨從算好，每人一碗。可他們硬是數錯人。你不是說你的食指很靈嗎？現在看來，一點都不靈啊！」

公子宋馬上就知道是鄭靈搞的鬼，故意給自己難看。你先玩我，別怪我不客氣。

他馬上站起來，走到鄭靈公的面前，伸著那根有特異功能的食指到鄭靈公的碗裡一沾，然後放到嘴裡響亮地一嘬，大聲說：「大家看到了，我的食指靈了吧？」接著嘎嘎大笑著，走出大殿外。

鄭靈公大怒，當場說老子要殺人了。

公子宋知道後，也知道這事鬧大了。但到了這個時候，你還能怎麼樣？你要殺我，我也要殺你。

於是，就看誰的力量雄厚，比誰的動作快了。

事實證明，鄭靈公只是個紙老虎，宣布要殺人之後，就什麼實質性的動作都沒有了——好像他也有特異功能一樣，嘴上一宣布，人家就會馬上「倒也」。

公子宋可就不同了，一想到自己的安全係數急遽下降之後，馬上就把公子歸找來，說要搞定老大。公子歸不想。公子宋說，你不參與，我就到處說你想造反。

公子歸沒有辦法，只得入股。

殺掉一個小國的國君實在太容易了。基本上公子宋不花什麼精力就把鄭靈公搞定，結束換屆工作，由鄭襄公接任老大。

楚莊王知道這件事後，比鄭襄公還高興，嚴厲譴責了他們一番，然後大軍出發。

鄭襄公知道後，只得向晉國求救。晉國現在雖然不像以前那麼強了，但霸主的大旗還在他們那裡，他們就得履行這個職責。

晉國派荀林父帶兵過來救鄭。

楚莊王這時還不想跟晉國面對面地打，因此又把部隊開到陳國去——原因是陳國以前是跟楚國簽訂過條約的，為什麼又去當晉的粉絲國？

陳國馬上宣布改變立場，當楚國的跟班。楚莊王哈哈一笑之後，就收兵了。

他這一次並不想真的跟哪個諸侯玩流血衝突，而是想表現一下自己是講道理的——只要你跟老子保持高度一致，老子也是懂禮貌的。讓人家看到楚國已經取得很大的進步，成為一個文明國家了。

三年之後，基本上晉國的幾個最後的強人也死了，他們正在進行權力的重新分配，楚莊王又決定向鄭國進軍——理由嗎？照舊。

可他們的大軍還沒有動手，鄭國內部卻先動手了。他們先把公子宋殺了，然後派人過來對楚國說：「反叛者已經被我們消滅了。請你們不要再打過來了。我們決心向陳國學習，奉楚國為老大。」

楚莊王態度和藹可親地接受了他們的請求，然後將部隊拉了回去。

沒幾天，那個剛跟他們簽訂友好條約的陳國又出了亂子。

這個亂子跟別的亂子不同。是由一個美女引起的。而且這個美女是個老美女了。但這個老美女卻魅力無窮，把一群風流男玩得團團轉。

這個美女就是歷史上著名的夏姬！

她的來歷也不小，是鄭穆公的女兒。她的老公很有豔福，娶了一個當時最漂亮的美女，但卻是個短命鬼，才跟美女玩了幾天就掛了。於是，夏姬就成了最美寡婦。

寡婦本來就故事多，何況最美寡婦。

她有一個叫夏徵舒的兒子，現在就在株林那裡過著孤兒寡母的生活。

他的老公生前有幾個朋友，一個叫孔寧，一個叫儀行父。兩個傢伙長得都一樣醜，不帥也不酷。開始時，兩人倒很夠意思，發揚助人為樂的精神，照顧這對孤兒寡母。人家一看，覺得這兩人雖然很醜，但心靈很美。

其實他們的心靈一點也不美。他們樂於助人，全是因為美女，他們無時無刻都想過去看看那張漂亮的臉。

但光看不能行動，久了也覺得無聊。

於是，就拍拍腦袋想個辦法，弄點緋聞來才好玩啊！

孔寧最先想到辦法。有一天，雖然氣象局早就預報，今晚有大雨，可他仍然帶著夏徵舒去打獵，而且一直打到很晚才結束，然後說：「天黑了，我送小孩子回去。」

確實是個理由。

到了夏家之後，就下起雨來。然後他壞壞地笑著說沒有帶雨具，回不了家啊！

於是，外面雷雨交加，房內溫暖得很。

兩人當晚直接搞定。

如果只有他一個人搞定，跟寡婦有點花邊新聞——就是在網上晒一些豔照，大家也不會說什麼——估計也就是緋聞而已。可後來，又有兩個傢伙加入。

## 第五節　夏姬亂世：絕色與禍水

那個儀行父看到老朋友把美女當情婦睡了，心裡不服氣：朋友妻不可欺，你欺我也欺。

兩個朋友就成了同行，同行馬上就成了冤家，一邊把妹一邊產生了矛盾。後來，孔寧就乾脆把陳國老大陳靈公拉進來。想讓老大收拾一下儀行父。哪知，陳靈公看到夏姬的第一眼，嘴巴就傻傻地張開，半天沒有合上。然後毫不猶豫地跟著插上一腿。

史書上對另外兩個同行加入的時間和過程，沒有交待。只籠統地說了這麼一回事。如果發生在其他人的身上，老大插上一手之後，孔寧和儀行父肯定會完蛋，不完蛋也得退出競爭靠邊站，以後只有盡心盡力地為老大泡美女提供方便，把身分轉換成保駕護航那類人。

可結果三個男人在這件事上，表現得很平等友愛，輪流上班，和諧得很，有時也來個三人行，交流經驗，共同進步。後來，某位老兄覺得美女的內衣也跟美女一樣性感，就跟她要了一件內衣，整天貼身穿著。穿了幾天，覺得不拿出來晒一晒，心裡不舒服。就在一次三人聚會中說：「你們說說美女對誰最好？」

當然，大家都說對自己最好！

證明拿出來。

大家一起脫下外套！每人都有一件性感內衣。

三雙色眼同時一傻，然後哈哈大笑。美女這一招絕了吧？對三個風流男一視同仁。看起來很簡單，其實這是全世界難度最高的工作。在三個風流男之間周旋，而且讓三個男人像同一戰壕裡的同袍，不但天天和平共處，而且還經常開專題研討會，在一起做經驗報告，沒有能力還真不行。如果放在今天，讓這個美女去當聯合國祕書長，世界實現全面和平絕不是一件難事。

這三個同袍後來覺得老是在規定的時間、規定的地方開這個研討會，也有點無聊起來，就乾脆拿到朝堂裡公開討論，讓大家也分享這些成果。

大家在一邊聽著，當然很噁心——不噁心也得裝著噁心一下。可誰敢說什麼？

三人討論得越來越熱烈，說到最後，三個傢伙乾脆外套一脫，當場向大家晒出那件性感內衣。

大家一看，都在心裡吐了一遍！

洩冶一看，覺得越來越不像話了，終於打段他們：「老大啊！最好把這件衣服收起來。這種少兒不宜的事，只能在某個角落說說，不要拿到這裡來講啊！這裡可是朝堂啊！是討論國家大事的場所，不是講黃色笑話的地方。」

陳靈公一聽，很生氣。但一想人家說的確實有道理，實在找不到什麼理由反對，便陪著笑臉說：「呵呵，我們這是在上班之前說點笑話，炒熱一下氣氛。以後不再說了。」

沒幾天，他找了個理由讓洩冶徹底消失。

再沒人敢出來說一句話了。

三個人就做得更絕，把討論現場搬到夏家。當然，如果只有夏姬在場，再怎麼研討也沒什麼，可那裡還有一個夏徵舒啊！

夏徵舒現在已經長大，長成一個猛男。

## 第五節　夏姬亂世：絕色與禍水

陳靈公大概也是看在夏姬的面子上，在夏徵舒還是個小孩時，就讓他頂替老爸的職務，當上了大夫。

他們幾個人可以無恥，但夏徵舒卻要臉。

如果他們收斂一點，做得含蓄一點，他也就認了。可那三個傢伙卻越來越囂張，最後，居然指著夏徵舒說：「你們說說，這個大帥哥最像誰？是像你呢？還是像我？」

「眼睛像你，可嘴巴像我。呵呵，耳朵可是老大的耳朵。」

只一句話就把夏徵舒說成是三人的混合體，是他們三人共同努力的結果，以後大帥哥就會有三個老爸了。

你想想，夏徵舒不憤怒他還是夏徵舒嗎？

他當場決定把這三個傢伙搞定。

他先把夏姬關在房裡，鎖住房門，然後叫家裡的兵丁把大院全都包圍起來。

一切安排妥當，他就拿著武器，帶著家丁衝進研討會的現場。

那個陳靈公正說得高興，還在發表著他的演說。其他兩個傢伙看到猛男衝了進來，臉上全是要殺人的神態，知道情節發展到要流血的地步了，馬上站起來跑路。這兩個男人長期在夏家混，估計早就準備著有這麼一天，因此很快就逃了出來。

陳靈公雖然官比他們大，但腦子卻比他們差多了，看到夏徵舒衝過來要他的命時，卻不跟著那兩個人的逃跑路線，硬是往夏姬的房裡跑，想求美女救他的命。

哪知，房間的門卻鎖著。這才知道，求救無門，實在是件要命的事。

他還在拚命叫芝麻開門。妳不開門就會出人命了。

但夏徵舒今天就是要他們的腦袋。他一刀就在門前把陳老大狠狠地剁了。

夏徵舒搞定了陳靈公之後，知道他做的這個命案不是一般的命案，而是殺了一個國君。因此他帶著軍隊進城，宣布全面接管政權，然後組織新政府，立了另一個老大。他成了陳國實際最高統治者。

儀行父和孔寧逃出現場後，直接就向楚國狂奔，向楚莊王報告：「夏徵舒殺了我們的老大。」

楚莊王一聽，當場拍板：「老子替你們作主。」

楚莊王這時很高興。這哥兒們也早就知道夏姬是個世界小姐級別的美女，而且有一段時間沒有國際事務可干涉了，這時正好出手鬧點新聞來。

就是用腳趾頭也可以想到，陳國跟楚國對打的結果，除了國滅之外，還有什麼出路？

那時陳國的新老大還來不及回國就職，只有夏徵舒在那裡，還來不及反抗，楚莊王就把陳國拿下了，處死了夏徵舒，接著他認為陳國這塊地盤還真不錯，馬上宣布陳國從今天起成為歷史。

他叫人把那個夏姬帶過來，想看看一個四十歲的姑姑級別美女，到底還有什麼魅力？弄得陳國政壇三大人物都著迷到變態的地步，最後搞得國家也沒有了。他想，一定是陳國太小缺美女，所以看到一個稍有模樣的美女就被迷得團團轉。

哪知，他一看，馬上就覺得陳靈公還真靈——這樣的美女要是放棄，那就太浪費人才了。當場就說：「把夏姬帶回去！」

當時，現場看美女看到發呆的人很多，誰都知道，要是大王帶走了，以後連看的機會都沒有了，但誰要是敢跟大王搶，美女還沒有到手，大王就會先拿下你的頭。

當時最想跟美女長期零距離接觸的人是公子側。他是楚國的軍中強人。所有人都從他眼裡看出他的慾望。知道這傢伙離拚命的時候只差那麼一點點了。都覺得要有好戲看了。

這時，屈巫出現了。

屈巫淡定得很，對楚莊王說：「大王，請認清這個美女的真面目啊！先是老公死掉，然後弄得國破家亡。誰跟她有一腿，誰就得賠掉性命。天下這麼大，美女多得很。大王為什麼看上這麼個姑奶奶級別的美女？被人家寫進歷史裡，也太沒格調了吧？」——「殺御叔，弒靈公，戮夏南，出孔儀，喪陳國。天下多美婦人，何必取是？」

注意，他只勸老大不要沾邊，但他並沒有勸楚莊王殺掉夏姬。

楚莊王和公子側雖然覺得夏姬很美，可兩個人都是徹底的唯心主義者，聽了屈巫的話，立刻感到無比的恐怖，熱情瞬間消退，不敢拿性命開玩笑。

楚莊王說：「你說得很好。不過，這個美女到底是鄭國的公主。殺了她不太好。呵呵，連尹襄老剛死了老婆，現在正徵婚呢！老子就作主，把夏姬送給他當老婆了。呵呵，跟襄老在一起，不會出什麼事吧？」

屈巫一聽，發呆了幾秒鐘。不過，他很快就恢復神色，誰也看不出什麼異狀來。

那個襄老平白無故得了個頭號美女，快樂得很。但是兩年之後，在與晉國的一場戰鬥中在戰場上光榮犧牲。

夏姬這時又成為寡婦。沒幾天，襄老的兒子黑腰就摸上後媽的床頭，說我有責任繼續老爸的未竟事業。

這個緋聞馬上傳遍楚國。大家都說，這個美女太不像話了，而且是一個男人一碰就死的人，這樣的人要是留在楚國，以後我們楚國的英雄都得死光光。

楚莊王這時正努力建設楚國，當然也得順從一下民意，就把美女送回鄭國——誰叫你們生產出這樣的產品，只得退貨了。

可故事還沒有完。

這次故事的男主角是那個屈巫。

夏姬回國後，一直待了十四年，什麼事都沒有發生。但那個屈巫卻想她想了整整十四年，總想著找個機會去跟她來個零距離接觸。最後，在代表楚國出國訪問之後，硬是跑到鄭國去。這傢伙很有頭腦，對鄭國老大說：「我們老大這次交代我一個任務，讓我到這裡來娶夏姬為妻。」

鄭國向來有恐楚症，而且知道屈巫確實有著使者的身分，當然不敢說什麼，直接就讓屈巫當了他的姐夫——是第幾任姐夫，他也懶得去數了。

屈巫一看，美女就是美女啊，已經五十多歲了，長得還跟少女一樣。什麼叫駐顏有術？來看看老子的這個美女你就知道了。當然，他更知道，他這次假傳了楚王的命令，回去之後，肯定沒有腦袋。

那晚。夏姬也很感動，有個十四年一直記住自己的男人，實在沒有理由不感動啊！她在這裡待了十四年，好不容易有這麼一個老帥哥還記得自己，當然不想放過最後的機會了，她對屈巫說：「你來到裡，楚莊王真的知道嗎？他要是知道了，你後果很嚴重啊！」

屈巫這才知道，美女真不簡單。這話其實是在告訴他，你要是明天想不認帳就跑，老娘就把緋聞的第一手資訊提供給大楚路透社。

屈巫當場表態，我們明天馬上私奔！

兩人就跑到齊國。

楚莊王和公子側知道後，這才明白當時屈巫大義凜然的那一番話，全是忽悠人的屁話。楚莊王也就罷了，覺得自己堂堂諸侯霸主，再怎麼生氣也只是生悶氣，不去跟一個手下計較。公子側就不同了，一氣之下，大喊大叫「老子惱羞成怒了」，把屈巫在楚國的族人全部斬殺，一個不留，就連那個跟夏姬有過一腿的黑腰也把他砍死。

屈巫當然也惱羞成怒了，跑到吳國，專門與楚國為敵——當然，這是後話。

## 第六節　失敗不能只怪敵人

再回頭說說，楚莊王伐陳回到楚國後，做的第一件事，就是舉行慶祝大會。大會開始的時候，手下們都陸續到場。可還有個最該來的人沒有來。

這個人就是申叔時。剛從齊國訪問回來。

楚莊王很鬱悶，你是楚國的外交家，肩負著樹立國家形象的重任，可這個場合居然缺席？

他把申叔時叫來，問你是不是病了？

申叔時說：「我現在身體健康得很。昨天還去進行田野調查了呢！」

楚莊王更氣了：「還去做什麼田野調查？收編陳國是一件大事。你居然不參加。難道楚國失敗了你才來？」

申叔時說：「我在做田野調查時，碰到一件事，讓我處理。我就處理了。當時，有一個人牽著一頭牛，那頭牛太不講理，有路不走，硬是踩了人家的莊稼田。那人告到我這裡，我大筆一揮，把那條牛賠給田主。大王說，我處理得很果斷吧？」

楚莊王說：「果斷是果斷了。可不太正確。踩了你一下田，你就收繳人家的牛，實在是太霸道了。」

申叔時說：「我這是向老大學習啊！陳國犯了一點錯，老大就過去滅了人家。這跟田主要牛有什麼區別？而且，大王的理想並不是只要一個陳國，而是要當霸主。如果見個國家有過失，就滅掉人家。以後人家還會跟著大王嗎？大王還能高舉霸主的旗幟嗎？」

楚莊王一聽，原來自己腦子一發熱，差點壞了大事。於是下令恢復陳國，讓陳國老大趕緊回國。

陳國的恢復，讓諸侯對楚國的形象大為改觀，大家覺得楚國開始文明起來了。

當然，楚莊王知道，光靠這一件事還不能讓形象徹底光輝起來，還得繼續努力，抓住機遇，狠狠地打造國際形象。

機會很快就來了。

仍然是鄭國提供的。

鄭是諸侯中最深刻體會到小國的鬱悶的國家。此前他曾經說好與楚國簽訂一個友好條約。可沒幾天，晉國一威脅，他們馬上就變卦，立刻變成晉國的親密同袍，宣布跟在晉國的屁股後面，與楚國為敵到底。

楚莊王正愁沒理由出兵，聽說鄭國這麼一宣布，這不是討打是什麼？如果這也不能打了，什麼才能打？

孫叔敖說：「老大。鄭國是很好收拾的。但他們剛與晉國簽訂條約，晉國肯定會來救他們。我們這次出兵，並不是跟鄭國作戰，而是跟晉國較量。要是打敗了晉國，霸主就是楚國的了。」

西元前五九七年，也就是楚莊王十七年，楚莊王帶著大軍向鄭國的首都滎陽進軍。

這一次鄭國很頑強，跟楚國大軍硬碰硬了十七天。鄭襄公這次頑強的原因主要有兩點：一是他事先請來某大師，算了個卦，說講和對鄭國不吉；二他以為晉國會來救他的，即使周邊的城池全部被楚軍占領，還是硬撐著。

十七天了，晉兵的影子都沒見到一個，而東北角的城牆已經被人家打掉了一大段，只要楚軍願意，完全可以大叫「活捉鄭襄公」殺進城來，一個都跑不掉。

城裡的人都放聲大哭起來。

這次楚莊王牢牢地記住，無論如何也要表演一下「仁義」之師。雖然這十幾天來，殺得遍地都是鄭國人，鄭國也已經被打殘，但表演一下還是有必要的。他大聲宣布：「楚國的部隊是仁義之師。現在鄭國城裡的老百姓都哭成這個樣子了。我們收兵。」

於是，楚軍從馬上就要攻下的滎陽撤了下來。

如果是別國的老大，這時肯定會派人出來面見楚莊王，向楚莊王表示衷心的感謝。哪知這個鄭襄公的智商有些不足，一點都不理解楚莊王的意圖——天下哪有只聽到幾聲大哭就撤軍的道理？肯定是晉國的軍隊來了。呵呵，都說堅持就是勝利，我們以前不堅持，難怪老是被人家打垮。現在堅持一回，馬上就勝利了。就下令把城牆修好，勝利就在眼前了。

楚莊王把部隊撤回之後，派人去看看鄭國的動靜，等他們出來投降。哪知，偵察的結果是：鄭國又把城牆修復好了，城門緊閉，城裡都是打倒楚國的口號。

楚莊王一聽，不把這個豬頭狠狠地修理一下，那顆腦袋還真的正常不起來。於是下令再包圍滎陽。鄭襄公仍然高喊堅持，而且堅持了三個月。

## 第六節　失敗不能只怪敵人

可晉國比他們還堅持。堅持不來。

最後，鄭國的城牆終於堅持不住了。

楚兵的攻城部隊終於攻進城裡，打開城門，把楚國的大軍放進來。

鄭襄公的頭腦這才清醒過來，脫掉衣服、打亂頭髮，裸奔出來——你千萬不要以為，鄭襄公打了敗仗，想改行當藝術家，他是出來投降。當時投降的最高規格就是這個樣子，叫「肉袒」，事先把衣服脫了，讓人家打屁股。

這時，幾個得力的手下都勸楚莊王順便把鄭國收了，免得以後老是製造麻煩。

可楚莊王卻不同意。他知道，這又是他作秀的大好機會——因為鄭國也沒有多大，什麼時候想收拾還不容易？如果現在就把鄭國搞定，會影響形象。壞了名聲，不但霸主做不成，而且中原的諸侯會緊密地團結起來，共同對付楚國，那麻煩就大了。

他下令部隊全部撤出滎陽，到三十里外駐下。

鄭襄公這時老實得像老黃牛，知道楚王已經決定放過他了，如果再不好好做人，那是真的該死了，馬上帶著鄭國的高層來到楚國的指揮部，強烈要求楚莊王，讓他們永遠當楚國的小老弟。

楚莊王要的就是這個結果，立刻跟鄭襄公簽了條約，然後宣布撤軍。

可到了這時，晉國的部隊來了。

晉國這時已經到強人青黃不接的時候，該來的時候沒有來，等鄭國徹底玩完了，都跟楚國簽訂了友好條約、讓楚莊王把政治好處都拿光了才開到。

這次晉軍的首發陣容是：荀林父率領中軍，先縠為輔佐；士會率領上軍，郤克作輔佐；趙朔率領下軍，欒書作為輔佐。趙括、趙嬰齊擔任中軍大夫，鞏朔、韓穿擔任上軍大夫，荀首、趙同擔任下軍大夫。韓厥擔任司馬。

晉國全部的菁英都已經出來。

不過，你一看到這個菁英團隊，就知道這個團隊已經不是菁英了。何況還讓那個荀林父當帶頭大哥。這傢伙在趙盾時代時，很少有出鏡的機會，而且人又老實。老實人可以當同事，但最不應該的就是出來指揮戰鬥。

可他來了，而且是第一把手。

士會也來了，這傢伙有能力，但只是第三把手。

荀林父的頭腦還是清醒的，而且也不是個好戰分子。他聽從士會的建議，這個仗不能打！因為已經沒有理由了。

可先縠卻不答應。這傢伙現在還幻想要恢復晉國的霸業，把荀林父狠狠地反駁了一頓之後，就什麼都不管，帶著他的部隊渡過黃河。趙括和趙同也堅決支持先縠的觀點：哪能看到敵人強大一點就怕成這個樣子。我們這次來是打仗的，不是旅遊的。也帶著部隊跟著渡河。

韓厥知道後，馬上去向荀林父報告。

## 第六節　失敗不能只怪敵人

韓厥剛開始雖然也不是個主戰派，但他是趙盾一手提拔上來的，是趙家的鐵桿兄弟，這時看到趙家的兩個人都衝了上去，知道如果光靠他們那點力量，去跟楚軍較量，成為烈士的可能性實在太大了。

韓厥的頭腦比先穀他們厲害多了，對荀林父說：「他們要是跟楚軍對上，肯定失敗。你老人家是總指揮，他們要是玩完了。你也得負責任啊！」

韓厥是司馬。司馬是軍中主管司法的最高統治者。他對這些條款比誰都清楚。

荀林父是老實人。老實人最怕犯法。

他問韓厥：「現在該怎麼辦？」

韓厥說：「不如大軍一起殺上去。勝利了，是你老人家的功勞。玩完了，是大家的責任。否則，就只是你一個人的責任了。」

荀林父這時已經昏頭，聽韓厥這麼一說，覺得太有道理了，馬上命令全體士兵：渡河！

先穀一見，心情大好。老子就知道這個老傢伙不行。當什麼總指揮？現在不是全聽老子調動了？

他們哪裡知道，楚莊王早就準備跟他們大打一仗。這次出兵，雖然直接狠揍鄭國，其實是準備跟晉國對戰。

他看到晉國大軍凶猛地開了過來，就想把軍隊也開過去，顯示一下他的威武之師。

可是他的令尹孫叔敖卻不贊成，認為玩點陰的更有效果。

理由：他們三個月才過來救鄭國，顯然不想打仗，完全是敷衍了事。

因此，我們就要個陰謀：先派人過去跟他們說，現在我們楚國熱愛和平，不打了。如果他們願意，對雙方都有好處。如果他們不同意，那發生戰爭的責任都在他們。而且他們看到我們主動講和，就會以為我們怕了，就會開始驕傲。這樣，打起來，我們的成本就降低了。

楚莊王一拍大腿：「好主意！」

荀林父接待了楚國的使者，馬上答應。他覺得這回他得了面子——大軍一開過去，敵人馬上講和，也算是勝利了。

可先縠這次做定了搗蛋鬼，他堅決不同意講和。在使者出來的時候，指著使者的鼻子說：「是荀林父跟你談的。老子不同意，回去叫你的老大做好準備。老子馬上就殺個去，把你們打得不剩渣！」

使者一見這個樣子，知道再說下去，他的安全係數就會降低，因此，只得一邊在心裡大叫倒楣——誰當使者當到這個樣子？跟頭號人物談得好好的，反被對方的手下罵成這個樣子。可現在是在人家的軍營裡，自己是絕對的弱勢群體啊！只要硬著頭皮過了這一關就好。

他想得很樂觀，但人家卻不買帳。

才抹乾先縠的口水，又碰上趙家兄弟。

這兩個傢伙跟先縠是同一陣線的。他們在營門那裡又對使者大爆了一頓粗口。

使者回去向楚莊王進行了彙報。

大家一聽都很氣憤，說就打一場，怕什麼。

## 第六節　失敗不能只怪敵人

楚莊王說：「那是他們手下做的，不是他們老大的意思。」

荀林父這時也想把和談更加深入，決定派個使者前去跟楚莊王見面。

這傢伙的想法不錯，可錯就錯在跟他來的除了士會和欒書之外，其他人都可以評上當年搗蛋榜上的風雲人物。

現在他手下的搗蛋系列人物已經亮相的就有：副統帥先縠，以及威風的趙家兄弟——這兩個哥兒們都是趙盾的弟弟，早就威風得沒有譜。外加那個韓厥的配合，早就把荀林父弄得神經衰弱。而且還有個重量級的搗蛋鬼沒有出場。

這時候，他出場了。

他叫魏錡。

這傢伙也是個有來頭的人物。他的老爸就是魏犨，當年曾經跟著晉文公在外面闖過世界。這傢伙曾經想當晉國的公族，可報告送上去後，上頭不同意。他就生氣，希望晉國被楚國「大敗之」，讓你看看，不給老子當公族的後果。他的老爸是個大老粗，動不動就放開音量大喊大叫，他卻很能忍。這時，聽說要派個使者去楚國，他就主動請求：「讓我去完成這個任務吧！」

荀林父當然不知道魏錡別有用心，看到他主動請求，當然就同意了。

魏錡對楚莊王說：「你聽著，我現在是代表晉國過向你宣布：準備打仗！」

回去之後，對荀林父說：「不管我怎麼說，可人家就是不聽，說先打一場後再說。」

在荀林父還不知道怎麼解決這件事時，趙家的另一個搗蛋鬼趙旃出場。

這傢伙是趙穿的兒子，得到老爸的真傳，也不說一聲，帶著部隊已經出發，正威風地向楚軍挑戰。

楚莊王這時也生氣了，而且只看到趙旃一部在那裡，馬上就下令開打。

你想想，趙旃那個樣子能打得過楚軍嗎？

不過一會兒，趙旃就被打得叫苦連天。

荀林父這時沒有辦法，只好下令出擊。

雙方大戰。

晉軍的高層本來還在為戰為和討論不休，內部矛盾越鬧越大，一點打仗的準備也沒有，這時突然衝上場，個個都變成了菜鳥。

荀林父知道再打下去，可就全軍覆沒了。急忙下令撤軍。

這傢伙也實在太菜，在關鍵時刻下令撤軍，本來就是個危險動作——如果組織不好，仍然全軍覆沒。他這時只是很簡單地想，撤得越快損失就越少。便下令，誰先上船誰就是立功。

以往的命令是誰衝在前誰立功。

現在是後退立功。這個功容易多了，個個搶著上船。先上船的人都聰明，向前衝時，他們都在後面賣力地大喊大叫，後退時，他們都搶在第一排。這時他們上了船就知道，要是人多了，船會沉的。因此都揮著大刀，向後面的人大砍——不管砍在哪個部位，只要砍中了就是成功。最後，船裡滾動的人頭和人手

## 第六節　失敗不能只怪敵人

比船上的人還多。

你想想，仗到這個地步，還算什麼仗？

楚軍繼續追擊。只有士會的上軍事先有準備，沒有受到損失。

楚莊王這時比誰都講理，看到晉國的戰車陷在泥潭裡跑不動，居然還像個技術人員一樣，過去教他們如何把車子拉出來。那幾個人把車子拉出來後，卻還要臉得很，對楚莊王說：「呵呵，我們沒有失敗的經驗，這個技術比不上你們啊！」

這次晉軍最驚險的是那個趙旃。這傢伙雖然搗蛋，一陣胡搞最後把晉國大軍都胡搞完了。可人品還不算很壞。看到他的兩個叔叔很狼狽，就把馬讓給他們逃跑。正好楚兵追來，他就混進小樹林裡。看到逢大夫以及兩個兒子正駕著車狂奔。

那兩個兒子都是菜鳥，硬是叫老爸停下車，說趙叔叔在喊。

逢大夫大怒，到了這個時候還有什麼趙叔叔。你們想捨己為人，老子同意。於是把兩個兒子都趕下車，然後讓趙叔叔上來。後來，兩個兒子全死。但趙旃活了下來。

楚國這次大敗晉軍，打掃戰場時，全是晉兵的屍體。

楚莊王一直殺到邲城，這才收住。史上稱這次大戰為邲之戰。與之相對應的就是城濮之戰。當然，晉文公在城濮之戰，把楚兵打得不剩渣，確立了他的霸主地位；這次楚莊王在邲之戰把晉軍打得滿世界跑，將威風了幾十年的霸主趕下了神壇，也確立了自己的霸主地位。

## 第七節　再現俠影：南方的義士崛起

現在陳鄭許蔡四國都已經堅定不移地高舉楚莊王的偉大的旗幟了。

下一步，得把宋國收編過來。

仍然需要理由。

理由仍然很容易找到。

而且這個理由是楚莊王創造出來的。他派那個曾經得罪過宋國的申舟去齊國訪問，而且不事先向宋國提出借道的要求。申舟一看，這不是叫老子去送死？

可楚莊王說：「他們敢殺你？老子就敢滅他的國。」

申舟沒有辦法，上了路，果然被宋國殺死。

楚莊王大怒，嚴厲譴責之後，馬上宣布向宋國開戰。

西元前五九四年，楚莊王拜公子側為大將、申叔時為副將，帶著大軍浩浩蕩蕩開進宋國境內，很快就到達宋國的首都，然後包圍睢陽。

宋國現在還是晉國的跟班。遵照「有事找老大」的規則，宋國派人去向晉國求救。

對於晉國而言，這也是個報仇的機會。楚兵深入宋境，後勤工作很不好展開，如果派個有能力的強人過去，要打跑楚兵也不是沒有可能的——即使不能打敗楚國，但救下宋國還是可以做到的。救了宋國，晉國至少還有幾個兄弟國家，半個霸主還是可以再當幾年。

哪知，晉國那一班高層現在雄性激素早已不分泌了，智商也跟著下跌了一大半，居然認為：楚國離宋國有一千多里，宋國那麼大，他們能在短時間內打跨宋國嗎？只要宋國堅持幾個月，楚軍就沒有糧食了，到時不退才怪。綜合以上的分析，得出一個結論：根本不用出兵去救。晉國所要做的就是堅定宋國死守的決心——派一個使者比出幾萬大軍的成本低多了。

於是，晉國派解揚去完成這個任務。

解揚絕對不適合當間諜。才進入鄭國境內，就被人家一把抓住。鄭國抓到了晉國的間諜，馬上像小學生撿到錢交給警察一樣，把解揚送到楚莊王面前。

楚莊王問解揚：「你這次的主要任務是什麼？」

解揚雖然不是個合格的間諜，但絕對是個合格的外交家，他對楚莊王說：「大王是想聽實話還是想聽假話？」

楚莊王想笑，但他沒有笑，說：「這還用問？老子想聽假話還用問你？」

解揚說：「那我就說實話吧。宋國向我們求救。但我們老大決定不派兵前來。就叫我過來騙宋國，說我們馬上就到。讓他們堅持守城。等你們沒有糧食了就會退兵。」

楚莊王一聽，晉國還真狠。幸虧這個傢伙被抓住。他看到解揚那麼老實，連實話都說了，一定是個怕死的人，應該好好地利用一下。

他對解揚說：「你過去對宋國說，晉軍已經不來了。你們看著辦吧。事成之後你就是楚國的高官了。」

解揚一開始不同意。楚莊王耐心地說服了大半天，他才說那就試試吧！

楚莊王看到解揚一臉的老實樣，當然不知道自己正被對方忽悠著，看到解揚答應了，馬上叫解揚上了戰車跑到陣地前，向宋國喊話。

楚莊王以為，這一次宋兵士氣會馬上下跌，直接探底。

解揚到了宋國，大聲對宋兵喊：「我是晉國的使者。現在被楚國抓住了。我這次來的任務是傳達我們老大的意思。晉國的大軍馬上就開到。你們一定要堅持堅持再堅持。堅持就是勝利。」

楚莊王這才知道這個老實人一點不老實。上當的感覺當然很憤怒，當場大叫著老子要殺人了。

解揚卻仍然一副老實相，對楚莊王說：「我很理解你的心情。可你也要理解我的心情。我這次在國君面前拍胸脯說保證完成任務。如果不完成任務，這不是忽悠了老大？你喜歡一個忽悠老大的手下嗎？好了，我話說完了。你殺我是應該的，我被殺也是活該——誰叫我要做一個講誠信的人。」

楚莊王一聽，這才知道解揚不但不老實，而且把他的弱點摸得比誰都精確，知道他現在正豎起仁義大旗呢！還真的不能殺了這個誠信的人啊！反正他講都講了，現在再殺他，對自己已經沒有幫助了，放了他反而還收到做秀的效果。就招待他大吃大喝一頓，號召手下們都向解揚學習，然後放他回去。

放解揚是件很容易的事，你一鬆繩子他就拜拜。可宋國上下都相信解揚的話，守城守得更加努力了。公子側在城外搭建了一座高臺，每天像那些觀測月球表面的科學家們一樣，看看城內的動靜。

## 第七節　再現俠影：南方的義士崛起

宋國的頭號軍事強人華元也在城裡搭了一座高臺，觀察楚軍的情況。

雙方就這樣僵持著，一直僵持了九個月。

宋國把頭向城外看，卻只見楚兵，不見晉軍。而且城裡的糧食已經緊張起來了。

宋國上下的信心已經有點不堅定了。

城外的楚軍更慘。

後勤部的人向楚莊王報告：「老大，我們的軍糧只夠七天。七天之後，我的部下可以全體放長假了。」

到了這個時候，是考驗兩軍最高統帥智慧的時候了。

楚莊王一聽，一臉的鬱悶，宋國還真是一塊硬骨頭。大家在這裡連說話都變成宋國的口音了，還拿不下他們。誰有辦法，趕快貢獻出來。老子的智慧枯竭了。

公子側說：「我沒有辦法了，那就撤吧！」

倒是申叔時的僕人突然心生一計，說：「我們這仗打得也太誠實了吧？戰爭是沒必要這麼老實的。所以，我們可以騙他們一下。宋國一定會以為我們在這裡待得久了，沒有糧食，必定會撤軍。我們就在這裡蓋房子耕作，來個自給自足。做出在這裡長住久安的樣子。他們不怕才怪。」

申叔時把這個計策跟楚莊王說。

楚莊王一聽，說好！

第二天，楚兵全體動員，有的蓋房子，有的去墾荒，全成了生產大隊。

華元還真的上當，楚軍可以在城外墾荒，可他們卻不能在城內種地啊！而且晉國估計是永遠不會來了，再撐下去只有從死撐到撐死。

他對宋文公說，跟楚國和平解決算了。

宋文公本來就依靠華元。現在華元都沒有辦法了。他還有什麼辦法？

當然，楚莊王也已經沒有辦法。可他的手下有辦法。宋文公卻沒有那個僕人。因此，宋文公的輸，不是輸給楚國的大軍，而是輸給了一個僕人。

華元決定親自去楚兵軍營。

這傢伙不但做軍事統帥稱職，做起恐怖分子來也很優秀。

當晚。華元開始行動，他從城牆上吊下來。

沒有一個楚國的士兵發現。

他沒有直接去找楚莊王，而是去找公子側。

公子側剛在楚莊王那裡喝酒回來，已經醉倒在床上。

公子側的衛兵這時已經沒有一點警惕，看到華元進去，也不做聲。如果華元這時真的想把公子側的頭砍下來，難度只跟砍一條死狗一樣。

華元輕輕地推了推公子側。公子側問：「你是誰？半夜推我做什麼？」他睜開眼看了一下華元：「你是誰，好像不認識你啊！你是不是走錯房間了？還是我睡錯了房間。呵呵，剛才沒有非禮你的老婆吧？喝多了，有時會亂來的。」

華元差點大叫「笑死我了」，但他沒有笑，他說：「將軍。你沒有進錯房間。我也沒有走錯門。告訴你，我是宋國的華元。」

公子側一聽，酒有點醒了：「你不是跟城裡那個華元同名同姓吧？」

華元說：「我正是城裡那個華元。我這次來，是我們老大叫我來跟你談判。」說著，他跟那個曹沫一樣，突然拔出一把匕首來，壓住公子側的脖子。

公子側馬上就陷入徹底的被動，說：「老兄不要亂來啊！有什麼話可以談談啊！」

華元說：「老實告訴老兄。現在城裡已經到最危險的時候，已經徹底沒有糧食了。現在都已經把孩子交換來吃了。大家已經徹底沒有活路。所以特來跟你談判。」

公子側說：「那為什麼不投降？」

華元說：「現在就是來跟你們談和的。不過，我們抵抗了這麼久，你們也得給我們一點面子。你們後退三十里，我們的老大到你們營裡簽訂合約。你說怎麼樣？」

公子側也是個很爽快的人，說：「不瞞你說，現在我們也已經缺糧。現在蓋房子開荒什麼的，全是騙你們的。如果你們不上當，我們過兩天也得撤軍。好，明天早上我去跟我們的老大講好。我把實話都跟你說了，你不要說話不算話啊！」

華元說：「我們起誓！」

那時的人還是很好管理的，只一個對天發誓就可以什麼都解決——人一有信仰，可能不會那麼無恥。

第二天，公子側把情況跟楚莊王說了。

楚莊王一聽，原來城裡比我們脆弱多了。你為什麼把我們的陰謀透露出去？這個談判結果不是老子答應的，不能算數。老子決定打下去。堂堂一個楚國，居然打不下一個宋國？

公子側一聽，急起來，他可是立過誓的，如果不能說服老大，以後他的前途可就一點不光明了，他說：「老大。你不是說我們是仁義之師嗎？要樹立一個文明的國家形象嗎？人家宋國都主動說明了情況。我們為什麼要騙人家？這算是什麼國家？我看算是下流國家也不過分。」

楚莊王仍然想打下宋國。

公子側反對的態度也更加堅決，最後說你打就打，我先回去了，你不給我面子，我也對你不夠意思了。

楚莊王沒有辦法，只得答應。

於是，楚國退兵三十里，宋國幾個高層瘦瘦地出來，到楚國的軍營裡，跟楚國的老大握握手，然後簽訂了一個楚宋友好條約。

晉國陣營中最大的合作夥伴最後成了楚國的軸心國。

至此，晉國的半個霸主地位也宣布丟掉。

楚莊王終於為楚國搶到了一張霸主榮譽證書。

不過，這哥兒們可能因為在「不鳴則已」的那三年，酒色太過度了，雖然把楚國事業推向歷史的最高點，但他的生命透支得很厲害，稱霸沒有幾年就死翹翹了。

歷史上在總結這一階段時，提出了「春秋五霸」這個說法。其實這個說法是有點不準確的，而且在解釋這個概念時，也很模糊。有的把宋襄公算進來，有的把後來的越王勾踐、吳王闔閭也拉進去。反正歷史是任人打扮的小姑娘，歷史學家們都是出色而霸道的造型師。他們認為誰對他們的胃口時，就讓誰當霸主。

不過，能讓大家普遍認可的，只有齊桓公、晉文公、楚莊王。剩下那幾個，都是有爭議的人物。宋襄公是從齊桓公手裡接過霸主大印，可這哥兒們卻一點霸氣也沒有，被楚國連續狂扁，打到死為止。這樣的人無論如何都難與「霸」字沾上邊的。

秦穆公的個人能力，一點不比其他幾個霸主差。可這哥兒們自卑感作祟，硬是把到手的機會送給了他一手扶持起來的晉文公。不過，他是除了齊桓公和晉文公之外，得到周朝任命的霸主。只是這張任命書有所限制：令霸西方。也就是說，你們秦國以後只當西方的老大，東方事務讓別人處理，沒有你們的事。誰一看這張任命書，就知道有明顯的種族歧視在裡面。但秦穆公也認了。誰叫你不姓姬？誰叫你沒有文化？

如果秦穆公也算霸主，也只能稱得上半個霸主。

當然，秦穆公的這半個霸主所取得的成就，以及對秦國後世的貢獻遠遠超過其他的霸主。齊桓公晉文公楚莊王在當時很威風，動不動就召開諸侯大會，然後威風地帶著多國部隊去把某個他們看不順眼的諸侯痛打一頓，很有面子。可是隨著他們的死去，國家馬上就變成垃圾股，幾乎年年都在下跌。最典型的是晉國。

晉文公在位的時間不長，但卻沒有像齊桓公那樣，自己一掛，霸業就叫停，他成功地讓他的霸主事業持續下去，使晉國成為掌控霸主大印時間最長的國家。這主要是因為晉國採取的不是公族大夫制。所謂的公族大夫制就是執政大臣都是諸侯們的宗室，像楚國的若敖氏。是用制度來保證大權不落入外姓人的手中。現在你一看這個制度就是個腐敗落後的制度。可當時誰也不認為是落後——現在很多企業都還採用這個制度，好多企業不管資產多麼龐大，在財富榜上排行老幾，但其實都是家族企業。

只有晉國徹底打破了這個舊制度，讓姓外人進入決策層，所以保持了人才是連續性。只是晉國做得又太過分了——不但不讓公子們進入決策層，連首都也不能居住，不是下放基層，就是派到外國留學、打工。最後形成了幾個大家族。這幾個大家族可不像晉國老闆那麼大公無私，堅決杜絕任人唯親，而是利用手中的職權，在特權部門，到處安插自己的親戚，編新的特權關係網，形成新的既得利益集團。最後，晉國的老大發現，大權他媽的都握在那幾個家族手裡，自己在晉國的地位跟周王在諸侯中的位置一個鳥樣。很不服氣，想恢復，不但恢復不了，反而徹底完蛋，一個超級大國變成三個國家。

楚莊王雖然拚了老命，一邊憑藉著雄厚的國力，不斷地向中原霸主叫板，努力猛打周邊的小國，一邊大做政治秀，這才把那張霸主榮譽證書拿到手中。可他一掛之後，楚國也跟齊國差不多。

不過算起來，這哥們應該是霸主中最有能耐的人。齊桓公雖然第一個稱霸，也是最爽的霸主，什麼都由管仲同志作主，他的工作就是全面支持管仲，幫管仲拿公章，因此，管仲一死，他也就是疲軟下來。晉文公起家比誰都複雜，吃的苦頭最多，要是讓他去做個憶苦思甜報告，連續講幾天幾夜都不完。他的能力並不很突出，但手下有一幫死黨在他為喊打喊殺，硬是把霸主證書到手，讓秦穆公妒嫉得要死。楚莊王卻不同，他靠的是自己的能力，先是在自己很弱勢的情況下，成功地剷除國內的反對黨，然後總結經驗，在楚國進行思想解放大討論，硬是讓楚國人民的意識在短短的時間內與國際接軌，得到中原諸侯的承認，終於完成了霸業。

當然，這幾個霸主雖然很霸道，但當時都還很天真，並沒有擴充到很在的勢力，除了兼併一些戎狄之類的邊緣民族小國外，並沒有讓國土面積增大好多——楚國都已經宣布讓陳國消失了，最後還得讓他恢復重建，就是一個有力的例證。

但秦國就不一樣，秦國雖然向中原插一腿的計畫落空，但他們進行的西大開發，卻取得了巨大的成功，在短時間內就擴地千里，人口和版圖急遽擴大。因此，霸主證書雖然只半張，但他們得到的實惠卻是最多——而且少了跟中原諸侯的拉拉扯扯，反而能夠集中精力大搞國內建設，放手抓革命、促生產，國內的綜合實力不斷地增長，秦國後來能成為西方不敗，其基礎在這個時候就已經打下了。

# 嬴氏王朝，從周室衰亡到西陲封君：

## 鳥族後裔 × 東夷遺脈 × 邊陲發跡……在禮崩樂壞的烽火之年，嬴姓如何開啟封建霸國的初章？

作　　者：譚自安
發 行 人：黃振庭
出 版 者：複刻文化事業有限公司
發 行 者：崧燁文化事業有限公司
E-mail：sonbookservice@gmail.com
粉 絲 頁：https://www.facebook.com/sonbookss/
網　　址：https://sonbook.net/
地　　址：台北市中正區重慶南路一段 61 號 8 樓
8F., No.61, Sec. 1, Chongqing S. Rd., Zhongzheng Dist., Taipei City 100, Taiwan

電　　話：(02)2370-3310
傳　　真：(02)2388-1990
印　　刷：京峯數位服務有限公司
律師顧問：廣華律師事務所 張珮琦律師



定　　價：580 元
發行日期：2025 年 06 月第一版
◎本書以 POD 印製
Design Assets from Freepik.com

**國家圖書館出版品預行編目資料**

嬴氏王朝，從周室衰亡到西陲封君：鳥族後裔 × 東夷遺脈 × 邊陲發跡……在禮崩樂壞的烽火之年，嬴姓如何開啟封建霸國的初章？ / 譚自安 著 . -- 第一版 . -- 臺北市：複刻文化事業有限公司 , 2025.06
面；　公分
POD 版
ISBN 978-626-428-140-9( 平裝 )
1.CST: 先秦史 2.CST: 通俗史話
621.09　　　　114006626

電子書購買

爽讀 APP

臉書